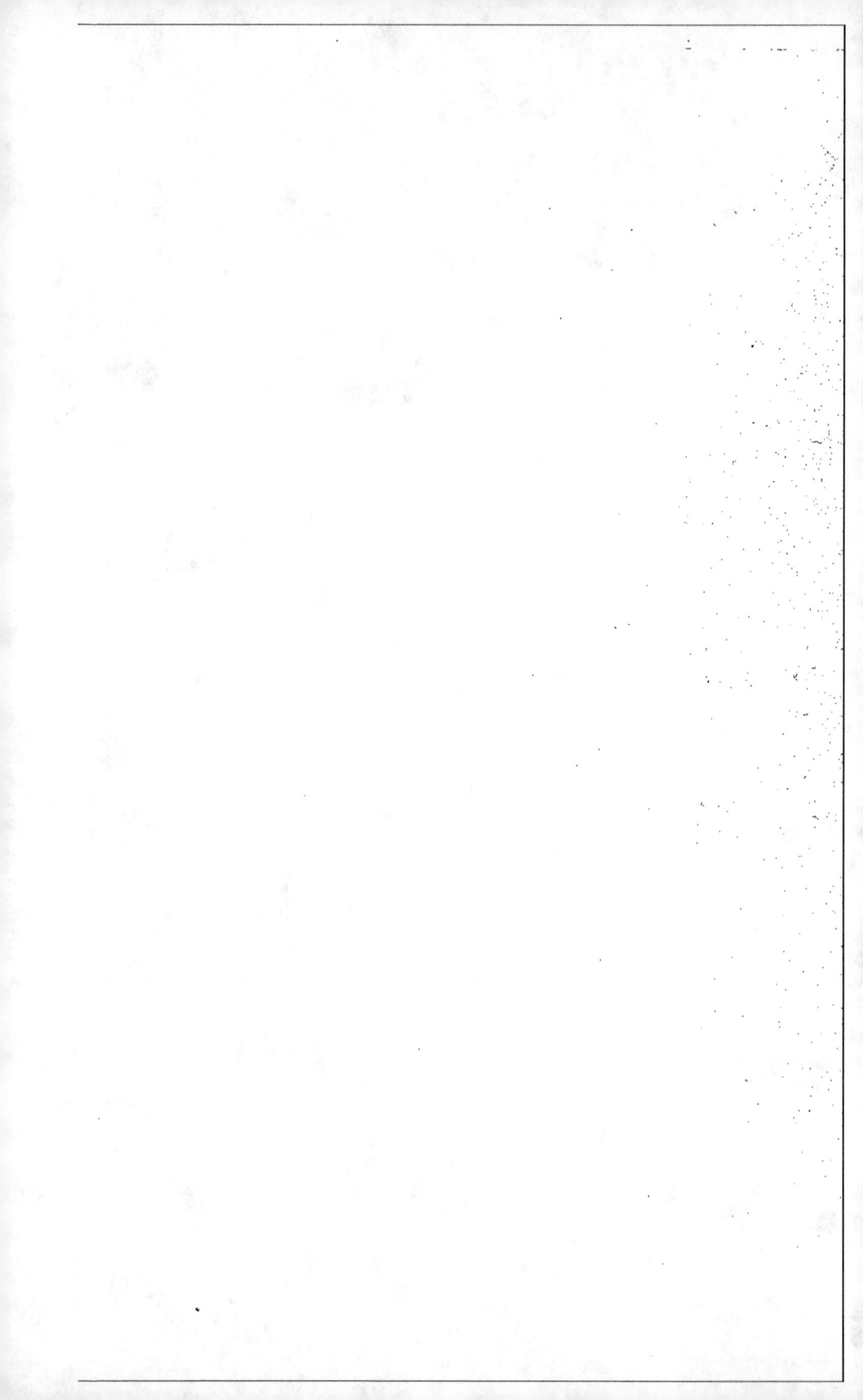

...CES

...MENTAIRE

... DES DAMES

... DE ...

... cours ... Collège de l'instruction primaire
... ... pratiquement la langue française

... ...

... sua debetur puero reverentia.
(Juv.)

PARIS,
... ... DE E. DUCROCQ,
... ...

1857.

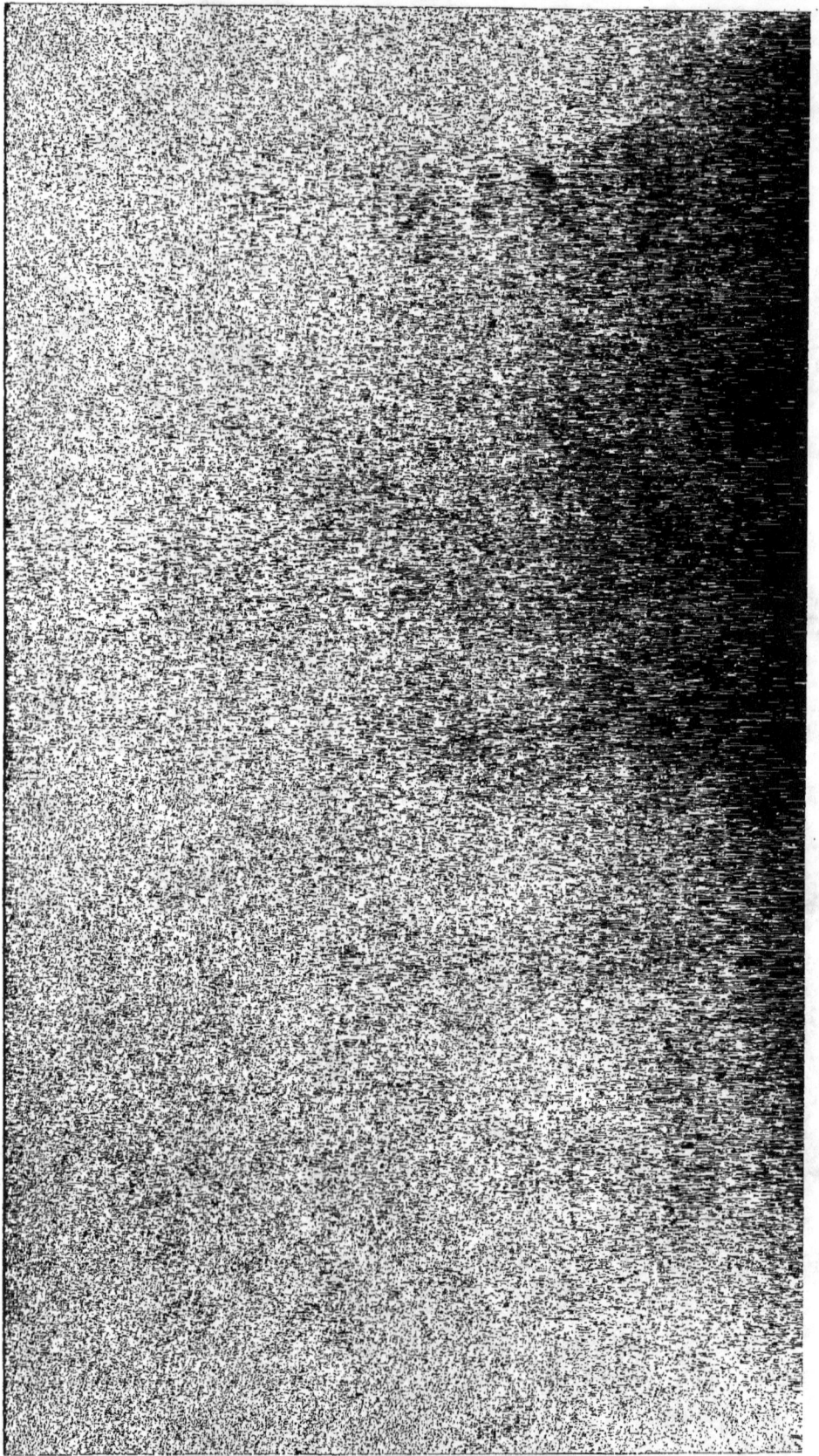

EXERCICES

1620

DE

LECTURE ÉLÉMENTAIRE.

PARIS. — TYPOGRAPHIE A. E. SON, RUE DE SAINT ERS. 8.

EXERCICES

DE

LECTURE ÉLÉMENTAIRE

CLASSÉS ET GRADUÉS

D'APRÈS UNE

MÉTHODE NOUVELLE,

Spécialement à l'usage des Élèves au premier degré de l'instruction primaire ;
pouvant être utiles aux étrangers qui apprennent la langue française.

PAR

A. C. A. GUIOT.

Maxima debetur puero reverentia.
(Juv.)

PARIS,

LIBRAIRIE ÉLÉMENTAIRE DE E. DUCROCQ,

RUE HAUTEFEUILLE, 10.

1857

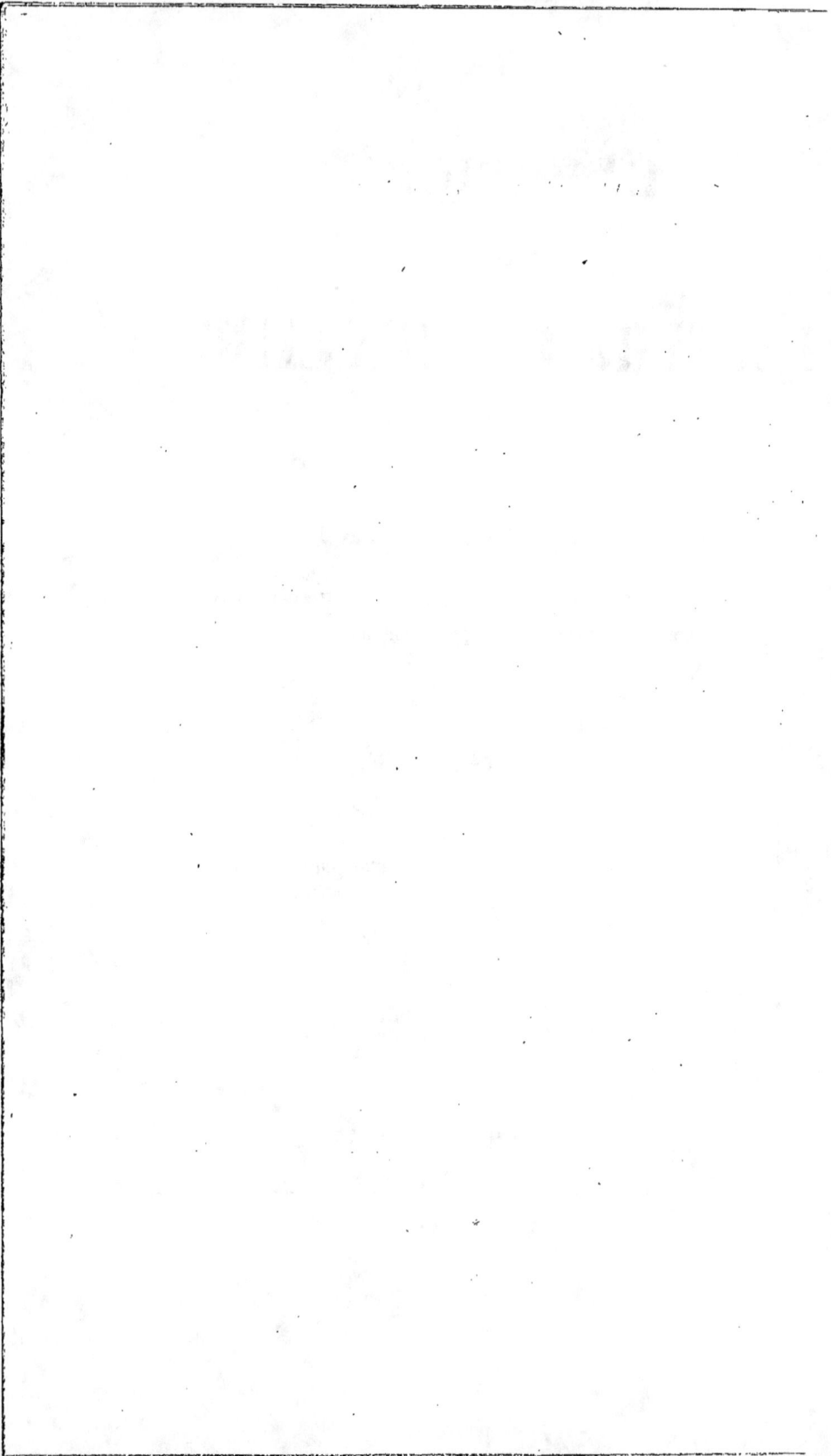

AVANT-PROPOS.

J'avais composé un ouvrage pour l'enseignement complet de la lecture élémentaire : mais j'en ai détaché une première partie, assez volumineuse d'après la méthode spéciale que j'avais adoptée, et la seconde a fourni la matière de ce petit livre. L'élève est supposé déjà capable d'assembler les syllabes de la formation la plus simple, celles qui sont soumises, dans leur lecture, aux principes d'une prononciation constamment uniforme et régulière, sauf ce qu'il y a d'irrégulier dans l'alphabet lui-même. Toutefois, quelques pages sont consacrées préliminairement à des exercices sur des mots de cette nature, se rapportant à ce que j'appelle *la langue régulière*.

L'ouvrage s'est ainsi réduit, dans son principal objet, à des séries d'exercices sur la *langue irrégulière*, si l'on m'accorde le néologisme. La nature du sujet ne comportait pas un ordre absolument didactique, et cependant il me semblait de toute nécessité d'y poser au moins des divisions telles quelles, afin d'aborder les difficultés une à une. Dans ce but, j'ai fait une analyse de notre idiome, relativement à sa constitution orthographique combinée avec ses sons, dans ses nombreuses anomalies, et cette petite étude m'a conduit à mettre au jour une coordination très-nette, qui range les groupes successifs d'après leur importance relative et présente, quant aux difficultés, une gradation satisfaisante. J'ai formé, en conséquence, des catégories; et, par des exercices très-multipliés, suivant une marche progressivement synthétique, je familiarise l'élève avec chacune des espèces de mots résultant de cette classification. Procéder sans aucun ordre, suivant l'usage général, c'est engager l'enfant dans un labyrinthe, et Dieu sait s'il faut du temps pour qu'il s'en tire.

Pour mieux assurer le succès de la méthode, je me suis appliqué particulièrement à graduer cette marche ascendante, faisant d'ailleurs les rapprochements qui mettaient en relief des oppositions ou des analogies, portant ainsi mes soins jusque dans de minutieux détails. J'avais formé primitivement une suite d'échelons encore plus rapprochés, persuadé qu'on ne peut trop les multiplier sous les pas des enfants. Pour un premier essai de publication je me suis déterminé à élaguer, mais avec l'espoir que les intervalles à franchir, tels que je les ai laissés, ne seront jamais excessifs.

Je n'ai dû négliger aucune forme du langage, et quelques expressions ou constructions grammaticales pourront paraître un peu transcendantes, du moins pour de très-jeunes enfants. Qu'on veuille bien remarquer cependant qu'à cet égard, l'inconvénient est plus apparent que réel. Des sujets de lecture seraient bien restreints, s'ils n'admettaient dans leur composition que les seuls termes familiers au premier âge : heureusement, l'espèce de mémoire particulière aux enfants, leur merveilleuse aptitude à saisir les sons les plus inintelligibles, permettent d'élargir indéfiniment le cadre de pareils exercices. On sait qu'ils apprennent à lire le latin, qui est pour eux de l'hébreu, et qu'ils le préfèrent même au français, en raison de l'uniformité de la prononciation. Mais un cours de lecture élémentaire doit être aussi un travail d'initiation au mécanisme encore mystérieux de la langue maternelle. Des formules souvent reproduites se déposent dans la mémoire, et peu à peu elles pénètrent dans l'intelligence, les mots ne tardent pas à revêtir des idées; phénomène psychologique qu'il ne m'appartient pas d'expliquer, mais que l'observation constate tous les jours.

Je dois noter encore que les textes de lecture sont des mosaïques de phrases, ou de petits sujets détachés, formées principalement avec les espèces de mots sur lesquelles l'élève doit être successivement exercé, à l'exclusion des catégories non encore exposées. La composition de ces imbroglios peut avoir quelque chose de bizarre, mais la forme des exercices n'est pas, sans doute, ce qui importe le plus. Au reste, à mesure que le choix des mots devenait moins restreint, j'ai cherché à leur donner une sorte d'intérêt et à mettre un peu de variété dans le style. On y trouvera quelques maximes chrétiennes, des préceptes de morale et beaucoup d'innocentes banalités. J'ai pensé que les bagatelles pouvaient s'unir utilement aux choses sérieuses : mêler le plaisant au sévère, n'est-ce pas ce que nous recommandent Horace et Boileau, ces deux grands maîtres de l'art?

Si je ne me fais illusion, tout élève lira une page de ces exercices dans moins de temps qu'il n'en mettrait à lutter contre les difficultés de quelques lignes des livres habituellement en usage. Encouragé par le succès, il prendra du goût pour un travail qui ne lui demandera jamais que des efforts modérés. Dans les instants où il sera livré à ses propres forces, il pourra sans trop de peine revoir fructueusement les pages parcourues sous la direction du maître. De nombreuses catégories de mots groupés par familles, la reproduction de ces mots avec des variantes dans leurs combinaisons ou dans leur emploi, des phrases qui en précisent le sens et les acceptions multiples, auront pour résultat de lui inoculer l'ortho-graphe de la langue, et même il y puisera quelques principes de grammaire. Arrivé au terme de sa marche progressive, il sera maître enfin de cette langue si rebelle, car il en aura vaincu séparément toutes les difficultés; il se sera avancé, depuis la première étape jusqu'à la dernière, comme on s'avance dans le pays ennemi pour en faire la conquête : en définitive, il saura lire.

Je me suis proposé subsidiairement un second objet qu'il me reste à indiquer. J'ai considéré que ces nomenclatures de mots usuels soumises à des règles de lecture déterminées, avec les commentaires qui les accompagnent, pourraient devenir utiles aux étrangers qui veulent se former à la pratique de notre langue, lorsqu'ils en ont déjà quelques notions littéraires : ce seraient pour eux des exercices d'orthographe et de prononciation. L'idée peut-être ne sera pas dédaignée par leurs professeurs, et j'aurais lieu de l'espérer, s'il m'était permis d'en juger par une expérience personnelle. J'ai enseigné la langue française dans les États-Unis, non moins que les premiers éléments de la lecture elle-même, et chaque jour je gémissais de ne pouvoir mettre un ouvrage de ce genre entre les mains de mes élèves. Une lecture quotidienne de deux ou trois pages, dont on ferait aisément une traduction dans l'autre langue, ne paraîtrait pas inconciliable avec des études grammaticales conformes aux méthodes ordinaires.

Quelques conseils adressés par un hermite à des adolescents, sur *la nécessité du travail*, terminent le volume. Si le sujet n'est pas neuf, du moins il est de ceux qui ont toujours et incontestablement un mérite d'actualité.

Beaucoup de gens n'ont plus foi aux systèmes nouveaux dans un certain ordre d'enseignement, où j'avouerai volontiers qu'il n'est pas très-rare de voir éclore les innovations sans portée, ou les idées excentriques d'une valeur contestable, cet aveu dût-il devenir ma propre condamnation. cependant, une partie, considérable encore, des habitants de la France ne sait pas lire; et, malgré le zèle et la capacité qui distinguent aujourd'hui les instituteurs français, jusque dans les plus humbles hameaux, bon nombre d'enfants envoyés à leurs écoles ne parviennent pas à lire couramment. En tout état de cause, je soumets le résultat de mes efforts à l'appréciation du Conseil impérial de l'Instruction Publique; je l'adresse généralement aux hommes spéciaux en position de l'expérimenter, à tous les hommes éclairés qui jugent sans préventions; à ceux enfin qui reconnaissent la nécessité de l'instruction primaire, et hâtent de leurs vœux sympathiques tout progrès dans les moyens de la répandre à la surface du pays : advienne que pourra.

AVERTISSEMENT.

Dans les nomenclatures de mots, le genre de chaque substantif est généralement indiqué par un article; les adjectifs, les participes passés et les verbes aux temps personnels se distinguent par des verbes auxiliaires et des pronoms; les infinitifs par leurs terminaisons, et les noms propres par des initiales majuscules.

Plusieurs paragraphes contiennent d'une manière spéciale certains mots très-usités, comme : *il est, dans, avec,* etc. par anticipation aux catégories dans lesquelles ils rentrent. Ces mots particuliers, qui sont d'ailleurs utiles pour les exercices intermédiaires, préparent l'élève à l'intelligence de ces catégories elles-mêmes en le familiarisant d'avance avec quelques spécimens de chaque espèce.

Deux paragraphes étant consacrés aux mots où la lettre *e* est muette, cette lettre n'est employée jusque-là que dans les expressions où elle se prononce réellement, telles que *contre moi, halte-là.* De même, jusqu'au paragraphe relatif aux mots terminés par les consonnes *t* ou *s,* la finale *t* ne se rencontre que dans les cas où elle se fait sentir par liaison, ou suivant les principes de la langue régulière. Quant aux liaisons de la lettre *s,* qui ont pour effet de modifier cette consonne, on ne trouvera à en faire usage, avant ce paragraphe, que dans les mots particuliers de cette espèce donnés *à priori*. Enfin, la lettre *h* est généralement aspirée, jusqu'au paragraphe qui la concerne spécialement.

Le rapprochement des mots analogues épargnera beaucoup les explications, et souvent il suffira de donner le premier mot d'une colonne pour faciliter la lecture des suivants. L'élève pourra se trouver ainsi dispensé d'*épeler*, mode de lecture dont les inconvénients n'ont pas besoin d'être signalés, mais qu'il est difficile d'éviter avec les livres usuels.

Il importe de n'avancer qu'au fur et à mesure que les exercices sont lus couramment, sans oublier l'utilité des leçons de révision. Au reste, sur ce point comme sur tous les autres, je m'en rapporterais à la sagacité des instituteurs qui jugeraient convenable d'adopter cette méthode, et je serais heureux de recevoir moi-même les conseils de leurs réflexions ou de leur expérience.

TABLE DES MATIÈRES.

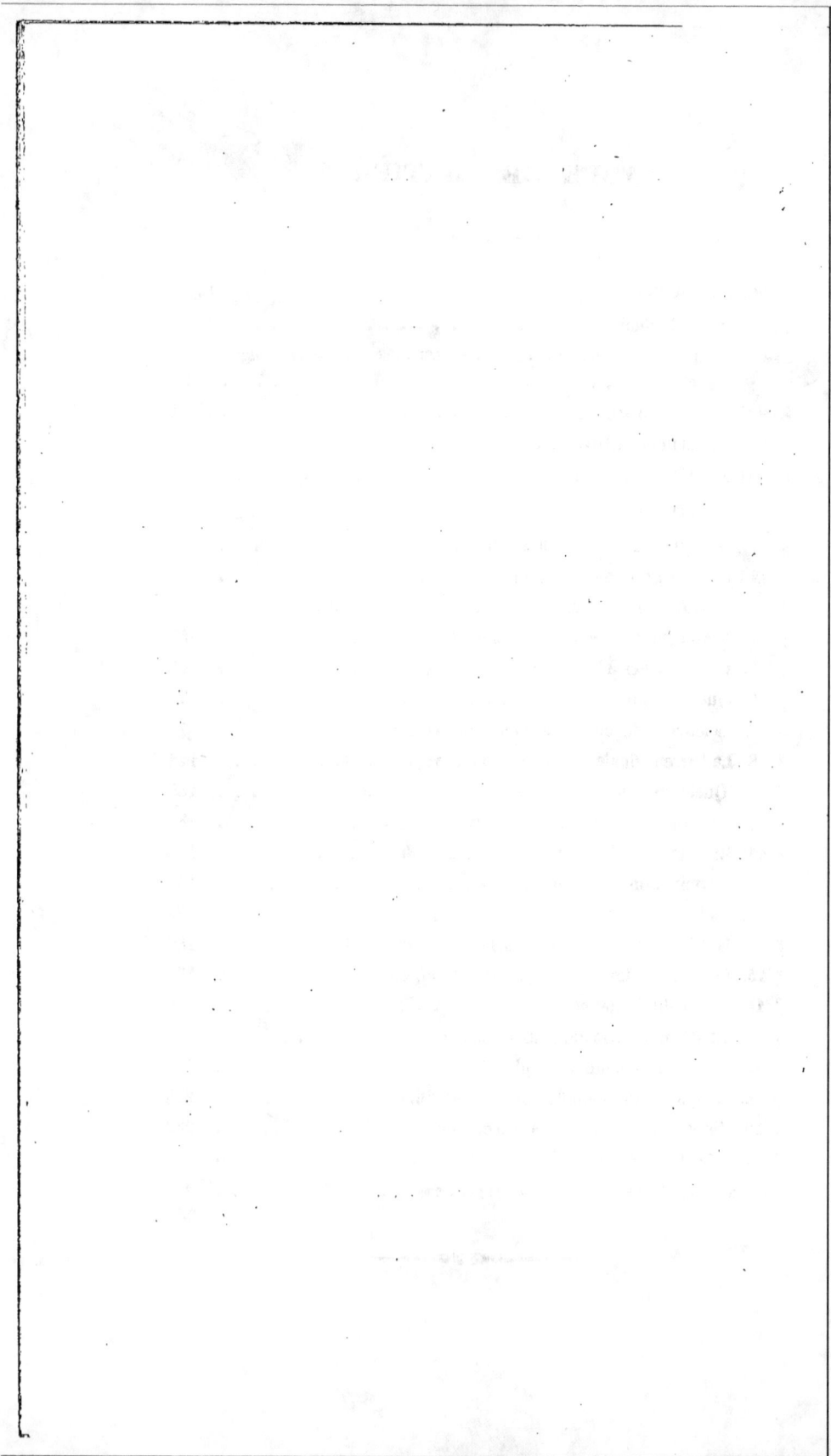

LANGUE RÉGULIÈRE

(RÈGLES DE LECTURE INVARIABLES).

EXERCICES PRÉLIMINAIRES.

Mimi.	la vérité.	il a tenu.
midi.	la cavité.	il a reçu.
papa.	le député.	il a mené.
moka.	il ira.	il dévora.
le mica.	il rira.	il agita.
le loto.	il sera.	il récita.
le rata.	il fera.	il menaça.
le café.	il périra.	il agaça.
le thé.	il finira.	il délaça.
le côté.	il a filé.	il logea.
le rôti.	il a dîné.	il nagea.
le pâté.	il a fumé.	il délogea.
le lama.	il a volé.	il ménagea.
le domino.	il a gâté.	il imagina.
le canapé.	il a gagé.	il déracina.
la vanité.	il a mêlé.	il caracola.

il a piqué.	Mary.	il a caché.
il a vaqué.	Lucy.	il a haché.
il a révoqué.	René.	il chavira.
il a vagué.	Noé.	il détacha.
il a navigué.	Zoé.	il se fâcha.
il a fatigué.	Léocady.	il a blâmé.
il a taxé.	Éléonora.	il a sablé.
il a fixé.	la fixité.	il a placé.
il a lié.	la fatalité.	il a déplu.
il a varié.	la fidélité.	il a bâclé.
il a rapiécé.	la férocité.	il a déclaré.
il a étudié.	la témérité.	il a éclaté.
il a bonifié.	la véracité.	il a claqué.
il a obéi.	la qualité.	il a clarifié.
il a déifié.	la quotité.	il a glacé.
il a réagi.	la réalité.	il a réglé.
il a réélu.	la féodalité.	il a régné.
il a réuni.	la puérilité.	il a gagné.
il a tué.	le panorama.	il a cogné.
il a rué.	le géorama.	il signa.
il salua.	la piété.	il aligna.
il remua.	le tapioca.	il ignora.
il ruina.	le puîné.	il a réfléchi.
il réduira.	la fatuité.	il a brûlé.
il a suivi.	celui-ci.	il a bruni.
il a noyé.	celui-là.	il a braqué.
il a cotoyé.	la société.	il a craché.
il a aboyé.	la charité.	il a décroché.

La piété de Mary. = La vanité de Lucy.

La docilité de Toby. = La fatuité de Rémy.

Le canari de René. = Le dé doré de Zoé.

Le rata salé. = Le piano de Léonora.

Le café gâté. = Le joli étui de Zélia.

Le rôti brûlé. = Le canapé colorié.

Le dahlia déraciné. = Le sofa rapiécé.

Le tafia clarifié. = Le pâté dévoré.

Le mica violacé. = La fidélité de Noé.

Le canari a volé = Coco a bu le thé.

Tomy a récité. = Julio a étudié.

Paoli a voyagé. = Le lama a été noyé.

Oliva a lavé ce qui a été sali.

Maria a répété ce qui a été lu.

Rémy a salé le lama que Léo a tué.

Papa a reçu le tapioca; Julia le cuira.

Fifi me dira ce que Mimi a imaginé.

Léocady a lu ceci; Eléonora lira cela.

Mario fera celui-ci; Maria fera celui-là.

Le curé sera édifié de la piété de Lucia.

Le député qui a été décoré sera félicité.

Le café Moka sera mêlé de café de Java.

Luciano a su ce qui a été décidé.

Celui qui a volé sera puni.

Amélia te dira ce que Lélia a vu.

Ce qui a été gagné sera réglé : qui le réglera ?

Le domino a été dépoli : qui le repolira ?

il a frémi.

il a fabriqué.

il a croqué.

il a dégradé.

il a gradué.

il a prôné.

il a prêché.

il a préféré.

il a précipité.

il a répliqué.

il a proclamé.

il a cahoté.

il a trahi.

il a trafiqué.

il a folâtré.

il a flétri.

il a livré.

il vivra.

il recevra.

il suivra.

il livrera.

il folâtrera.

il a créé.

il a agréé.

il a récréé.

il a crié.

il a prié.

il a trié.

il a plié.

il déplia.

il détruira.

il a ébruité.

il a cabriolé

il a crucifié.

Aglaé.

le degré.

le cabri.

le colibri.

la supériorité.

la priorité.

la sobriété.

la propriété.

le sac.

le bac.

le frac.

le roc.

le coq.

le troc.

le bol.

le sol.

le fil.

le tuf.

le mur.

le schall.

le suif.

le juif.

le canif.

le vomitif.

le fugitif.

le bocal.

le fanal.

le chacal.

le cheval·

le métal.

le caporal.

le général.

le maréchal.

le granit.

le maroc.

le butor·

le similor.

le jaguar.

le vitriol.

le castor.

le calcul.

le captif.

le mastic.

le martyr.

le saphir.

le zéphyr.

le phénix.

le cardinal.

le tilbury.

le cristal.

Le cuir de Maroc. = Le col brodé du frac.

Le végétal flétri. = Le mur de tuf démoli.

Le coq plumé = Le schall qui a été déplié.

Le rôti débroché. = Le bloc de granit.

Le métal poli. = Le manioc de Costa–Rica.

La rapidité du cheval. = Le bol de cristal.

Le mastic durci. = Le degré de supériorité.

Le suif brûlé. = La propreté du castor.

Le roc dur. = La propriété du vomitif.

Le phénix, qui a déjà vécu, revivra.

Le tabac a été placé sur le hamac de cuir.

Si le sol a été cultivé, le colza sera semé.

Le colibri a crié ; le cabri a cabriolé.

Le curé a prôné ; il a prêché sur la sobriété.

Le captif a été délivré par le général.

Le bac a navigué sur le lac.

Le frac a été dégarni ; Aglaé le regarnira.

Médor a vu le cornac ; il a aboyé sur lui.

Si le fil a été dévidé, Zoé finira le sac.

David a vomi ; il a été guéri par le purgatif.

Le butor mêla le fil ; Job le démêla.

Le vitriol, jeté sur le schall, le détruira.

Jacob a si mal étudié que papa le punira.

Le joli saphir azur a été égaré.

Le tilbury cahota ; il se jeta sur le côté.

Coraly a mal lu ; David a bavardé.

Tom précipita le chacal sur le roc ; il le tua.

la subtilité.	Zozim.	il se chargea.
la chasteté.	Ibrahim.	il se gorgea.
jadis.	Roboam.	il se purgera.
parmi.	Abraham.	il réfracta.
malgré.	Calypso.	il éclipsa.
venir.	Mustapha.	il mystifia.
retenir.	Raminagrobis.	il a disparu.
guérir.	Bagdad.	il a disloqué.
acquérir.	Gibraltar.	il a discrédité.
sortir.	Sébastopol.	il distribua.
garnir.	Madagascar.	il administra.
Alix.	le Portugal.	il a été hardi.
Félix.	il a formé.	il a été actif.
Béatrix.	il a calmé.	le tissu.
Arthur.	il a colporté.	le massif.
Victor.	il admira.	il a cassé
Oscar.	il abjura.	il a surpassé.
Judith.	il calcula.	il a chassé.
Frédéric.	il charma.	il a harassé.
Cyrus.	il a marqué.	il débarrassa.
Porus.	il a largué.	il massacra.
Mathias.	il a épargné.	il assista.
Matathias.	il a récolté.	il dissipa.
Dioclès.	il a circulé.	il disséqua.
Périclès.	il a masqué.	il dissémina.
Sapho.	il a mastiqué.	il arrêta.
Paphos.	il risquera.	il irrita.
Phanor.	il écorchera.	il corrigea.

Le bocal cassé. = Le bissac débarrassé.

Ce côté du fossé. = Le granit marbré.

Le colza récolté. = Le blé distribué.

Le brick démâté. = Le cabri écorché.

Le jaguar chassé. = Le cheval harassé.

Le fugitif arrêté. = Le tilbury disloqué.

Le métal forgé. = Le tissu de mérinos.

Gibraltar fortifié. = La solidité du massif.

Le calcul subtil. = Sébastopol assiégé

Victor a été forcé de venir par ici.

Alix a dissipé ce que Félix a épargné.

Le tissu brodé qui a été déployé sera admiré.

Le général Léonidas surpassa Pélopidas.

Nycias a remarqué ce que Zozim a caché.

Oscar dissémina le blé; Artur le ramassa.

Ajax a paru irrité; il se calmera.

Fox, qui a été vu sur le pré, a déjà disparu.

Uranus a été éclipsé par Vénus.

Si Dioclès a déformé le col, il le réformera.

Inès porta le fichu; Agnès le rapportera

Tom glissa sur le lac gelé; il risqua de périr.

Frédéric a été actif : il a déjà fini.

Phanor a été inactif · il ne finira que mardi.

Le brick qui a côtoyé le Portugal a été avarié; il a relâché à Oporto.

Raminagrobis a dévoré le canari : Médor le punira; il le mordra, il le massacrera.

il a frappé.

il a échappé.

il attira.

il attrista.

il donna.

il étonna.

il a vanné.

il a tanné.

il a annulé.

il a différé.

il bassina.

il assassina.

il immola.

il immigra.

il illustra

il illumina.

il a sommé.

il a commué.

il a distillé..

il a oscillé.

il accorda.

il occupa.

il saccagea.

il succéda.

il accéda.

il vaccina.

il suggéra.

il affligea.

le carrick.

le rossignol.

le littoral.

la difficulté.

la siccité.

Anna.

Fanny

Ajaccio.

Caraccas.

le Mississipi.

Marc.

Mars.

le parc.

le porc.

le turc.

le malt

le cobalt.

Cohorn.

le cap Horn.

Hérold.

Léopold.

Théobald.

Tobolsk.

Ivanoff.

Le Malakoff.

Wilna.

Wiborg.

Wagram.

lorsque.

puisque.

jusque.

parce que.

Chloë.

Chloris.

Le Christ

Christiana.

il a chroniqué.

il a chloruré.

le spahi.

la spécialité.

la stérilité.

la stupidité.

la stabilité.

il a statué.

il a spécifié.

il a scalpé.

il a sculpté.

il a stratifié.

il a été obscur.

il a obscurci.

il a été obstiné

il a substitué.

il a phosphoré.

il a blasphémé.

il a asphyxié.

la sphéricité.

Le parc illuminé. = Le carrick déchiré.

Le stuc marbré. = La voracité du porc.

Le littoral sablé. = La stupidité du butor.

Le corridor obscur. = La stérilité de Sara.

Le Malakoff canonné. = Le spahi illustré.

Le gaz chloruré. = Le kirsch distillé.

Le cobalt azuré. = Le cuir mal tanné.

Le granit sculpté. = La stabilité du mur.

Le tuf stratifié. = La difficulté de réussir.

Il y a du blé vanné sur le sol.

Il y a de la vanité à sortir de sa spécialité.

Lorsque Marc cria, sur le pré, le turc y alla.

Celui qui a blasphémé sera puni par le Christ.

Le juif Nadab fut assassiné; Baaza lui succéda.

Fanny alluma le gaz; Anna brûla du suif.

Théobald a été asphyxié par le gaz phosphoré.

Ivanoff a navigué sur le Mississipi.

Hérold ira de Caraccas à Ajaccio.

Lorsque le canal a débordé; le mur du parc a été démoli: Jonas a nagé jusque-là.

Puisque Léopold a été actif, il sortira; il ira jusque sur le pré; il y folâtrera.

Chloé a raccommodé le fichu de madapolam, parce que Chloris le lui a ordonné.

Lorsque Mustapha a reçu ce qui lui a été dépêché par le général turc Ibrahim, il a paru alarmé, attristé, affligé, stupéfié.

EXERCICE

---

mon étui.

ton amitié.

son avidité.

ce bon ami.

le petit animal.

le mât abattu.

le fagot allumé.

le rat attrapé.

le chat attiré.

le plat étamé.

le soldat équipé.

le pot abîmé.

le lot échu.

le trot accéléré.

le sot animal.

le mot articulé.

le but écarté.

le début original.

le débat animé.

prêt à partir.

trop actif.

trop assidu.

plutôt immolé.

il fut irrité.

il fut arrêté.

il dit à Frédéric.

il remit à Félix.

il fallut agir.

il parut ému.

il plut à Inès.

il déplut à Phanor.

il reçut Annibal.

il battit Alaric.

il se vit accablé.

il dut amortir.

il se mit à pétrir.

il se bat à cheval.

il réussit à demi.

il me reconnut alors.

il sortit à midi.

il naquit à Tunis.

il vécut à Mogador.

il périt à Gibraltar.

il écrivit à Nérac.

il nuit à ton ami.

la nuit arriva.

le bruit éclata.

le fruit arraché.

le pot échappa.

il fut éclipsé.

EXERCICE SUR L'APOSTROPHE.

l'écu d'or.	l'ami d'Oscar.
l'avidité du porc.	le loto d'Agnès.
l'agilité du cabri.	le tam-tam d'Agénor.
le bocal d'Alix.	l'acidité du vitriol.
le dé d'Oliva.	la difficulté d'agir.
la facilité d'offrir.	l'activité du castor.
l'utilité d'acquérir.	l'amitié de Victor.
ce qu'il dira.	ce qu'il assura.
ce qu'il fera.	ce qu'il calcula.
lorsqu'il partira.	lorsqu'il s'écria.
puisqu'il a parlé.	puisqu'il s'attira.
parce qu'il a lu.	parce qu'il a tenu.

L'ami de papa n'arriva qu'à midi sonné.

Mathias t'a rapporté ce qui m'arriva.

Le cri de l'animal m'attira sur le pré.

Le coq sera plumé, s'il a été attrapé.

L'alcool sera brûlé, s'il a été distillé.

Marc s'écorcha lorsqu'il glissa.

Annibal a parié qu'il ira jusqu'à Epinal.

Nicaor me salua, lorsqu'il s'approcha.

L'amabalité d'Aglaé a charmé la société.

Ce qu'Artur gagna, il l'a déjà dissipé.

Ce qu'Agénor a gagné, il l'a épargné.

L'abbé Félix a paru à l'évêché : Léopold m'a assuré qu'il l'y a vu.

CONSTRUCTIONS INTERROGATIVES.

lit-il ?

agit-il ?

crut-il ?

parut-il ?

ira-t-il ?

écrira-t-il ?

donna-t-il ?

marcha-t-il ?

a-t-il parlé ?

a-t-il regardé ?

a-t-il blâmé ?

a-t-il échappé ?

parle-t-il ?

filtre-t-il ?

remarque-t-il ?

s'égara-t-il ?

s'occupa-t-il ?

s'émut-t-il ?

t'a-t-il donné ?

t'a-t-il accordé ?

l'a-t-il jugé ?

l'a-t-il apporté ?

m'a-t-il admiré ?

se chargea-t-il ?

te purge-t-il ?

me l'apporte-t-il ?

dort-il ?

reçut-il ?

écrivit-il ?

disparut-il ?

punira-t-il ?

obéira-t-il ?

arriva-t-il ?

approcha-t-il ?

a-t-il marqué ?

a-t-il reproché ?

a-t-il distribué ?

a-t-il reconnu ?

marche-t-il ?

déchiffre-t-il ?

débarque-t-il ?

s'étonna-t-il ?

s'écria-t-il ?

s'assit-il ?

t'a-t-il prêté ?

t'a-t-il succédé ?

l'a-t-il vacciné ?

l'a-t-il acquitté ?

m'a-t-il adjugé ?

s'arrêta-t-il ?

m'a-t-il diffamé ?

t'a-t-il calomnié ?

Job dort-il? A-t-il dormi? Parle-t-il?

Ajax me dira-t-il ce qui lui arriva?

Qui me dira ce qu'il a apporté?

Le maréchal délivrera-t-il le captif?

L'amiral recevra-t-il le duc à l'arsenal?

Jéroboam parut-t-il mal vêtu?

Abraham t'a-t-il donné ce joli dahlia?

Marc étudia-t-il? A-t-il récité le *Credo*?

Tom sortira-t-il, s'il a étudié l'*Ave-Maria*?

A-t-il vu l'atlas que le curé m'a donné?

Fox ne fut-il frappé que sur le côté?

Brutus devra-t-il rôtir le coq?

Marius cuira-t-il le rosbif sur le gril?

Nicaor t'approcha-t-il, lorsqu'il arriva?

Félix ne put-il réussir qu'à demi?

Victor ira-t-il jusqu'à Gibraltar?

Le cheval ne fut-il bâté qu'à midi?

Oscar n'a-t-il été vu qu'ici?

Wilson ira-t-il à Calcuta? Qu'a-t-il décidé?

Alix lira-t-il jusqu'à midi? Qu'a-t-il lu?

Jacob alla-t-il sur le pré? M'y a-t-il vu?

Me dira-t-il s'il y a été?

Y a-t-il déjà du blé récolté?

Y a-t-il du mal à dormir sur le sopha?

N'y a-t-il que Mustapha d'arrivé?

N'y a-t-il de cassé que le bol de cristal?

Qu'y a-t-il ici? Qu'y a-t-il là?

Lut-il l'atlas? Qu'y remarqua-t-il?

EXERCICE GÉNÉRAL.

Zoé a sucré le thé; Judith sucrera le café.

Artur a patiné sur le lac glacé.

Le joli cabri a été dévoré par le jaguar.

Job a plumé le coq, qui sera rôti par Jacob.

Le mur qui a été dégradé sera recrépi.

Le cheval bâté a trotté jusque-là.

Le fil qui a été mêlé sera démêlé.

Le schall brodé a été taché par le vitriol.

Mars a été éclipsé par Vénus.

Alaric a ébréché le canif; il l'a abîmé.

Médéric a galoppé sur le cheval; il l'a fatigué.

Le coq huppé a battu le colibri.

Le tapioca a été apporté du bazar par Aglaé.

Zozim a forcé Ibrahim de fuir.

Horuc a déjà dîné; il a été hâtif.

Le fichu lavé par Inès sera repassé par Agnès.

Le buffalo qui a été tué sera écorché.

Le colza que Tom a semé a déjà fructifié.

Le martyr Azarias a été admiré.

Marius a parié qu'il ira jusqu'à l'arsenal.

Le Christ a prêché la charité.

Chloé recevra ce que Chloris lui offrira.

Wilson a été trahi par son ami Walton.

Le caporal arrivé de Wilna a péri par le typhus.

Le tissu de mérinos a été fabriqué par William.

Amurath s'illustra par le martyr.

Ton ami Cyrus a paru prêt à partir.

Adonis a vu Pélops fort agité.

Lorsqu'il parla, il promit à Tom de lui obéir.

Le petit Alix a-t-il sali le plat étamé?

Le fil d'archal a cassé; il a été trop étiré.

Myrtil m'écrira-t-il de Cadix?

A qui offrira-t-il ce qu'il a gagné?

Le cardinal alla-t-il à l'archevêché?

Le duc reçut Agénor: le reconnut-il?

Que dit Artur, lorsqu'il se vit arrêté?

Que fit Alaric? Que mit-il sur le bac?

Le fanal fut allumé: fut-il hissé?

Nycias a-t-il tué le porc? L'écorche-t-il?

L'a-t-il salé? Le salpêtre-t-il?

Damis fut-il étonné? Parut-il stupéfié?

S'écria-t-il, lorsqu'il fut attaqué?

Le turc t'a-t-il parlé? Que t'a-t-il crié?

Il y a, dit-il, du tabac sur le hamac.

Il y a du café brûlé sur le sac de cuir.

Y a-t-il du thé de Sumatra sur le sol?

Y a-t-il de la témérité à gravir ce roc?

N'y a-t-il que le cardinal à l'évêché?

N'y a-t-il que le buffalo d'assommé?

N'y a-t-il sur le marché que du blé avarié?

Qu'y a-t-il de placé sur l'omnibus?

Qu'y a-t-il à rôtir si le coq a été débroché?

Qu'y a-t-il de débarqué du brick?

Qu'a vu Félix sur ce brick, lorsqu'il y a été?

Jéroboam délivra la tribu de Juda.

Ninus se maria à Sémiramis, qui l'assassina.

Puisque l'acacia a péri, il sera déraciné.

L'ami d'Artur m'a déplu par sa fatuité.

Zélia plut à Léonora par son amabilité.

L'affabilité du général charmera l'amiral.

Le mur de granit, bâti par Léopold, a été abattu; il sera rebâti par Stanislas.

David a tâté le coq rôti, qui lui a paru dur; alors il a dîné du pâté truffé.

Puisque Frédéric a été actif, il recevra le joli stuc marbré que papa lui a gardé.

Le major spahi a été obligé de partir botté, ce qui l'a gêné. Le caporal a pu partir guêtré.

Le décor théâtral a été doré par Phanor; il sera sculpté par Phidias.

Lorsque Victor a chassé, le lama barbu a été dépisté; il a été traqué; il a été assommé.

Thalès a été actif: malgré son activité, il n'a pu finir: la difficulté du calcul l'a arrêté.

Le métal cuivré a été frotté; il sera bruni; il reluira, lorsque Hérold le produira.

Azor a dormi sur le sofa, qu'il a sali. Cela a fâché papa, qui lui a ordonné de sortir. Il a grogné, il a murmuré; il lui a fallu obéir.

Théobald, irrité, a frappé sur le bocal. Cric crac! le bocal a craqué; il a éclaté. Alors, Théobald a pâli; la société a frémi.

Le café brûlé par Oliva sera broyé par Aglaé. Par qui sera-t-il préparé ?

Le thé de Macao sera mêlé de thé de Sumatra : celui-ci sera-t-il amélioré par celui-là ?

Le carrick qui a été sali sera lavé : s'il a été déchiré, sera-t-il raccommodé ?

Le rossignol attrapé par la glu se dépêtra, : il vola du dahlia sur l'acacia ; il s'y cacha.

Le tuf, qui a été débarqué a-t-il été charroyé ? S'il l'a été, il sera marbré, poli, colorié.

Puisque le bloc de granit a été dégrossi sur le brick qui l'a apporté, il y sera sculpté.

Le chacal qui a été attrapé sera garrotté ; il sera porté sur le canal ; il y sera précipité.

Noé a détaché le bac ; il a navigué sur le canal. Le bac, mal dirigé, a chaviré : Noé a été noyé.

Artur, qui a galoppé sur le cheval, n'a pu s'y tenir : il a été jeté sur le pavé. Il vivra écloppé, car il a le storax cassé.

Roboam, qui a dérobé le saphir de Victoria, a été arrêté. Il sera châtié ; il sera porté sur le Thabor ; de là il sera précipité sur le roc.

Le babil du rossignol m'a charmé plus que celui du colibri. A la vérité, celui-ci a paru si joli qu'il a été admiré.

Le colibri nommé le *Phénix*, qui a déjà vécu ; revivra-t-il ? Nostradamus l'a assuré. Ce joli animal sera vu par la postérité.

Barba-Rossa naquit à Mitylèna ; il vécut à Tunis; Dragut, nè à Tripoli, lui succéda.

Adonis a-t-il été attaqué par Darius?—Il a été volé, battu, assommé, assassiné.

Le tissu de jaconas, apporté du marché par Alix, m'a paru chiffonné : a-t-il été déployé?

Annibal a-t-il battu Adsdrubal? — Marc a parié qu'Adsdrubal battra Annibal.

Ajax a vu Phidias partir. Va-t-il à Epinal? — Il y va; il y sera le mardi de carnaval,

Stanislas n'a voyagé qu'à cheval. Il arriva ici mardi, à midi. Il ira d'ici à Laval, lorsque le cheval sera défatigué.

Lorsque le signal a été donné, il m'a fallu partir sur ce cheval mal bâté. Il m'a été dur d'obéir. Félix a ri, lorsqu'il m'a vu si mal équipé.

Le rosbif sur le gril a été brûlé; le cabri a été mal fricassé; le thé a paru avarié. Mon ami Lucullus n'a dîné qu'à demi.

Agénor a porté le carrick râpé, dégarni, déchiré, abîmé, crotté jusque sur le col. Sa malpropreté a révolté la société.

Charlotte a lavé le canapé sali par Azor. Sa propreté a plu à Sémiramis, qui lui a donné du tapioca parfumé.

Médor a bu le café sucré. Il m'a paru mal éduqué; il a été gâté par Eléonora, parce qu'il lui a marqué de l'amitié.

Lorsque le duc sera fêté, le gaz sera allumé, le parc sera illuminé, le brick sera panaché.

L'obscurité du corridor déplut à l'amiral. Lorsque le corridor sera obscur, le fanal y sera porté.

Puisque Jonas a pratiqué la charité, il recevra l'atlas doré qu'Alix n'a pu obtenir,

Ibrahim a-t-il vu le général turc Ali Pacha ? — Il n'a pu parvenir jusqu'à lui, parce qu'il a été retardé ; il a été retenu à l'arsenal.

Jonathas a déchiré l'atlas de Jonas : il l'a dédommagé, car il lui a donné son étui d'or ; Jonas a donné l'étui à Job, qui a été ruiné.

Porus a-t-il su ce qui a été décidé par Pyrrhus ? Que fera-t-il du cabri ? Sera-t-il haché ? Sera-t-il fricassé ? Marius le rôtira-t-il ?

Astyanax se hâta de venir, lorsqu'il remarqua le signal. Lorsqu'il passa à l'arsenal, s'y arrêta-t-il ?— Il s'y arrêta ; l'amiral l'y obligea.

Le cheval s'échappa-t-il, lorsque Job le détacha ? Jacob l'a-t-il vu fuir du côté de l'aquéduc ? Lorsqu'il sera arrêté, Job devra le tenir attaché.

Puisque Naboth a vidé le bocal de cristal, qu'y a-t-il remarqué ? N'y a-t-il vu que le dé d'Oliva ? Sémiramis a rapporté qu'il y a vu l'étui doré de Maria.

Lorsque midi sonna, le turc arriva. Il se jeta sur le sofa ; il dîna ; il avala le bol de thé qui lui fut apporté. Alors, il s'écria : *Allah!*

Le major a été fort étonné, lorsqu'il a vu le spahi si tôt arrivé. Il l'a félicité sur sa célérité.

Le petit Oscar a crié lorsqu'il a été vacciné. Agénor, qui l'a vu, a été ému de pitié. Judith lui a donné du tapioca sucré, qui l'a calmé; alors, il a dormi.

Lorsque Raminagrobis s'approcha d'Aglaé, Médor se jeta sur lui : il l'écharpa, il l'abîma. A la vérité, Raminagrobis riposta : Médor a été égratigné ; il a été écorché ; Aglaé a reconnu qu'il a été éborgné.

Lucy a repassé le *Crédo;* Fanny a lu l'*Orémus* ; Victor a récité le *Kyrié éléison*; Frédéric a répété *Ora pro nobis.* Si Mathias a étudié le *Bénédicité*, il le dira à midi. Mathathias dira l'*Avé Maria.* Théobald écrira le *Magnificat.*

Le sac de blé a été placé sur le bloc de granit; Arthur a déclaré qu'il l'y a vu : qui l'a ôté de là ? Qui l'a porté sur le cheval ? Ce sac, qui a été déchiré, a-t-il été raccommodé ? A-t-il été lié ? Le blé sortira-t-il du sac ? Stanislas a-t-il vérifié la qualité de ce blé ? Me dira-t-il ce qu'il l'a évalué ? A qui sera-t-il livré ?

Le caporal qui a péri par le typhus fut-il porté sur le hamac? Se purgea-t-il? Se drogua-t-il? Vomit-il? Cracha-t-il? Ne prit-il que de l'aloès? Prit-il de l'ipécacuana?

Lorsque le CHRIST a été crucifié, à qui a-t-il pardonné? A qui promit-il l'immortalité? Lorsqu'il prêcha, à qui dit-il : *Celui qui m'a imité, qui a pardonné, qui a pratiqué la charité, sera l'élu de la* DIVINITÉ?

Le général a-t-il reconnu le caporal qui l'a salué? L'a-t-il déjà connu? — Il l'a connu à Sébastopol; il l'a vu à l'Alma; il l'a remarqué sur le mur de Malakoff; il l'a reconnu puisqu'il l'a abordé.

La société a crié : *bravo!* lorsque le sénéchal a paru; il a été fêté, acclamé. Arthur m'a spécifié le motif : il a été décoré à Iéna; il a été nommé caporal à Wagram; major sur la Moskowa, général à Médéah, sur l'Atlas, du côté du Sahara; il a paru fort âgé.

Le captif se délia, il s'échappa du corridor obscur. Turc aboya, Marc cria : *halte-là!* Il tira sur lui. Malgré cela, le captif réussit à gravir le mur; delà, il glissa sur ce côté du fossé; protégé par l'obscurité, il s'évada.

Le caporal parut ému, irrité : *Qu'y a-t-il?* s'écria le général. — *Il y a*, cria le major, *que ce malotru a craché snr le caporal; il n'y a que cela.* — *Alors*, répliqua le général, *il sera jugé par le tribunal prévôtal.* Le sera-t-il? Le caporal m'a assuré qu'il a pardonné : il a imité le CHRIST.

Qu'arriva-t-il à Zozim, lórsque Sélim le plaça sur le cheval ? — Ce qui lui arriva m'a attristé, cela t'attristera : le cheval s'agita, il trépigna, il rua, il se câbra, il jeta Zozim sur le sol ; alors il trotta, il galoppa, il cabriola ; il aborda le lac, il s'y précipita, il nagea, il passa sur le côté sud ; il y a été vu par ton ami Spartacus. Zozim a été rapporté écloppé, disloqué, mort à démi.

Tom a sifflé, Fox a aboyé, Mimi a crié, le cabri a bêlé, le canari a ramagé, Oscar a sonné du cor, Félix a frappé sur le tam-tam : malgré ce charivari, Frédéric a étudié, Frédéric recevra ce qu'il a mérité par sa fidélité : Le joli saphir azur qui a été disputé lui sera attribué. Il m'a parlé déjà de l'opéra, du panorama, du diorama, du cosmorama, du géorama : il y ira. Il ira sur le Thabor, il y folâtrera. Ni Tom, ni Oscar, ni Félix ne sortira.

Le CHRIST a prêché la docilité, la véracité, la frugalité, la sobriété, la fidélité à l'amitié, la magnanimité ; il a blâmé la cupidité, l'avidité, l'opiniâtreté de la témérité, il a flétri la duplicité ; il a prohibé le péché. Celui qui lui obéira sera béni ; celui qui fera ce qu'il a ordonné sera béatifié ; celui qui sera martyr sera glorifié, celui qui a péché, qui a trahi, qui a blasphémé, sera puni, s'il n'a été grâcié.

Nicanaor alla-t-il de Bilbao à Badajoz ? Prit-il le heval ? Préféra-t-il le tilbury ? — Nicanaor voyagea cheval, trot accéléré, jusqu'à l'acacia qui forme 'arc sur le canal ; là il quitta le cheval, il se hargea du bissac, il passa le canal à gué ; à midi l arriva à Burgos, il y dîna ; il se hâta de repartir, l passa par Valladolid ; la nuit arriva, il marcha nalgré l'obscurité, il ne s'arrêta qu'à Badajoz.

Le brick qui a navigué sur le Mississipi, a été nâté, gréé, calfaté : il ira à Victoria ; de Victoria ι Carthagèna ; de Carthagèna à Caraccas ; de Caraccas ι Orinoco ; d'Orinoco il ira, par le cap Horn, à Valdivia ; de Valdivia à Aréquipa ; d'Aréquipa à Panama ; de Panama à Acapulco ; d'Acapulco à Yédo ; le Yédo à Bornéo ; de Bornéo à Calcuta ; de Calcuta ι Quiloa ; de Quiloa à Madagascar ; de Madagascar ι Mogador ; de Mogador à Apalatchicola ; d'Apalat- chicola à Binic ; de Binic à Gibraltar. Arrivé à Gibraltar, il sera remâté, regréé, recalfaté ; il sera doré, colorié, sculpté, panaché : alors, il sera nommé LE JOLI BRICK.

LANGUE IRRÉGULIÈRE

(RÈGLES DE LECTURE VARIABLES).

———✳———

EXERCICES.

§ Ier.

Quelques mots très-usités.

un = une = dans = et = avec = elle					
il est = elle est = m'est = t'est = s'est = c'est					

Un canari et un colibri. = Castor et Pollux.
Un pâté et un rôti = Le col et le frac.
Un bocal et un fanal. = une variété de smalt.
Une férocité de chacal, et une stupidité de butor.
Un canif dans l'atlas. = Du thé dans le bol.
Un saphir dans l'étui. = Un col dans le mérinos.
Une Vénus et une Psyché. = Un lama dans le parc.
De l'or dans le sac, et du blé dans le bissac.

---

un = une = dans = et = avec = elle

il est = elle est = m'est = t'est = s'est = c'est

Du tuf et du stuc. = La voracité d'un porc.
Du thé avec du café. = La vélocité d'un char.
Le jackal avec le jaguar. = Arthur avec Alix.
La vanité d'une Vénus. = La piété d'une Agnès.
Le schall avec le fichu. = Le dahlia avec l'iris.
Un rossignol dans l'acacia. = Du riz et du blé.

Il est ici. = Elle est là. = Papa est sorti avec Oscar.
Le mur qui a été démoli est déjà rebâti et plâtré.

Un purgatif est préparé dans le bol de cristal.

Le sénéchal est arrivé, et le curé est à l'évêché.

Le blé récolté est déjà ramassé. = Un signal est placé sur le mur. = Ibrahim est parti avec Mustapha; il est allé à l'arsenal. = Victoria ira à Laval avec Aglaé, si elle n'y est déjà.

La signora Vivaldi est-elle à l'opéra? = Le fugitif est arrêté : est-il lié et garrotté? Par qui est-il gardé?

Le shérif est-il ici? Est-il dans le tribunal. = Le rossignol qui s'est échappé a-t-il été rattrapé?

Maria me dira-t-elle ce qu'elle fera? Partira-t-elle avec Léonora? Ira-t-elle sur le Thabor? = Ajax a-t-il su ce qui m'est arrivé? = David s'est jeté dans le canal; s'y est-il noyé?

Lucy pétrira le pâté; c'est Oliva qui le cuira.

Nabab s'est fâché de n'obtenir qu'un écu rogné.

Frédéric sera le général, puisqu'il est actif.

Félix, qui est inactif, ne sera que le caporal.

Le buffalo sera distribué, puisqu'il est tué.

Marius a sarclé; c'est Brutus qui a bêché.

C'est Nabonassar qui a péri par l'arsenic.

C'est le cardinal qui m'a reçu à l'archevêché.

C'est dans le corridor que le gaz est allumé.

C'est le porc-épic qui m'a piqué et mordu.

Le pâté s'est coloré : S'est-il durci? Est-il brûlé?

Qui est avec le Shérif? — C'est le corrégidor.

Que t'est-il arrivé? — Il m'est venu un original.

Qu'est-il arrivé à ton ami Astyanax? — Il a glissé sur le roc, et il s'est cassé le storax.

Martha partit-elle avec Amélia? — Elle partit avec elle à midi et demi.

Fox est allé dans le lac : s'y est-il lavé? Qu'est-il devenu? = La signora Taglioni a-t-elle parlé? Qu'a-t-elle ordonné? — Elle a reconnu dans Maria une piété qui lui a plu. C'est d'elle qu'Aglaé a reçu ce joli fichu brodé de fil d'or qui a été admiré.

Adélina a-t-elle cru à sa capacité? S'est-elle imaginé qu'elle a de la sagacité? S'est-elle attribué ce qui m'a été adjugé?

Léonora finira-t-elle le calcul qui lui a été ordonné? y réussira-t-elle? N'y a-t-elle vu qu'une difficulté?

§ II.

Premier groupe de dipthongues.

ai = au = eau = eu = ou = oi

le balai.	le veau.	le feu.
le déblai.	la peau.	le jeu.
le quai.	le seau.	le lieu.
le geai.	le sceau.	le pieu.
un étai.	une eau.	Dieu.
il est gai.	Paul.	un adieu.
il est vrai.	il est beau.	Mathieu.
Mai.	le corbeau.	le milieu.
un air.	le cadeau.	le moyeu.
un éclair.	le radeau.	le neveu.
il est clair.	le rideau.	le cheveu.
la gaîté.	le fardeau.	un aveu.
il est aimé.	le bouleau.	peu à peu.
il est aidé.	le rameau.	le pot-au-feu.
il est aigu.	le chameau.	il est bleu.
il est l'aîné.	le chalumeau.	il est seul.
il laissa.	le hameau.	le jeudi.
il se baissa.	le plumeau.	il jeûna.
il se baigna.	un ormeau.	il pleura.
il a saigné.	un anneau.	il pleuvra.
il a dédaigné.	le chapeau.	il a déjeûné.
il a graissé.	le copeau.	il a beuglé.
il a traîné.	le drapeau.	il est aveuglé

Un plumeau bleu. = Un drapeau déployé.

Un pieu aigu. = Un copeau jeté au feu.

Un rameau fleuri. = La peau du chevreau.

Mars, Avril et Mai. = Un fardeau porté par un chameau. = Un canif laissé sur un bureau.

Un peu d'eau dans le seau. = Un anneau marqué d'un sceau. = Un bateau amarré au quai. = Un éclair dans l'air. = Un corbeau niché dans un ormeau. = Un jeu de loto. = Un radeau sur l'eau.

Celui qui est aimé sera aidé. = Un anneau d'or est un beau cadeau. = Le veau a beuglé, et le corbeau a croassé. = Paul a graissé le moyeu du tilbury. Un pieu aigu l'a piqué, il a saigné, et il a pleuré. = Mathieu jeûna mardi, et il déjeûna jeudi. = Le chameau s'est baigné et il s'est abreuvé. = Le chapeau taché a été dégraissé et approprié.

Le petit Agénor pleura, lorsque son ami le laissa seul ; il cria, losqu'un éclair l'aveugla. = Peu à peu le hameau se peuplera.

Paul délia le balai ; il remua le trumeau ; je le plaçai sur l'acacia. = Le roi de Rio–Hatcha daigna me recevoir ; il dédaigna de venir me voir. = Le duo a-t-il été doublé ? = Au milieu du jeu, Mathieu se leva et me laissa seul. = Je ferai un aveu de ce qui est vrai ; je dirai la vérité, lorsque je parlerai.

Je te dirai adieu, lorsque je partirai. = Pleuvra-t-il, si l'air est clair. = Le geai est-il gai, si Raminagrobis l'a aveuglé ?

Le fardeau a été traîné jusque sur le quai.

le cou.

le clou.

le chou.

le jour.

le joug.

le bouc.

la cour.

la tour.

le tour.

il est mou.

il est fou.

le licou.

le coucou.

le hibou.

le bijou.

le joujou.

le sapajou.

l'acajou.

un trou.

un écrou.

Moscou.

il a roulé.

il a foulé.

il a coupé.

elle a couvé.

elle a soupé.

elle a trouvé.

elle a touché.

elle a bouché.

il s'est mouché.

le barreau.

le carreau.

le bourreau.

le taureau.

le blaireau.

le morceau.

le ruisseau.

le vaisseau.

le faisceau.

le bateau.

le poteau.

le coteau.

le gâteau.

le râteau.

le château.

le tréteau.

le plateau.

le marteau.

un étau.

un écriteau.

le niveau.

le caveau.

il est nouveau.

le boyau.

le noyau.

le hoyau.

le fléau.

le gruau.

la cruauté.

le tuyau.

le vœu.

un œuf.

un bœuf.

la sœur.

le cœur.

il est neuf.

il est veuf.

il a peuplé.

il a meublé.

il a demeuré.

il a manœuvré.

la peur.

la fleur.

la douceur.

le farceur.

le fadeur.

une odeur.

le chauffeur.

le nageur.

le voyageur.

la largeur.

la rigueur.

la liqueur.

le voleur.

la chaleur.

la primeur.

le mineur.

le ramoneur.

la vapeur.

la fureur.

La beauté de l'acajou. = Un écriteau sur le poteau. = La chaleur de l'été. = Le voleur d'un bijou. = Un mou de veau et un œuf mou. = Un œuf couvé. = La fureur du taureau. = Une sœur de charité. = Un marteau avec un clou dans un étau.

Le fourreau du sapeur. = La cruauté d'un bourreau. = La fadeur d'une primeur. = Un poireau et un morceau de chou pour le pot-au-feu. = Le hoyau et le râteau du cultivateur. = Un joug sur le bœuf, et un licou au cou du cheval. = Un gâteau sur le plateau. = Un ormeau sur le coteau.

Le rouleau a roulé sur le barreau. = Le chapeau dégraissé m'a paru neuf. = Un beau drapeau a été arboré sur un créneau de la tour du château.

Le nageur fera-t-il le tour du vaisseau ?

Ce farceur m'a joué un tour. = Un fou s'est jeté dans un trou, où il s'est cassé le cou. = Qu'a-t-il trouvé dans le caveau noir ? — Il y a trouvé un hibou avec un sapajou.

Paul a vu son ami Mathieu, il n'y a qu'un jour. = Le bedeau est-il marié ? Est-il déjà veuf ? = Le voyageur a soupé d'un morceau d'aloyau, et d'un peu de gruau. = S'il n'a qu'un sou, ira-t-il au-delà de Moscou ? = Le rameau qui a été foulé fleurira-t-il ? = Le ramoneur qui m'a touché m'a-t-il sali ? = Il a couché sur le roc ; cela m'a touché le cœur. = Le château meublé a été démeublé.

Paul a sué par la chaleur, et il s'est baigné.

elle a toussé	le tuyau.	le procureur.
elle a poussé.	un agneau.	le tuteur.
elle a émoussé.	le tableau.	le moniteur.
il a rougi.	le fabliau.	le libérateur.
il a souri.	le chevreau.	le créateur.
il a poudré.	le couteau.	un orateur.
il a soulagé.	le boisseau	un admirateur.
il a bouché.	le fourneau.	un administrateur.
il a écoulé.	le pourceau.	un acteur.
il a étouffé.	le trousseau.	un détracteur.
il est touffu.	un arbrisseau.	un calomniateur
il a soufflé.	autour.	la grosseur.
il est goulu.	le vautour.	une épaisseur.
il a goûté.	un auteur.	le sauveur.
il a dégoutté.	un auditeur.	le pécheur.
il a assouvi.	la hauteur.	le pêcheur.
il est assoupi.	une autorité.	le marcheur.
il est accoudé.	un échaudé.	la fraîcheur.
il est accoutumé.	le naufragé.	le sieur.
il est accoutré.	le Dauphiné.	le scieur.
elle a nourri.	elle a jauni.	le plieur.
elle a pourri.	elle a sauvé.	le crieur.
il est bourru.	elle a sauté.	le relieur.
il a débourré.	il a chauffé.	le souffleur.
elle a trouvé.	il s'est déchaussé	le chou-fleur.
elle a troublé.	il a miaulé.	le coureur.
il a éprouvé.	il aura.	le discoureur.
il s'est écroulé.	il saura.	la maigreur.
il est accroupi.	il faudra.	le couvreur.
il a groupé.	il vaudra.	le joueur.

La douceur de l'agneau. = La grosseur du bœuf.

Un rideau jauni. = Un tuyau noirci. = Un pré fauché. = Un bol échaudé. = Un échaudé beurré. = Un boisseau de blé. = Un agneau étouffé par un bœuf. = La pauvreté du laboureur. = L'épaisseur d'un mur. = Le couteau d'un écorcheur. = Un ours bourru. = La hauteur et la largeur du fourneau.

Un ormeau touffu. = Un acteur de l'opéra. = Un étourneau dévoré par un vautour. = Un crieur public. = Le plieur d'un journal. = L'agilité d'un couvreur. = La publicité du *Moniteur*. = Un rêveur accoudé sur un bureau. = Un naufragé sur un radeau. = Un mur écroulé. = Un œuf pourri.

Le Christ a été le sauveur et le libérateur du pécheur. Le bar saumoné a été pêché par le pêcheur. = Le coureur a-t-il dépassé le marcheur ? A-t-il parcouru le Dauphiné dans un jour ? Où a-t-il couché ? = Le chasseur se déchaussa, lorsqu'il passa le ruisseau. = Le sureau est-il un arbrisseau ? = Le discoureur est-il écouté ? S'il a un auditeur, a-t-il un admirateur ?

L'orateur a toussé, et il s'est mouché. A-t-il oublié ce qu'il a su ? Le saura-t-il de nouveau, lorsqu'il l'aura étudié ? Lui faut-il un souffleur ? = Le voleur du bijou a été poursuivi ; le procureur a souri, lorsqu'il l'a vu arrêté. = Le sieur Bonneau, qui a cassé un carreau, est cité au tribunal. = Est-il vrai que le scieur a scié le bouleau qui a été coupé ? = Ce qui a dégoutté a troublé l'eau ; cela m'a dégoûté.

il a brouté.

il a tourné.

il se détourna.

il a déboursé.

il se fourvoya.

il a défourné.

il est alourdi.

il est étourdi.

il est dégourdi.

il a bousculé.

il soustraira.

il souscrira.

le souscripteur.

il est dévoué.

il dénoua.

oui.

il est réjoui.

il est évanoui.

il est ébloui.

il est écroui.

la douleur.

la couleur.

elle courra.

elle parcourra.

elle mourra.

elle pourra.

elle voudra.

elle coudra.

elle moudra.

elle découdra.

la foi.

la loi.

le roi.

la paroi.

le charroi.

pour moi.

pour toi.

Geoffroi.

Rocroy.

la soif.

le soir.

soit.

le poil.

voici.

voilà.

quoi.

pourquoi.

quoique.

il a voilé.

il a dévoilé.

il est étoilé.

il a soigné.

il est éloigné.

il a témoigné.

il est cloîtré.

il a poivré.

il a froissé.

le coiffeur.

la moiteur.

la moitié.

le miroir.

le tiroir.

le lavoir.

le dévidoir.

le démêloir.

le boudoir.

le bougeoir.

le mouchoir.

le parloir.

le chauffoir.

le trottoir.

le rôtissoir.

le dégraissoir.

un abreuvoir.

voir.

revoir.

avoir,

savoir.

devoir.

recevoir.

valoir.

vouloir.

prévoir.

pouvoir.

pourvoir.

s'asseoir.

il boira.

il croira.

il croîtra.

il s'asseoira.

Le poil crépu du chameau. = L'autorité de la loi.
= La cour d'un roi. = Du fil roulé autour d'un
dévidoir. = Un chauffoir dans le trou du fourneau.
= Un mouchoir autour du cou. = Le miroir du
coiffeur. = Le peu de foi du pêcheur.

Un ami dévoué. = Un aloyau rôti dans le
rôtissoir. = Le pouvoir du Créateur. = La douleur
de ne pouvoir soulager un ami. = Un but éloigné.
= La fraîcheur et la moiteur de l'air du soir.

L'abreuvoir du troupeau. = Le demi-jour d'un
boudoir éclairé par un bougeoir = Un hibou ébloui
par la clarté du jour. = Un pâté salé et poivré. =
Un métal battu et écroui. = Un trottoir sur le quai.

Si je n'ai su prévoir le mal, je saurai y pourvoir.
= Le tuteur de Paul ira le voir au parloir. De quoi
s'est-il occupé ? Le coiffeur l'a-t-il poudré ? =
L'orateur pourra s'asseoir, lorsqu'il aura parlé.
Pourquoi s'est-il troublé ? — Parce qu'il est peu
accoutumé à voir le roi. = Geoffroi est tout étourdi,
parce qu'il a tourné. = Un étourdi a froissé l'arbrisseau et l'a défleuri.

Celui qui a soif boira. = Celui qui aura la foi
croira. = Il a suffi au roi de vouloir pour avoir. =
Voilà le laminoir, et voici le tiroir où est le
démêloir. = L'amiral m'a témoigné de l'amitié.

Paul a-t-il dénoué le mouchoir ? — Oui, et il l'a
renoué. = Pourra-t-il ouvrir le piano ? Oui, s'il est
décloué. = Augustina voudra-t-elle venir ici ? — Oui,
lorsqu'il le faudra.

je dînai.	je déjeûnai.	j'obéirai.
je soupai.	je traînai.	je m'asseoira
je portai.	je marchai.	sait-il?
je quittai.	je saluai.	plait-il?
je boîtai.	je distribuai.	connaît-il?
je laissai.	je m'attribuai.	était-il?
je plaçai.	je jouai.	avait-il?
je menaçai.	je dénouai.	paraissait-il?
je logeai.	je me dévouai.	boîtait-il?
je me purgeai.	j'ai.	croyait-il?
je naviguai.	j'allai.	croissait-il?
je divulguai.	j'écartai.	serait-il?
je cognai.	j'allumai.	lirait-il?
je saignai.	j'arrachai.	écrirait-il?
je noyai.	j'acquittai.	offrirai-il?
je déployai.	j'étudiai.	boirait-il?
je déliai.	je serai.	obéirait-il?
je pariai.	je livrai.	suivrait-il?
je variai.	je boirai.	veut-il?
je pliai.	je croirai.	peut-il?
je suppliai.	je croîtrai.	pleut-il?
je criai.	je saurai.	boit-il?
je priai.	je vaudrai.	doit-il?
je m'écriai.	je courrai.	croit-il?

Quelques mots particuliers.

il a payé.	il a balayé.	il a appuyé.
il a rayé.	il a bégayé.	il a rayonné.
il a délayé.	il a défrayé.	il a crayonné
il a égayé.	il a monnayé	aujourd'hui.

Je boirai, lorsque j'aurai soif. = Je finirai lorsque je pourrai. = Je dirai à papa ce que j'ai pu savoir. = Je lirai dans le livre bleu.

Je relirai ce que j'ai déjà lu, et je l'écrirai.

Je sortirai, lorsqu'il fera beau; j'irai voir mon ami, lorsque je saurai où il est. = J'irai courir sur le pré, et je serai de retour à midi.

Puisque j'ai étudié, je recevrai le joli joujou; j'aurai ce que je voudrai. = J'irai sur le créneau où il y a un drapeau.

Mardi, j'étudiai dans le jour, et le soir je me couchai snr la peau de chameau. = Jeudi, je déjeûnai avec un œuf dur, je dînai avec un aloyau, et je soupai de gruau. = Lorsque je me levai, je sifflai : Médor se hâta d'accourir ; je le régalai avec un morceau de gâteau et un os de bœuf rôti. = Lorsque j'allai sur le quai, voir le vaisseau, je sautai dans un bateau, je glissai et je risquai de périr dans l'eau.

Pleut-il aujourd'hui ? Pleuvait-il jeudi soir ?

Laura veut-elle obéir ? Fera-t-elle le devoir qui lui est assigné ? Veut-elle rougir ou jaunir le tableau ? Voudrait-elle le noircir, ou le bleuir ? Que voulait-elle, lorsqu'elle a pleuré ? Boit-elle de l'eau, du thé ou du café ? = Le docteur doit-il venir aujourd'hui ? Etait-il venu jeudi ? A-t-il cru venir pour moi ou pour toi ? t'avait-il déjà traité ? T'avait-il bien soigné ? T'avait-il guéri ?

Il faudra mourir un jour; puisque Dieu l'a voulu.

Un pasteur est le tuteur dévoué d'un troupeau.

Celui qui boira de l'eau et qui vivra dans un air pur, sera fortifié. = Je boirai de l'eau et je vivrai où je pourrai. = Celui qui m'a sauvé a été aussi le libérateur d'un captif. = Augustina est la sœur de Paul; elle m'a témoigné de l'amitié. = Le jaguar s'est approché du troupeau, et l'odeur du bouc l'a éloigné.

J'ai vu le pauvre Job souffrir, et je l'ai soulagé. = Lorsqu'il arriva, il était affamé; je partageai le gâteau et je lui donnai une moitié. = Jeudi, j'allai voir ton ami, et je lui parlai de toi. = Félix est allé le voir, et il lui a parlé de moi. = J'ai vu le curé, je l'ai abordé, et je l'ai salué. = Lorsque le cardinal arriva, je l'abordai et le saluai.

J'ai déjà distribué le gruau qui m'a été donné. = Mardi, j'apportai le blé noir, et je le distribuai. = Je partirai pour Lima, et je parcourrai le Pérou. = Arthur a joué au loto, et j'ai parcouru le journal. = Jeudi, je jouai avec lui, et je lui gagnai un sou. = J'offrirai une fleur à la signora, et je recevrai un joujou. = Dans l'été, je serai matinal; je sortirai, lorsque le jour paraîtra, pour jouir de la fraîcheur. = Lorsque j'ai été sur le côteau, le corbeau a croassé, le rossignol a roucoulé, le geai a jaccassé, et le moineau a voltigé autour de l'ormeau.

Paul était-il ici, lorsque j'arrivai? Etudiait-il?
Ecrivait-il? Jouait-il? Riait-il, ou pleurait-il? Victor
a-t-il chagriné sa sœur Laura? Etait-elle dans
le boudoir? Avait-elle l'air d'avoir pleuré? Où
allait-elle, lorsqu'elle t'a quitté? Riait-elle ou
pleurait-elle? A-t-elle rougi ou pâli? Paraissait-
elle se réjouir? = L'ours est-il un animal poilu?
A-t-il le poil noir ou bleu? Le chasseur avait-
il peur de l'ours qu'il a vu courir sur lui? L'a-
t-il tué, pour avoir sa peau?

Le pourceau goulu a été attiré par l'odeur
du veau rôti; il a paru avoir peur du ramoneur,
et il s'est sauvé. = Le sapajou du ramoneur a
été aussi goulu que le porc : il a sauté sur moi,
et il m'a arraché un échaudé beurré. = Au
sortir de l'arsenal, j'allai sur le canal; j'attachai
le cheval à un poteau, je le débarrassai du fardeau,
je me déchaussai, je sautai dans l'eau, et je
me baignai.

Y avait-il un moineau ou un étourneau sur
le barreau? Y avait-il du thé ou du café sur
le plateau? = Y aurait-il un miroir dans le tiroir?
Frédéric était-il parvenu à l'ouvrir? Qu'y avait-il
trouvé? = Y aurait-il du mal à dormir, au lieu
de courir? = Fallait-il couvrir le feu au lieu
de le découvrir? = Faudrait-il applaudir l'acteur
qui est admiré? = Alix croyait-il ce qu'il m'a
assuré? = Croirait-il que je l'ai cru? Se serait-
il joué de ma crédulité?

Aurélia a-t-elle payé ce qu'elle a rapporté du marché ? = J'ai payé ce chapeau neuf, qui m'a coûté un écu. = Lorsque le tric-trac fut apporté, je payai le porteur, et je jouai avec un amateur, qui me ruina, se leva, me salua, et se moqua de moi. = Aujourd'hui j'obéirai à papa, et je fuirai la société du joueur. = Zoé a-t-elle balayé la cour ? Balayait-elle lorsque le duc est arrivé ? Azor a-t-il aboyé ? Aboyait-il lorsque le matou a miaulé ?

L'autre jour, je louai un cheval ; je donnai un dollar au coureur, et mon ami le prieur me loua sur ma libéralité. J'arrivai au château à midi : j'ôtai le licou du cheval, je me débouclai, je me cravatai, je brossai mon frac, et je pénétrai au milieu de la société. J'y remarquai le rédacteur du journal le *Moniteur*. Il m'a assuré qu'il sera pour moi un ami dévoué. = J'ai trouvé au tribunal l'avoué qui a plaidé pour moi. Il m'a avoué qu'il est peu sûr de réussir.

Lorsque le vaisseau est arrivé, il a touché le mur du quai, et il a été tout abîmé. Il a aussi heurté un bateau à vapeur, qui a été fracassé. = Augustina a pleuré parce que son agneau a été maltraité par un vautour qui l'a plus qu'à moitié tué. Aura-t-elle la douleur de le voir mourir ? Le docteur qui a été le voir le guérira-t-il ? Voudrait-elle recevoir un chevreau pour son agneau ? = Recevrait-elle un agneau nouveau-né que Laura pourra lui offrir ?

Le caporal s'arrêta, lorsque je criai : *halte-là !* Alors je marchai jusqu'à lui, et je lui communiquai ce qui a été décidé par le maréchal; je retournai au château, j'allumai le gaz, j'éclairai le boudoir; je débouchai le tuyau du lavoir, et l'eau coula jusqu'au niveau du ruisseau. Je m'appuyai sur un mur, qui s'écroula; je glissai dans l'eau, je nageai, je m'accrochai à un clou, sur le côté d'un bateau, et je me sauvai. Je me chauffai au feu d'un fourneau, et je me séchai.

Lorsque le rhinocéros a paru sur le coteau, le troupeau a été agité par la peur, il s'est groupé autour du poteau, et la frayeur a gagné jusqu'au pasteur. Le cheval s'est précipité au milieu du troupeau, qu'il a bousculé; l'agneau a bêlé, le chevreau a gémi, le veau a beuglé, le chameau s'est couché; le bœuf seul a marché du côté du rhinocéros, il a courbé le cou et il a menacé. Ce soir, le bœuf sera fêté et régalé : pour moi, j'y souscrirai.

Celui qui dira du mal du sapeur sera un calomniateur. Celui qui a nié la valeur du voltigeur est un détracteur. Un malfaiteur seul a pu se réjouir de la douleur d'autrui.

Lorsque le martyr est sorti du préau, Paul a poussé un soupir, et je l'ai vu s'évanouir. Le martyr s'est réjoui de souffrir; il s'est écrié : *Qu'il est beau de souffrir et de mourir pour obéir à la* LOI DE DIEU !

§ III.

Deuxième groupe de diphthongues.

an = en = on = in = ain = un

un an.	la lenteur.	le don.
un plan.	le menteur.	le son.
un cran.	le vendeur.	il est bon.
un écran.	le vendredi.	donc.
le turban.	un envoi.	le charbon.
le forban.	un emploi.	le chardon.
le volcan.	il a senti.	le pardon.
le carcan.	il a menti.	le cordon.
le pélican.	il a rendu.	le guéridon.
le bouracan.	il a pendu.	un édredon.
un ouragan.	il a suspendu.	le chiffon.
le catalan.	il est censé.	le bouffon.
le castillan.	il a pensé.	le dragon.
le talisman.	il s'est dispensé.	le jargon.
la maman.	elle a censuré.	le wagon.
le cormoran.	elle a semblé.	le pigeon.
le sultan.	elle a assemblé	le bourgeon.
le charlatan.	elle a rempli.	le plongeon.
un orviétan.	on a trempé.	le donjon.
le mahométan.	on a tremblé.	le salon.
un océan.	on a éventré.	le talon.
Jean.	on s'est vengé.	le pantalon.
Christian.	on s'est aventuré	le violon.

Le feu du volcan. = Un cadeau du jour de l'an.
Un an et un jour. = Un pantalon de bouracan.
Un œuf de pigeon = La fraîcheur du vallon. =
Le donjon du château. = Le son du violon. = Un
cormoran nourri de son. = Un ouragan au milieu
de l'Océan. = Un mouchoir trempé dans le lavoir.
= La lenteur d'un bœuf. = Le tartan bleu de
maman. = Le couteau du catalan. = Le manteau
du castillan. = Un emploi de vendeur à l'encan.

Le pardon du péché. = Un saumon dans le poêlon.
= Un écran suspendu à un guéridon dans le salon. =
Le turban du mahométan. = Un menteur au carcan. =
Un fourgon traîné par un wagon dans le vallon.

Un cadeau est un don. = Il est défendu de mentir.
= On a attaqué Jean sur le pré, et il s'est défendu. =
Il m'a semblé sentir un clou aigu dans l'édredon.
= Le mâtineau a senti l'odeur de mon pigeon rôti. =
Vendredi, le sultan assembla-t-il le divan? — Non,
il ne l'assemblera que lundi. = Le coureur a un
talon écorché : a-t-il donc pu consentir à courir?

Est-il donc vrai, oui ou non, que le charlatan
t'a vendu son orviétan? = Le mahométan a-t-il
récité le koran?

Christian a donné un ballon pour un chiffon :
est-il donc insensé? Comprendra-t-il que cela est
peu sensé? = L'administrateur ne recevra aucun
auditeur : il est donc censé qu'il est sorti : c'est ainsi
qu'il s'est dispensé de me recevoir. = Aaron a été
foudroyé, dit-on, pour avoir encensé le veau d'or.

la santé.	il est engagé.	le canon.
le landau.	il est enragé.	le jupon,
le bandeau.	il est enfumé.	le chapon.
la candeur.	j'ai entamé.	le tampon.
la grandeur.	j'ai enflé.	le fripon.
la blancheur.	j'ai enfariné.	le harpon.
le blanchisseur.	elle a entouré.	le héron.
le hangar.	elle a enroulé.	le clairon.
le danseur.	elle a engourdi.	le marron.
le chanteur.	j'entraînai.	le charron.
le changeur.	j'encaissai.	le fanfaron.
la puanteur.	j'enchaînai.	le potiron.
une anxiété.	on a environné.	environ,
une ampleur.	on a enfoui.	la leçon.
le jambon.	on s'est enfui.	la façon.
le lambeau.	on a enflammé.	le maçon.
le flambeau.	on a engraissé.	le limaçon.
le tambour.	on a entendu.	le garçon.
ran-tan-plan.	on a endormi.	le soupçon.
le topinambour.	on a envoyé.	le tronçon.
il a lancé.	on a empêché.	la chanson.
il a pansé.	on a employé.	le chausson.
il a rangé.	j'ai emporté.	le frisson.
j'ai dérangé.	j'ai embroché.	le hérisson.
j'ai arrangé.	j'ai empilé.	la boisson.
je mangeai.	j'ai embarqué.	la moisson.
je plantai.	il a embarrassé.	le poisson.
je manquai.	il a embrassé.	le bâton.
on s'est vanté.	il s'est entêté.	le coton.
on s'est avancé.	il s'est emparé.	le carton.

Un canon bouché par un tampon. = Le son aigu du clairon. = Un ballon enflé par le gaz. = Un héron pensif. = Un hérisson tout engourdi. = Un jambon fumé. = Une leçon de piano. = La façon d'un chausson de coton. = Un fripon puni. = Le bâton de maréchal. = Un potiron rongé par un limaçon. = Un lambeau de jupon en bouracan.

Un gâteau entamé. = Un ânon entêté et obstiné.

Un flambeau enflammé. = Un chapon embroché.

La blancheur de mon col. = le lavoir et le savon du blanchisseur. = La grandeur du tambour-major.

La puanteur d'un pourceau engraissé.

L'eau est ma boisson. = Le saumon est un bon poisson. = Le laboureur a vendu environ la moitié de sa moisson. = Qui donc ma lancé un charbon enflammé ? = Le charron m'a fabriqué un beau wagon; ton joli landau est-il de sa façon? = J'ai enfoui mon or dans mon caveau: un fripon l'a déniché, il s'en est emparé, et il s'est enfui. = Lorsque j'entrai dans le salon, je dénouai le cordon de mon manteau, et je m'en débarrassai.

Le dragon a bu à ma santé : entendra-t-il le clairon? = Le chanteur m'a réjoui par sa chanson, et il a fini par m'endormir. = Jean m'a enchanté par sa candeur; je l'ai embrassé, et je lui ai donné un écran de carton doré; il en a été charmé. = Le fanfaron qui s'est vanté de sa valeur s'en est repenti : la peur lui a donné le frisson; il a tremblé.

il a campé. | la densité. | le canton.
il a rampé. | une immensité. | le menton.
il est antérieur. | la splendeur. | le mouton.
il est amputé. | il est enroué. | le bouton.
il est ambigu. | il est enrhumé. | le ponton.
il est amplifié. | il est enharnaché | le fronton.
un ambassadeur | il s'absenta. | le cochon.
un amphigouri. | il complimenta. | le bouchon.
un amphitryon. | il récompensa. | le torchon.
il demanda. | il démembra. | le gascon.
il commanda. | il apprendra. | le pignon.
il marchanda. | il surprendra. | le champignon.
il échangea. | il comprendra. | le rognon.
il enchanta. | il entreprendra. | le compagnon.
il a démanché. | il entrecoupa. | le maquignon.
il a endimanché | un entrepreneur | le bourguignon.
il a abandonné. | entrevoir. | le moignon.
il a bamboché. | entr'ouvrir. | le siphon.
il a répandu. | il est central. | le chaudron.
il a retranché. | il est oriental. | le chevron.
il a transporté. | il est occidental. | un aiglon.
il a transformé. | il est continental | le lion.
il a transplanté. | il est sentimental | la région.
il a agrandi. | Henri. | la religion.
il est tranquille | Valentin. | la passion.
la tranquillité. | il s'en alla. | la compassion.
il est fiancé. | je m'en allai. | la commission.
il est affriandé. | qu'en pensa-t-il? | la fluxion.
Briançon. | ment-il? | la mixtion.
tandis que. | ressent-il? | le bastion.

Un hameau du canton. = Un couteau démanché.

Un rognon de veau. = L'envoi d'un ambassadeur.

Un menton barbu. = le chevron du vétéran.

La bonté de Henri. = Le pignon bâti par le maçon.

Un bouton pour ton pantalon. = Un cheval vendu par un maquignon. = Un chaudron suspendu sur le feu. = La passion du jeu. = Un milan, un corbeau, et un aiglon. = l'immensité de l'Océan. = Un tuyau recourbé en siphon.

Un vaisseau transformé en ponton. = Un morceau de savon pour blanchir un torchon et un manchon. = Un garçon mal enharnaché. = Un Gascon et un Bourguignon en discussion avec un Breton entêté. = Un arbrisseau transplanté du coteau dans mon parc.

Ce qui est au milieu est central. = Ce qui a précédé est antérieur. = Ce qui a un double sens est ambigu. = Entrevoir, c'est ne voir qu'à demi. = Ent'rouvrir, c'est n'ouvrir qu'un peu.

J'ai vu le lion bondir, et je l'ai entendu rugir. = Le docteur a-t-il pansé le moignon de l'amputé? = A-t-on lavé son menton barbu et son genou ensanglanté? = L'orateur, dit-on, s'est embarrassé dans son amphigouri : c'est là aussi ce que j'ai pensé, voilà mon opinion.

Tandis que l'ambassadeur s'est absenté, mon garçon André a rangé son bureau. = Le dragon a chanté, le voltigeur a dansé, le chasseur a bamboché, le tambour a été tapageur; quant au sapeur, il est demeuré tranquille, et je l'ai récompensé.

le lin.
le vin.
le pin.
la fin.
il est fin.
le brin.
le crin.
un écrin.
cinq.
le zinc.
le lambin.
le gradin.
le jardin.
le baladin.
le blondin.
le boudin.
le gourdin.
un engin.
il est sanguin.
le moulin.
le carlin.
il est câlin.
il est malin.
un orphelin.
le carmin.
le chemin.
le parchemin.
le grapin.
le coquin.
le requin.

le bain.
le nain.
le pain.
le gain.
la main.
le grain.
le train.
il est vain.
il est sain.
le dédain.
il est mondain.
le regain.
le poulain.
il est vilain.
demain.
il est romain.
le forain.
le parrain.
le lorrain.
le souverain.
l'airain.
il est malsain.
l'étain.
le plantain.
il est châtain.
il est napolitain.
il est ultramontain.
le couvain.
un écrivain.
le sixain.

la pension.
une ascension.
une dissension.
une discussion.
une convulsion.
un embryon.
Marthon.
Fanchon.
Scipion.
Phocion.
Napoléon.
Anacréon.
Pharaon.
Xénophon.
Monthion.
le Panthéon.
la rondeur.
la longueur.
il a monté.
il a montré.
il a grondé.
il a trompé.
il tomba.
il plongea.
il fronça.
il broncha.
sont-ils?
diront-ils.
croiront-ils?
voudront-ils?

Un moulin à café. = Un bijou dans un écrin.
Un grain de blé. = Un baladin sur un tréteau.
Un brin de plantain planté dans un jardin.
Un morceau de pain beurré. = Un pin, un sapin
et un ormeau sur le côteau. = Un lambin grondé
pour sa lenteur. = Un manteau neuf garni de poil
de lapin. = Un matou câlin. = Un joli carlin
sur le genou de maman. = Du fil de lin aussi fin
qu'un cheveu. = La rondeur d'un anneau. =
L'antiquité d'un pharaon. = Un tombeau au
Panthéon. = Une ascension en ballon.
La splendeur de la cour de Napoléon.

Ce qu'on a gagné est un gain. = Un crin est un
cheveu de cheval. = Le vin frelaté est malsain. =
Un bâton plombé et durci au feu est un gourdin.
Cinq est un peu plus que la moitié de neuf.
Le zinc, ainsi que l'étain, est un métal bleu un
peu clair; l'airain est foncé dans sa couleur.
Il faut avoir compassion de l'orphelin: c'est un
devoir de religion.
Scipion a rencontré, au milieu du chemin, un
vilain coquin, qui l'a frappé avec un gourdin, et
il s'est défendu avec son bâton. = L'écrivain
écrivait-il sur le parchemin ce que je lui ai dicté?
Phocion et Pantaléon sont-ils sur le balcon? Mon
compagnon Anacréon a monté sur un gradin pour
voir le souverain. = Mon ami Xénophon a été
saigné, parce qu'il est sanguin; ce matin, il est
tombé en convulsion.

4

le bouquin.
le palanquin.
le serin.
le burin.
le marin.
le romarin.
le capucin.
le succin,
le vaccin.
le tocsin.
le bassin.
le poussin.
le fantassin.
le spadassin.
un assassin.
le matin.
le mâtin.
le satin.
le butin.
le scrutin.
il est argentin.
il est divin.
le devin.
le déclin.
le chagrin.
le pétrin.
le lutrin.
le bénédictin.
le babouin.
le malouin.

il est africain.
il est américain.
le dominicain.
le franciscain.
le publicain.
le républicain.
le refrain.
le quadrain.
un entrain.
il est prochain.
le vainqueur.
il vaincra.
il convaincra.
il craindra.
il plaindra.
il est craintif.
il est plaintif.
ainsi.
saint Urbain.
saint Antonin.
saint Augustin.
saint Aignan.
saint Aimé.
saint Arnould.
saint Agathon.
craint-il?
se plaint-on?
craindrait-elle?
contraint-elle?
convainquait-il?

il a répondu.
il a prolongé.
il a dénombré.
il a corrompu.
il a inondé.
il a affronté.
il est déhonté.
il est assombri.
il est accompli.
on a confirmé.
on a comparé.
on a combattu
on comblera.
je confiai.
je contribuai.
je constatai.
je constituai.
je construirai.
je confondrai.
je m'enfonçai.
le contremur.
le contrefacteur
le contradicteur
il a triomphé.
il est triomphal.
il est fondamental.
il est démonstratif.
montreront-ils?
concevront-ils?
comprendront-ils?

Le soir et le matin. = Le mâtin qui a aboyé et qui m'a mordu. = Un lutin malin. = Un pantin démembré. = Un beau satin moiré et lustré.

La voracité d'un requin. = Le capuchon d'un capucin. = Le son argentin de l'airain. = Le refrain d'une chanson. = Un spadassin fanfaron. Un menteur déhonté. = Un romarin fleuri. = Un marin sur le palanquin. = Un poussin sorti d'un œuf. = Un dominicain cloîtré, ainsi qu'un franciscain. = Un député élu au scrutin. = Un dragon à cheval et un fantassin. = Un mutin qui s'est révolté et qui a été confiné dans un donjon. = Un enfant abandonné. = Un gamin corrompu par la société d'un polisson.

Le soir est le déclin du jour. = Ce qui est de Dieu est divin. = Un devin n'est qu'un charlatan. = Le lapin est un animal craintif. = Saint-Augustin était-il un bénédictin ? = Mon patron est saint Agathon. = Dugay-Trouin fut un Malouin. = David a vaincu le philistin Goliath. = Gédéon, ainsi que Samson et David, a combattu un général philistin : fut-il vainqueur ou vaincu ? Avec quoi Samson combattait-il ? A qui fit-il sentir la vigueur de sa main ?

Un babouin s'est fourré dans le pétrin, et il s'y est empêtré. J'ai entendu son cri plaintif, et j'ai accouru. = Lorsque le tocsin a retenti, j'ai demandé si le hameau était incendié : on m'a répondu qu'il était inondé.

le chérubin.	il est principal.	aucun.
le séraphin.	il est intérieur.	chacun.
Martin.	il est insulté.	l'alun.
Mathurin.	il est inquiété.	le tribun.
Justin.	il est impérial.	il est brun.
Quintin.	il est imbibé.	le lundi.
Juin.	il installa.	Melun.
enfin, afin que.	il inspira.	Autun.
le dindon.	il institua.	Embrun.
le pinceau.	il instruira.	Brunswick.
il a rincé.	il est instructif.	il est commun.
il a grincé.	un ingénieur.	il est opportun.
il a quintuplé.	une ingénuité.	il est inopportun.
le quinquina.	un imprimeur.	il est importun.
il est distingué.	une impulsion.	il a emprunté.
il est distinct.	une simplicité.	
il est aminci.	Washington.	le lynx.
il a timbré.	Wilmington.	le larynx.
il a grimpé.	vint-il?	le sphinx.
il est provincial	se souvint-il?	un ornithorinx

Quelques mots particuliers.

Adam.	il est damné.	Caen.
le nom.	il est condamné	le paon.
le prénom.	il est emmanché	le thym.
le comté.	il est emménagé	le parfum.
il a compté.	il est ennuyé.	le daim.
le comptoir.	Benjamin.	la faim.
il a dompté.	Mentor.	monsieur.

Le plan de l'ingénieur. = Un comptoir en acajou.

La candeur d'un séraphin. = L'ingénuité d'un chérubin. = Lundi soir et vendredi matin.

La soif et la faim. = Le parfum du thym fleuri.

Un cabri et un daim. = Un ruban noir sur un chapeau brun. = Un pinceau en poil de blaireau.

L'intérieur d'un boudoir. = Du thé de quinquina pour rétablir ma santé. = L'instituteur qui m'instruira.

Un imprimeur patenté par un édit impérial. = Un outil emmanché. = Le principal écrivain du journal. = L'air commun d'un provincial. = L'air distingué du tambour-major. = L'impossibilité de courir avec une infirmité au genou. = L'ampleur d'un pantalon emprunté.

Chacun est occupé de soi. = Il faut agir pour son prochain ainsi que pour soi. = Adam a vécu dans un jardin enchanteur. = C'est en juin que l'été a commencé. = Martin a envoyé du pain à sa sœur Marthon. = Son envoi a été opportun, car elle commençait à sentir la faim. = Monsieur Justin a-t-il enfin rendu ce qu'il m'a emprunté? Que doit-il? L'a-t-on compté? Je me plaindrai de son infidélité.

Monsieur Mathurin s'absenta du cinq au neuf juin; il alla de Caen à Rouen, et de Rouen à Quintin. Revint-il par Alençon, ou par Embrun? J'ai fêté mon patron saint Antonin avec un dindon rôti. = *Antonin* est mon prénom, *Vaudrun* est mon nom, l'*Original* est mon surnom, voilà ce que j'ai répondu au procureur impérial.

Un général napolitain est campé sur le mont
Aventin. Un journal romain me l'a annoncé. =
Monsieur le baron Duroussin a été saigné, parce
qu'il est sanguin; l'individu qui l'a saigné a reçu
un écu pour son gain. = Un ingénieur a sondé
le chenal; il a calculé la largeur et la profondeur
que doit avoir mon vaisseau. = L'entrepreneur
a évalué la longueur, la hauteur et l'épaisseur
du ponton qu'il construira. Il a compté ce qu'il
a déjà dépensé.

Paulin a manqué de finir ce qu'il a commencé. Ce que j'ai commencé sera continué
jusqu'à la fin. = Un infortuné a été trouvé
endormi sur un gradin du Panthéon : c'est un
enfant abandonné; il ne pourra mourir de faim
aujourd'hui, car je lui ai envoyé la moitié de
mon pain. = Valentin est enroué, et Florentin
est enrhumé; quant à moi, j'ai une fluxion.

Suzon a un mouton qu'elle a nommé *Robin.*
Le nom de mon ânon est *Ali-Boron.*

Ce matin, le lionceau a rugi, l'ourson a grogné,
le paon s'est pavané, le dindon s'est bouffi, le
pélican s'est envolé sur l'Océan, tandis que le
cormoran a pêché un poisson, qu'il a englouti. =
Ali-Boron a rencontré un brin de chardon; il
l'a mangé, et cela l'a affriandé. Alors, on lui
en a apporté, et il s'en est régalé. Je l'en ai
complimenté.

L'ambassadeur ottoman a donné un bal, dans le goût oriental, en faveur du pacha Abou-Hassan. Il l'a traité en roi.

Le sultan s'est cru insulté par le refrain d'une chanson ; celui qui l'a offensé a senti le bâton. = Le charlatan, malgré son talisman, n'a pu remplir d'eau un tonneau défoncé. Avait-il donc pensé qu'il pourrait y réussir ? S'en était-il vanté ? A quoi songeait-il ?

Le forban qui a volé mon brick sur l'Océan, s'était enfui. Un marin l'a rencontré et l'a empoigné. On l'a jugé et condamné. On lui a passé un cordon autour du cou, et on l'a étranglé. = Le fripon qui a emporté un mouton de mon troupeau a été condamné au carcan. = Un assassin sera jugé vendredi prochain S'il est condamné, il sera pendu.

Henri s'est embarqué pour Oran, d'où il ira à Tampico, et de là à Montévidéo. Il parcourra l'Océan du côté oriental au côté occidental. = Le jour où Marthon sortira de sa pension, elle offrira à son parrain un beau dahlia entrelacé avec un jasmin.

Faustin a patiné sur le bassin glacé, ce qui lui avait été défendu. Ce matin il a chaussé son patin et il s'est élancé. Le patin s'est rompu; Faustin a bronché, il est tombé et il s'est fendu le menton. C'est ainsi que Dieu l'a puni.

Gédéon est un lambin : tandis qu'il a compté jusqu'à cinq, j'ai compté jusqu'à neuf : on s'est moqué de sa lenteur. = Le troupeau est-il entré dans le jardin? S'est-il répandu parmi le thym fleuri et le romarin? Fanchon n'y a-t-elle vu aucun mouton? — Elle n'y a vu qu'un poulain et un ânon. = Marion a tremblé; elle a semblé pâlir. Sa frayeur m'a étonné, et je lui en ai demandé le motif. Qu'a-t-elle répondu? Pourquoi craint-elle? De quoi aurait-elle peur? Que craint-on, lorsqu'on a rempli son devoir?

Augustin a contenté son instituteur, et il sera récompensé : il aura un napoléon d'or. Antonin a mécontenté son tuteur, et il a été grondé. Il a aussi été réprimandé par sa maman pour avoir été impoli, et pour avoir vagabondé avec un polisson. = Tandis que j'ai étudié ma leçon, Simon a dansé, Siméon a chanté, Gaston a battu du tambour, Martin a frappé sur un chaudron, Urbain a râclé du violon, et Sancho a sonné *tin-tin-rlin-tin-tin*. C'était un joli amphigouri. J'en ai été étourdi.

Henri a grimpé sur un wagon; il s'est penché sur le côté, lorsque le wagon a roulé, et il a été accroché par un tronçon d'ormeau qui s'est trouvé sur le chemin. On l'a transporté ici tout ensanglanté, et en convulsion. — Que ressent-il? De quoi se plaint-il? — Il a un os rompu et le menton déchiré.

Jean arriva le jeudi de l'Ascension. Il vint ici vendredi soir, et ce matin il m'a annoncé que demain, il repartira pour Turin, avec un bâton à la main, afin d'obéir à son souverain. S'il en est empêché, il m'en informera. Voici ce qu'il m'a raconté : Un jour, il rencontra sur son chemin un arc triomphal, orné d'un beau lion sculpté. Il s'en approcha ; il le considéra ; il distingua, sur le froton, un nom doré et couronné ; il lut enfin : Napoléon.

Marthon a enchanté Suzon par sa candeur. Lundi, maman l'invita à venir la voir, un jour de congé, Vint-elle jeudi ? Ne vint-elle que vendredi ? = Lorsque le consul américain fêta son patron, il déploya son drapeau. Scipion parvint-il à savoir ce qu'il y avait au milieu ? — Il y parvint avec diffiulté ; c'est un nom compliqué. Enfin, il prononça : Washington. C'est un républicain qui s'est illustré.

J'ai entendu le prédicateur, et il m'a attendri, lorsqu'il s'est écrié : *La simplicité du cœur plait au bon Dieu. Celui qui aura ressemblé à* l'Agneau Divin *par sa douceur, par sa candeur et sa sincérité, jouira de la félicité du séraphin et du chérubin.*

§ IV.

Troisième groupe de diphthongues.

| oin = ein = ien = ei |
| aill = eill = ouill = euill |

loin.	le sein.	le mien.
le foin.	le rein.	le tien.
le soin.	il est plein.	le sien.
le coin.	il teindra.	le bien.
le sainfoin.	il éteindra.	le lien.
le marsouin.	il atteindra.	le chien.
le recoin.	il feindra.	rien.
le témoin.	il peindra	combien.
le groin.	il dépeindra.	le gardien.
le lointain.	il a peinturé.	le méridien.
le poinçon.	le ceinturon.	le soutien.
il joindra.	peint-il ?	le maintien.
il rejoindra.	feint-il ?	un entretien.
il enjoindra.		le chrétien.
il poindra.	il est peiné.	la chrétienté
il a goinfré.	il est veiné.	le magicien.
il est pointu.	il a neigé.	le logicien.
il est épointé.	il a peigné.	le mécanicien.
il est appointé.	il a enseigné.	le pharmacien.
il est amoindri.	le peignoir.	un opticien.
joint-il ?	un éteignoir.	le rhétoricien.
rejoint-elle ?	le seigneur.	le mathématicien.

Un clou pointu. = Un écu marqué au bon coin.
Un poinçon épointé. = Le soin de la propreté.
Un employé appointé. = Le talisman du magicien.
Tout ou rien. = Un bassin plein d'eau et de vin.
Le mal ou le bien. = Un marbre noir veiné de bleu.

Un garçon bien lavé et mal peigné. = Un coin
de mon mouchoir. = Un coin enfoncé dans un rondin.

La foi du chrétien. = Un témoin entendu par le
tribunal. Un ceinturon bouclé. = Un peignoir attaché
autour du cou par un lien. = Un chien enragé. =
Un calcul qui m'a été enseigné par un mathématicien.
= Un vomitif vendu par un pharmacien.

Il y a du foin dans le pré. = Le sainfoin est un
bon foin. = Le marsouin est un poisson qui a un sein.
= Ce qui est bien loin est lointain. = Ce que j'ai
payé est mon bien. = Le chien est un bon gardien.
= Ce chapeau est-il le tien ou le mien? Ton ami
Baudouin a-t-il le sien? = Combien ce manchon et
ce ceinturon t'ont-ils coûté? = Combien me vendra-
t-on un fourgon plein de foin?

J'ai été bien peiné de te savoir si loin de moi.
— Je n'en ai rien su. = Si ton foin est mal séché,
il ne vaudra rien. = Lorsqu'il neigea, je me chauffai
au coin d'un bon feu. = Jeudi matin, pleuvait-il,
ventait-il ou neigeait-il? = On teindra mon peignoir
en bleu, et l'on peindra sur mon ceinturon un joli
chien carlin. = Demain soir Baudouin éteindra son
flambeau avec l'éteignoir; il feindra de dormir, et
il rejoindra Bizoin au coin du chemin.

un académicien	il a taillé.	il a bouilli.
un arithméticien.	il a détaillé.	il a mouillé.
il est ancien.	il a bataillé.	il a fouillé.
un nécromancien.	il a ravitaillé.	il a souillé.
un chirurgien.	il a baillé.	il a rouillé.
un galérien.	il a baillonné.	il a dérouillé.
un grammairien	il a caillé.	il a enrouillé.
un canadien.	il a raillé.	il a dépouillé.
un indien.	il a tiraillé.	il a barbouillé.
un italien.	il a déraillé.	il a gribouillé.
un sicilien.	il est éraillé.	il a débarbouillé
un chilien.	il est émaillé.	il a bouillonné.
un syrien.	il a travaillé.	il a grenouillé.
un algérien.	il a rempaillé.	il a gazouillé.
un péruvien.	il a mitraillé.	il a brouillé.
un prussien.	il est débraillé.	il a débrouillé.
un autrichien.	saillir.	il a embrouillé
un athénien.	assaillir.	il a grouillé.
un macédonien	le caillou.	il a patrouillé.
un lacédémonien.	le tailleur.	le bouillon.
un californien.	le bailleur.	le bouilloir.
un phrygien.	le bailli.	le barbouilleur.
un chyprien.	le baillon.	le gribouilleur.
il est olympien.	le haillon.	la souillon.
Julien.	le médaillon.	le quenouillon.
Lucien.	le bataillon.	le mouilloir.
Félicien.	le tirailleur.	le brouillon.
Adrien.	le travailleur.	le brouillamini.
Aurélien.	le paillasson.	le débrouilloir.
Maximilien.	le crémaillon.	Pouilly.

Un chemin caillouté. = Un galérien enchaîné.
Un chanteur italien. = Un Indien californien.
Un bedouin algérien. = Un ancien Lacédémonien.
Un wagon déraillé. = Du fil fort embrouillé.
Un couteau rouillé. = Un paillasson rempaillé.
Un bataillon mitraillé. = Du bouilli et du rôti.
Du lait aigri et caillé. = De l'eau qui a bouilli.
Le bistouri du chirurgien. = Un manteau taillé
par un bon tailleur. = Un bouilloir suspendu au
crémaillon. = Un côteau émaillé de jasmin et de
thym fleuri. = Un ancien seigneur avec son bailli.
= Un brouillamini débrouillé par le débrouilloir.

Un bon bouillon est un consommé. = Un pantalon
éraillé est un haillon. = Celui qui a vendu ou loué
une propriété est nommé un bailleur. = Carloman
fut un roi carlovingien, et Clodion un roi mérovingien.
= Le rossignol a gazouillé; le caporal a bataillé et
patrouillé. = Le bataillon assiégé dans la tour a
été ravitaillé. = Le tirailleur prussien a tiré sur
l'autrichien. = Le crémaillon a-t-il été baissé ou
haussé d'un cran?

Le bailli a salué son seigneur, et il l'a harangué;
il a parlé aussi bien qu'un grammairien, ou qu'un
savant académicien. = La signora portait-elle un
médaillon sur son sein? Avait-elle un quenouillon?
= Un galérien échappé a rompu son lien, et il s'est
caché dans un coin obscur : de là il m'a assailli.
J'ai crié, et il m'a baillonné; il m'a fouillé et dépouillé
de mon or. On l'a poursuivi : l'atteindra-t-on?

il viendra.	il a piaillé.	il a veillé.
il deviendra.	il a criaillé.	il est éveillé.
il reviendra.	il a goaillé.	il a réveillé.
il conviendra.	il a fouaillé.	il a surveillé.
il tiendra.	il a démailloté.	il a vieilli.
il soutiendra.	il a enmailloté.	il a conseillé.
il contiendra.	je faillirai.	il a sommeillé.
il entretiendra.	il assaillira.	il a dépareillé.
il se souviendra	le graillon.	il a appareillé.
le bienfaiteur.	l'infaillibilité.	il a treillagé.
vient-il?		il est meilleur.
contient-il?	feuillir.	le veilleur.
soutient-elle?	il est feuillu.	le treillageur.
se souvient-elle?	il est défeuillu.	un appareilleur
viendront-ils?	le feuillantin.	un oreillon.
retiendront-ils?	Neuilly.	le réveillon.

Demain j'irai à Neuilly, et je reviendrai le soir. Je
ne faillirai à aucun devoir, et je me souviendrai de
ce qui m'a été conseillé. = Le petit Adrien s'est
endormi, et Maximilien l'a réveillé. = Ce babouin
a braillé, et il a sommeillé. = Aurélien est un luron
qui m'a paru bien éveillé et bien dégourdi : il sera
surveillé. = Julien a défeuillé l'arbrisseau feuillu :
en conviendra-t-il? = Sébastien est parti débraillé
et barbouillé; Félicien avait un meilleur maintien.
Reviendront-ils vendredi, ou lundi prochain? Se
souviendront-ils de ce que je leur ai recommandé?

Le bœuf bouilli est bon, et le mouton rôti est meilleur. = Chacun est condamné par le Créateur à vieillir et à mourir. = Un poussin est sorti de son œuf, et il a piaillé; peu à peu, lorsqu'il aura grandi, il vieillira. = Un mathématicien est aussi un opticien et un mécaniciem. = Le Canadien est Américain, ainsi que le Bolivien, le Chilien et le Péruvien. Un Algérien est Africain. Solon fut un législateur athénien; Léonidas fut un général lacédémonien, et Timoléon un Sicilien. Paganini était Italien, ainsi que Piccini.

Votre sœur viendra-t-elle aujourd'hui voir son parrain? Se souvient-elle qu'il a été son bienfaiteur? = Le veilleur a-t-il réveillonné? N'a-t-il rien bu ni mangé? Avec quoi s'entretient-il? Que devient-il le jour, lorsqu'il a veillé? = Pourquoi ce canif s'est-il rouillé? — C'est parce qu'il a été mouillé. = Ce cruchon contient-il de l'eau ou du vin? — Le magicien l'a rempli d'eau, et il s'est vanté d'avoir changé l'eau en vin. = Mon tonneau contiendra du vin, lorsqu'il y en aura. Y en aura-t-il l'an prochain? Le nécromancien me l'apprendra aussi bien qu'un magicien, dit-il.

Si le pot-au-feu a bouilli jusqu'au soir, en est-il meilleur? = Un revendeur a détaillé ce qu'il a vendu, et un arithméticien lui a calculé son gain. Il y a un jour et demi que le fantassin est parti, et le chasseur à cheval a parié qu'il l'atteindra demain matin. = Tandis que j'ai sommeillé, un vilain coquin m'a volé un chausson en maroquin : le bruit a réveillé mon chien gardien, et le voleur s'est enfui.

§ V.

Diphthongues à la fin de certains mots.

ail	=	eil	=	euil

l'ail.	le réveil.	le deuil.
le bail.	un éveil.	le seuil.
le travail.	le soleil.	le surseuil.
le bétail.	le sommeil.	le treuil.
le portail.	le conseil.	le fauteuil.
le corail.	un orteil.	le chevreuil.
le sérail.	il est pareil.	le bouvreuil.
un émail.	un appareil.	Mareuil.
un éventail.	Rueil.	Auteuil.
un épouvantail.	Corbeil.	Santeuil.

Quelques mots particuliers.

un œil.	le moyen.	le lycéen.
un recueil.	le doyen.	le vendéen.
un accueil.	le citoyen.	le nazaréen.
un écueil.	le concitoyen.	le cyrénéen.
Arcueil.	le payen.	le sadducéen.
cueillir.	le biscayen.	le phocéen.
accueillir.	il est mitoyen.	il est criméen.
recueillir.	il est troyen.	il est platéen.
l'orgeuil.	le benjoin.	il est amorrhéen
s'enorgueillir.		il est européen.

La blancheur de l'émail. = Un beau bijou de corail.
Du foin pour le bétail. = L'assiduité au travail.
De l'ail et un ognon. = Un chevreuil et un daim.
Un bail d'un an. = La clarté d'un rayon de soleil.
Un mur mitoyen. = Un académicien dans son fauteuil.
Le portail du château. = Un ancien citoyen romain.
Le réveil du lion. = Un pantalon neuf pareil au tien.
Le doyen d'une faculté. = Un seau plein d'eau élevé
par un treuil. = Un bandeau sur un œil. = la douceur
du sommeil, lorsqu'on a bien rempli son devoir.

Le noir est la couleur du deuil. = Le travail est le
meilleur moyen de s'enrichir. = Le treuil est un
appareil inventé par un mécanicien. = Tarquin fut
un patricien romain, et Cécrops un citoyen athénien. =
Celui qui m'aura donné un bon conseil sera mon
bienfaiteur. = Le médaillon de Justinien m'a semblé
pareil au mien. = Mon neveu le lycéen viendra me
voir jeudi prochain, parce que c'est un jour de congé.
= Santeuil était un auteur latin : j'ai fait un recueil
de ce qu'il a publié.

A mon réveil, j'ai vu le soleil, et j'ai béni le nom
du Seigneur. = L'orgueil est un péché capital : aussi
je m'abstiendrai de m'enorgueillir. = J'ai déjà sonné
au portail : viendra-t-on m'ouvrir ? Me fera-t-on un
bon accueil ? Si l'on est dans le sommeil, je me tiendrai
en planton, et j'attendrai sur le seuil. Je jouirai de la
fraîcheur de l'air, et je me garantirai du soleil avec
mon éventail. Un bouvreuil a gazouillé, et il s'est
enfui : l'éventail a été pour lui un épouvantail.

Le petit Augustin a mal à un œil, parce qu'il a été frappé par un caillou qu'on a lancé contre lui ; son œil était ensanglanté : il l'a baigné dans de l'eau de plantain ; il l'a frotté avec du coton mouillé dans un parfum que le pharmacien lui a donné. = Adrien a un fauteuil dépareillé, et j'en ai trouvé le pareil. Veut-il venir le voir ? Viendra-t-il ce soir ? Combien pourra-t-il m'en offrir ? = Julien a oublié son chapeau : je lui offrirai le mien qui est pareil au sien. = Robin est joueur, et Firmin est menteur ; mon instituteur m'a conseillé de fuir avec soin leur société, et je suivrai son conseil.

Mathurin a cueilli une fleur de jasmin pour sa sœur Fanchon : lui conviendrait-il d'en cueillir une pour moi ? = Une sœur de charité a recueilli un orphelin délaissé et abandonné ; elle le nourrira, elle le vêtira et l'instruira pour l'amour de Dieu. = Je partirai demain pour Romorantin. Lorsque j'irai cueillir du thym et du romarin dans le vallon fleuri, Benjamin tiendra mon cheval, Félicien viendra avec moi, et Joachim poursuivra son chemin.

Anacréon a-t-il du bien ? — Oui, il a son chien, qui est aussi son meilleur ami. = Urbain m'a emprunté mon mouchoir bleu ; l'autre jour, je lui empruntai son pantalon de couleur nankin, et je le lui ai rendu. = Pourquoi Cyprien est-il en discussion avec Justinien ? — C'est pour un mur mitoyen. = Valentin s'est embarqué pour Oran, sur un vaisseau algérien : reviendra-t-il l'an prochain ? — Il reviendra lorsque cela lui conviendra, puisque rien ne le retiendra.

Paulin s'est-il acquitté de la commission dont il s'est chargé ? A-t-il payé le pharmacien qui m'a vendu un quintal de quinquina ? J'ai un soupçon qu'il l'a négligé : je m'en informerai. = Mon ami le Criméen s'est distingué à Sébastopol, où il a eu un genou fort endommagé par un biscayen : le chirurgien de son bataillon l'a guéri. = Maximilien est mon concitoyen ; car il est né, ainsi que moi, dans le hameau de Saint-Aignan, qui appartient au canton de Saint-Aaron. Il y a vécu, il y a vieilli et il y mourra.

Il est beau de recueillir l'orphelin et d'accueillir le voyageur : voilà ce que la religion m'a enseigné. = Mon neveu Sébastien, débraillé et mal peigné, est entré dans le salon, et il s'est avancé au milieu de la société, avec un air bourru. Lorsqu'on lui a parlé, il a baillé : qui donc lui a enseigné la civilité ? = La signora Saint-Albin a valsé avec un monsieur joufflu et ventru, qui lui a marché sur l'orteil : elle s'en souviendra, dit-elle.

Jean est un garçon bien étourdi : à quoi songeait-il, lorsqu'il est entré dans l'intérieur d'un vaisseau prêt à partir ? Voilà que le vaissseau est parti, et Jean n'a pu en sortir. Combien sa maman aura de chagrin ce soir ! Où sera-t-il débarqué ? Comment en reviendra-t-il ? = Maman se plaindra-t-elle de mon peu de soin pour ce qu'elle m'a recommandé ? J'ai rincé son bol de cristal doré ; j'ai orné son ceinturon peinturé avec un bouton d'émail et un bijou de corail ; enfin, j'ai balayé le carreau, et j'ai brûlé du parfum dans son joli boudoir.

Benjamin est vêtu de noir : est-il donc en deuil ?
— Oui, il est en deuil de son parrain : il l'a vu
mourir vendredi soir, d'un mal au sein ; il en a bien
du chagrin. Cyprien a mené le bétail à l'abreuvoir ;
il a renouvelé le foin ; il a donné le meilleur sainfoin
à *Robin*, son mouton chéri. Quant au pourceau goulu,
il a goinfré, et son groin a bien travaillé, j'en ai été
témoin. Le blé a été vanné, et le bon grain a rempli
un tonneau. Sébastien s'est fait un balai avec un
rameau touffu, et il a balayé le sol. Enfin le timon
du char a été raccommodé, et l'ancien joug du bœuf
a été remplacé par un neuf.

Un tuteur est un mentor. Aurélien était-il surveillé
par son mentor, lorsqu'il tua mon chevreuil ? S'en
souvient-il ? = Chrétien a ôté son manteau, et il l'a
accroché à un clou pointu. Un bambin s'est suspendu
au manteau, il en a arraché un lambeau, et il est
tombé sur son menton, qui s'est écorché et a saigné.
S'en souviendra-t-il ? = L'air s'est obscurci et refroidi ;
le soleil s'est caché ; il a neigé et le sol est blanchi ;
je me tiendrai donc au coin du feu.

Lorsque Mathieu a été laissé seul, dans le donjon,
il s'est ennuyé : alors, il a travaillé, et son ennui a
passé. Le travail est le meilleur moyen de se garantir
de l'ennui. = L'original qui est venu me voir est
un ami importun. Il est arrivé dans un moment
inopportun, car il m'a trouvé en train de finir un
travail que j'ai commencé, il y a un an. Je lui ai
montré le cadran, et je lui ai marqué ainsi mon
ennui. Alors, il m'a salué, et il s'est en-allé.

Le vaisseau européen qui est parti de Tampico pour San-Francisco a rencontré, au cap Horn, un écueil à fleur d'eau, et il a été fortement endommagé par le choc qu'il a éprouvé. Dans l'Océan du Sud, il a été assailli par un violent ouragan, et il a failli périr. = Un galérien a rompu un barreau rouillé ; il a fait un trou dans un mur treillagé ; il a rampé sur le gazon, si bien qu'aucun œil ne l'a vu ; il s'est glissé dans mon caveau : qu'en a-t-il enlevé ? Le chien s'est-il réveillé ? S'il n'a pas renvoyé le voleur, dira-t-on qu'il est bon gardien ?

Mon ami le Californien a été invité à un bal, et il m'a raconté l'accueil qu'il y a reçu. Un muscadin s'est moqué de son pantalon mal taillé, une signora lui a marqué du dédain, et un savant académicien l'a raillé sur son jargon faubourien : mon ami qui est un garçon plein de gaîté, en a ri de bon cœur. = Ce matin, l'air est pur et tranquille, il fait un beau soleil, et à midi on en sentira la chaleur : j'irai donc au jardin impérial, voir le lion algérien.

Scipion a payé un sou pour voir un ours pyrénéen : je n'ai rien payé pour voir un ours californien au coin d'un ravin. = Voici ce que j'ai lu sur un beau fronton sculpté : *La* RELIGION *est le soutien de l'infortuné. La bonté de* DIEU *a garanti le pardon au pécheur. Le nom du* SEIGNEUR *sera béni dans la chrétienté.* Je le retiendrai dans mon cœur.

§ VI.

Quelques mots très-usités.

```
pas = il n'est pas = il a eu = quand
chez = assez = mais = plus = moins
avant = après = un homme = une femme
un fils = une fille = le fer = la mer = hier
le bonheur. = le malheur = il est froid
il est chaud = il est grand = il est petit
elle est grande = elle est petite
```

Paul n'est pas dans le salon; il est dans le jardin. Il n'est pas ici; il est là. = Il a eu froid, et il est sorti. Il a eu chaud, et il s'est raffraîchi en prenant un bain. = J'ai rencontré ce matin un homme grand et une femme petite. = hier, je rencontrai un homme petit et une grande femme. = Ma fille a lavé, et elle a repassé avec un fer chaud. = Hier au soir, quand je rentrai chez moi, j'y trouvai mon ami.

J'ai eu le bonheur de réussir. = Il a eu le malheur de périr. = L'homme qui a passé chez moi ce matin n'est-il pas revenu? Quand reviendra-t-il, s'il a annoncé qu'il reviendra? = Aujourd'hui j'ai bien chaud, mais hier j'ai eu grand froid. = Un fer rougi au feu est chaud; mais quand il a été plongé dans l'eau, il est froid. = Il y a du poisson dans la mer. = Un bain de mer est bon pour la santé. = Un marin a voyagé sur la mer.

Je rentrerai chez moi avant midi, et je ressortirai quand j'entendrai l'*Angelus*. = Hier j'allai au tribunal, et un homme en pantalon de nankin y entra après moi. = Ce matin je lirai, et dans l'après-midi j'écrirai. = Le fer est plus commun que l'or, et c'est un grand bonheur. = Un homme est tombé dans la mer, et il a eu plus de peur que de mal, car il en a été retiré sain et sauf. = Son compagnon est tombé dans la mer après lui, et il a eu moins de bonheur, car il a été dévoré par un requin : c'est un grand malheur.

J'ai plus d'or que je n'en ai emporté avec moi. = Voilà un tapageur qui paraît avoir bu moins d'eau que de vin. = Mon ami Christian n'est pas assez bien logé pour recevoir un grand seigneur ; mais il en est moins affligé qu'on ne l'a pensé : il a moins de vanité que d'orgueil. = Quand mon petit garçon sera assez grand, il ira en bateau sur la mer. = Mon chapeau est plus grand et meilleur que le tien ; à la vérité, il est moins beau, mais cela m'importe peu.

J'ai vu une petite fille avec sa maman. = Un homme est venu chez moi hier matin, avec sa femme, sa fille et son fils, mais je n'ai pas pu savoir son nom. = Ce monsieur, qui arriva par le chemin de fer, vint-il chez moi ? Etait-il accompagné de son fils ou de sa fille ? = Hier je trouvai chezlui l'homme qui vint avant-hier pour me voir : il me fit un bon accueil ; je déjeûnai avec lui, sa femme, sa fille et son fils aîné.

pas = il n'est pas = il a eu = quand
chez = assez = mais = plus = moins
avant = après = un homme = une femme
un fils = une fille = le fer = la mer = hier
le bonheur = le malheur = il est froid
il est chaud = il est grand = il est petit
elle est grande = elle est petite

Solon fut un grand homme, et le tambour-major
est un homme grand. = Stanislas est un petit garçon
travailleur, actif et plein de gaîté ; mais il est un peu
étourdi. = Arnould est tranquille, mais il n'a pas
assez d'ardeur au travail. = Après avoir déjeuné,
un peu avant de sortir, j'ai parcouru le journal, et
j'y ai vu qu'un grand malheur est arrivé sur le chemin
de fer, parce qu'un wagon a déraillé. = Hier le
baron m'annonça qu'il viendra aujourd'hui : sa
femme, sa fille et son fils aîné viendront aussi.
C'est un charmant homme : sa fille a de l'orgueil
et de la vanité, mais le fils a plus de simplicité,
et il m'a paru plein d'amabilité.

Mathieu s'est lavé, mais il ne s'est pas peigné :
il n'a pas assez de soin de la propreté. = Valentin
éteignit-il le flambeau avant de s'endormir ? Cela
n'est pas sûr. Ce qui est sûr, du moins, c'est que
son rideau s'est emflammé et que son sommeil lui a
été fatal : car il a été asphyxié et incendié avant
qu'il ait été en mon pouvoir de le secourir.

Avant d'agir, il est bon de réfléchir : mais quand on a bien réfléchi, et qu'on a arrêté un plan, il n'y a plus qu'à l'accomplir. = Jean est un bon citoyen, je n'ai pas connu un meilleur homme, et cependant il est accablé par le malheur. Il a eu du blé, du foin et du bétail, et il n'en a plus; il a eu une grande propriété, et il n'a plus rien. Sa femme l'a abandonné, après l'avoir ruiné, et il est affligé d'une infirmité, mais, du moins, il a le bonheur d'avoir un bon fils qui prendra soin de lui, et qui le soutiendra par son travail.

Augustin s'est embarqué sur le chemin de fer : il est parti par le train d'hier au soir. Après son retour, je m'embarquerai sur un vaisseau, et je parcourrai la grande mer du Sud. = Chacun est enchanté de ma fille : son instituteur, avec qui j'ai eu hier un entretien, m'a assuré qu'elle obtiendra la primauté; mon fils Siméon n'est pas moins bon que ma fille. Quant à mon fils aîné, il s'est distingué à Sébastopol, et il a eu le bonheur d'en revenir; mais il a eu le malheur d'y voir périr mon neveu, son meilleur ami.

La petite Manon a eu peur du sapeur, parce qu'il a l'œil noir et le menton barbu; mais elle a rconnu que ce n'est pas un méchant homme. = Fait-il chaud ou froid aujourd'hui ? Quand on m'a réveillé, j'ai senti le froid, mais j'ai vu un rayon de soleil qui m'a encouragé. Quand j'ai été levé, j'ai fait un pas sur le carreau, et j'ai cru sentir un caillou; mon orteil en a été piqué : c'était un petit bijou d'émail et de corail. A qui appartient-il? Il sera rendu à celui à qui il appartiendra, après qu'il l'aura prouvé.

§ VII.

La lettre e finale, et précédée d'une consonne, n'a qu'un son, peu sensible, ou nul. Souvent il en est ainsi de cette lettre dans le cours d'un mot.

un arabe.	il est vide.	la robe.
un crabe.	il est avide.	le globe.
la rade.	il est acide.	il dérobe.
la dorade.	il est aride.	la mode.
la salade.	il est rapide.	la méthode.
la cascade.	il est solide.	il brode.
le camarade.	il est placide.	il est commode.
la canonnade.	il est candide.	il est incommode.
la glissade.	il est lucide.	une loge.
la cavalcade.	il est translucide.	il déloge.
la marmelade.	une ride.	la sole.
la dégringolade.	une pyramide.	la fiole.
il est fade.	Euclide.	la parole.
il est malade.	Aristide.	la babiole.
il est maussade.	une tige.	une école.
la cage.	il oblige.	une idole.
le bocage.	il rédige.	une obole.
la page.	il néglige.	une pistole.
la rage.	il est facile.	une coupole.
le gage.	il est difficile.	la boussole.
le ramage.	il est utile.	la carmagnole.
la plage.	il est inutile.	un rôle.
un âge.	il est stérile.	un contrôle.
il nage.	une île.	il vole.
il est sage.	une argile.	elle est folle.
il est volage.	une tuile.	elle est molle.

Un bouvreuil en cage.=Un rossignol dans le bocage.
Un prêteur sur gage. = Une glissade dans l'argile.
Un page de cour. = Une grande page du journal.
Une robe à la mode. = La cascade de Niagara.
Un babouin maussade. = Robinson dans son île.
Le rôle d'un comédien.=Une dégringolade rapide.
Un vaisseau en rade. = Une plage aride et stérile.
Une cavalcade sur un cheval arabe. = Une panade
et de la marmelade pour un malade. = Une obole
pour un petit orphelin. = Un chien malade de la rage.

La boussole est utile au navigateur. = Le pain qui
n'est pas salé est fade. = Ce qui est vinaigré est acide.
= Ce qui est plein n'est pas vide. = Une femme
volage n'est pas sage. = La sole, ainsi que la
dorade, nage dans la mer. = Ce qui est clair est
lucide? = Le soleil est un globe : ce globe est-il
lucide. = Le cristal est translucide. = Le savant
écrivain qui rédige un journal est un rédacteur.
Une pyramide est ce qu'il y a de plus solide : j'ai lu
cela dans Euclide. = Le veau d'or adoré par Aaron
était une idole.=Un serin en cage m'a ennuyé par son
ramage; mais le bouvreuil et le pinson m'ont enchanté
dans le bocage. = Un crabe, sur le rivage de la mer,
m'a pincé un orteil.=Mon fils Joachim ira à l'école avec
le petit Augustin, un camarade de son âge. = Julien
obtiendra une babiole, puisqu'il a été sage : il est aussi
placide qu'un séraphin, et aussi candide qu'un chérubin.
= Ma fille brode une carmagnole pour le petit Aristide.
= Ma femme a emprunté sur gage : elle a porté chez
le prêteur mon crocodile empaillé; est-elle donc folle?

le ménage.
le carnage.
une image.
le fromage.
le plumage.
le village.
le bagage.
le langage.
le potage.
le laitage.
un orage.
le courage.
le fourrage.
le passage.
le sauvage.
le rivage.
le voyage.
un équipage.
un alliage.
un mariage.
le suffrage.
le naufrage.
un ombrage.
un ouvrage.
le nuage.
le rouage.
le louage.
la gale.
la balle.
la halle.
la salle.
il est sale.

mille.
une ville.
un domicile.
un évangile.
le style.
le péristyle.
Cécile.
Achille.
Théophile.
la lime.
la rime.
la cime.
le crime.
le décime.
le centime.
la victime.
il est maritime.
il dîne.
elle est fine.
la mine.
la ruine.
la sardine.
la platine.
la colline.
la capucine.
une épine.
une aubépine.
la machine,
la crinoline.
la vaccine.
il décline.
il s'incline.

Rome.
comme.
la pomme.
la gomme.
la somme.
un tome.
un atôme.
un axiôme.
une tonne.
une couronne.
un cône.
un prône.
une lionne.
une patronne.
elle est bonne.
il donne.
il pardonne.
il sonne.
il soupçonne.
il frissonne.
il s'étonne.
il environne.
une échoppe.
il galope.
l'Europe.
encore.
éclore.
le phosphore.
il est sonore.
il adore.
il déplore.
il implore.

Un bagage de voyage.=Une bonne femme de ménage.
Une couronne d'épine.=La fraîcheur de l'ombrage.
Une mine de fer. = Une capucine pour la salade.
Un garçon de bonne mine.=Un rouage de la machine.
Une madone de Rome. = Un sauvage californien.
La colonne Vendôme.=Un alliage d'or et de platine.
La cime d'une colline. = Le mariage de Figaro.
Un cheval de louage. = Un ouvrage long et difficile.
Le courage d'une lionne. = Une robe de crinoline.
Une balle de coton.=Un mousqueton chargé à balle.
La blancheur et la senteur de l'aubépine en fleur.
Le style pastoral. = La halle au blé. = Le péristyle
du Panthéon.=Un naufrage au passage du cap Horn.

Le sainfoin est le meilleur fourrage qu'on donne au
bétail.=Il tonne dans un orage.=L'airain est un métal
dur et sonore.=Une tonne de vin est l'idole du buveur.
=L'Évangile est le code du chrétien : je me conduirai
donc comme l'Évangile l'ordonne. = Le député de mon
canton, qui s'est distingué par son courage, a eu mon
suffrage. = C'est avec une lime que le fer est poli.

Un frélon bourdonne autonr de moi : c'est fort
incommode. = On a fumé du tabac dans la salle : c'est
bien sale.=Anatole dîne aujourd'hui chez Alcibiade, son
ancien camarade d'école.=Je dîne assez bien chez moi
avec un potage, du laitage, une sardine et un morceau
de fromage.=Achille frissonne, quand sonne le tocsin,
et je m'en étonne, car il a du courage. =Ma fille Cécile
me ruine par sa folle prodigalité : elle donne un décime
pour une pomme qui vaut un centime tout au plus;
mais, si elle se corrige, elle deviendra la fille la plus
sage de son village.

la morale.

la capitale.

la cathédrale.

elle est égale.

elle est inégale.

elle est glaciale.

il se régale.

madame.

une lame.

une rame.

une âme.

la gamme.

la flamme.

le gramme.

le kilogramme.

il enflamme.

un âne.

une cane.

une canne.

le crâne.

la douane.

la frangipane.

il est diaphane.

Anne.

Marianne.

le pape.

la soupape.

la nappe.

la grappe.

la trappe.

il frappe.

il attrape.

Pauline.

Caroline.

Justine.

Augustine.

Christine.

Alphonsine.

la pipe.

la tulipe.

le principe.

lire.

dire.

rire.

médire.

maudire.

sourire.

écrire.

transcrire.

cuire.

réduire.

conduire.

il tire.

il attire.

il soupire.

il admire.

il inspire.

il conspire.

il est pire.

la cire.

le navire.

un empire.

la lyre.

le porphyre.

Théodore.

Éléonore.

une notte.

une botte.

une hotte.

un pilote.

une culotte.

une carotte.

une marmote.

une côte.

il ôte.

il trotte.

il frotte.

elle est sotte.

il boxe.

un équinoxe.

une noce.

une bosse.

une rosse.

une brosse.

elle est grosse.

il vogue.

une drogue.

un apologue.

un géologue.

une toque.

une coque.

une époque.

il croque.

il invoque.

il se moque.

il est équivoque.

Une lame de couteau. = Un beau navire en rade.
La rame du bateau. = La double bosse du chameau.
Une botte de foin.=Une grosse motte de gazon fleuri.
Le talon de ma botte.=Une drogue du pharmacien.
La flamme du phosphore.=La corole de la tulipe.
Un ouragan de l'équinoxe. = Un âne qui trotte et
un cheval qui galope. = Un employé de la douane.

Une canne de bambou.=Une canne qui nage et qui
barbote dans le ruisseau. = Du poisson dans la hotte
du pêcheur. = La soupape d'une machine à vapeur.

Le sommeil de la marmotté.=Un gramme de cobalt,
un décigramme d'or avec un kilogramme et demi
d'indigo. = Don Quichotte sur sa rosse, et Sancho
Pança sur son âne.

La morale de l'Evangile est sublime. = Un pilote
dirige un navire. = Le pape a son domile à Rome. =
Le vin est moins diaphane que l'eau. = Quand on
frotte le phosphore, il s'enflamme. = Un âne se régale
de chardon. = L'âme d'un homme est dans son crâne.
= Une trappe est une machine qui attrape. = La ville
de Babylone a été la capitale d'un grand empire,
l'empire babylonien. = Par m'a méthode, on saura
lire, mais on n'apprendra pas à écrire.

Quand madame ordonne, monsieur s'incline; du
moins je l'ai entendu dire. = Justine a parcouru la
gamme sur sa lyre, tandis que Christine a cueilli une
tulipe et une anémone dans le jardin. = Quand
Augustine voit une pomme, son cœur soupire. =
Quand je retire un marron du feu, mon camarade
le croque, et il se moque de moi. = Le coq a cassé
la coque de l'œuf.

une mare.

une barre.

une bagarre.

gare !

il prépare.

il compare.

il est rare.

il est avare.

il est barbare.

une date.

une datte.

une latte.

une natte.

une pâte.

une patte.

une chatte.

la patate.

la tomate.

la frégate.

la cravate.

il flatte.

il gratte.

elle est plate.

elle est délicate.

il est écarlate.

il est démocrate

il est aristocrate

Agathe.

Socrate.

une rave.

une cave.

il est grave.

vite.

une mite.

une limite.

une marmite.

la suite.

la fuite.

la conduite.

elle est réduite.

ensuite.

il évite.

il médite.

il profite.

la rive.

il arrive.

qu'il vive.

qu'il suive.

elle est juive.

une rixe.

le calice.

la malice.

la police.

la justice.

un délice.

un édifice.

un artifice.

le solstice.

une impératrice.

la pelisse.

le réglisse.

la génisse.

une écrevisse.

la Suisse.

il est noble.

il est ignoble.

un vignoble.

Grenoble.

il est sobre.

un opprobre.

la poche.

la pioche.

la roche.

la cloche.

la broche.

la brioche.

le tournebroche.

il approche.

un socle.

Thémistocle.

une étoffe.

il offre.

il est propre.

il est malpropre.

Christophe.

Adolphe.

Rodolphe.

une catastrophe.

la corde.

la concorde.

la discorde.

qu'il morde.

la force.

le divorce.

une amorce.

le morse.

Un ruban écarlate. = Une roche de porphyre.

Une corde de violon.=Une marmite sur le fourneau.

Une pelisse de satin. = Le son de la grosse cloche.

Une natte de bambou. =La gare du chemin de fer.

Un cœur noble. = Un navire entraîné à la dérive.

Une rixe ignoble. = Une brioche à la frangipane.

Un voyage en Suisse. =Le calice arrondi et colorié.
d'une tulipe. = Le travail et la bonne conduite.

Le solstice d'été.=Un coq et une cane à la broche.

Une poitrine délicate. = L'or enfoui dans une cave
par un avare. = Une patate, une banane et une datte.

Un homme avare empile de l'or dans son coffre. =
Une latte est une barre plate. = La frangipane est une
pâte délicate; elle est un délice, c'est-à-dire qu'on
s'en régale. = Une chatte se gratte avec sa patte. =
La tomate est d'une couleur écarlate, ainsi que
l'écrevisse, quand elle est cuite. = Aristide était
Athénien, ainsi que le général Témistocle et le sage
Socrate. = La ville de Grenoble est la capitale de
l'ancien Dauphiné.

Je me flatte d'avoir bien travaillé à la pioche, et je
m'en félicite. = Théophile est entré dans un vignoble,
et il a cueilli une grappe. = Voici un homme qui tâte
ma poche : cela me paraît équivoque. = Si l'on me
vole, je me plaindrai à la police et je ferai traduire
le voleur en justice. = Christophe, qui se lave, est
propre; mais son compagnon Rodolphe, qui ne se lave
pas, est bien malpropre. = Agathe brode une étoffe
d'une beauté rare pour Éléonore. = Socrate a lancé
une roche dans l'air, avec une grande force, et il n'a
pas crié *gare!* = Vive l'impératrice !

un axe.
une taxe.
la gaze.
la topaze.
la race.
la face.
la surface.
la place.
la grâce.
la disgrâce.
la menace.
la chasse.
la classe.
la mélasse.
la cuirasse.
elle est lasse.
il ramasse.
il entasse.
il embrasse.
il embarrasse.
qu'il fasse.
la bague.
la vague.
la blague.
il divague.
la plaque.
la baraque.
une attaque.
il craque.
il détraque.
il est braque.
chaque.

qu'il finisse.
qu'il périsse.
qu'il puisse.
que je fisse.
que je rendisse.
que j'attendisse.
la figue.
la digue.
la fatigue.
il brigue.
il intrigue.
la pique.
la colique.
la barrique.
la bourrique.
la pratique.
l'Afrique.
l'Amérique.
il est modique.
il est comique.
il est tragique.
il est antique.
elle est publique.
il est paralytique.
il est sphérique.
il est mathématique
il est géométrique
la bible.
le crible.
il est pénible.
il est possible.
il est impossible.

la forge.
la gorge.
l'orge.
il regorge.
un orme.
la forme.
il déforme.
il transforme.
il est énorme.
la borne.
la corne.
il orne.
la porte.
il emporte.
il transporte.
elle est forte.
elle est morte.
qu'il sorte.
une orgue.
la morgue.
il cogne.
il rogne.
la charogne.
la Gascogne.
la Bourgogne.
il grogne.
il est ivrogne.
la solde.
la récolte.
la révolte.
la poste.
il accoste.

Une tonne de mélasse. = Une glissade sur la glace.
Une place publique. = Un édifice public en brique.
Un bureau de poste. = Une attaque de vive force.
Une cabane rustique. = Une baraque qui craque.
Une petite porte et un grand portique. = Une gaze
diaphane. = Un joueur d'orgue. = L'axe d'un treuil.
La surface lisse d'une cuirasse. = Une glace
antique dans une salle magnifique. = La récolte de
la moisson. = Une barrique de vin de Bourgogne. =
Une surface géométrique. = Un carrosse magnifique.
Un voyageur accablé de fatigue. = La principale porte
de la ville. = Une vérité d'une rigueur mathématique.

Une pique est un grand bâton pointu. = Une plaque
est une surface plate. = La brique est utile au maçon
pour construire un édifice. = Une bague se nomme
aussi un anneau. = Un opéra est un ouvrage lyrique.
= On admire chaque page de la Bible. = Un globe est
une surface sphérique. = Matamore fut un acteur
tragique, et madame George une actrice tragique.
= Platon enseigna la logique, et Aristote la rhétorique.
= Est-il possible qu'on réussisse à guérir le paralytique ? = Fallait-il que j'attendisse ?
Qu'on apporte vite de l'émétique pour mon fils
qui a la colique. Ce garçon n'est pas assez sobre : il
a mangé une brioche énorme, et il en a plein la
gorge. N'est-il pas possible qu'il vomisse? Quoi qu'on
fasse, faudra-t-il donc qu'il périsse? = J'ordonne
qu'on passe l'orge au crible, et qu'on la porte au
moulin. Ce n'est pas un travail bien pénible. La
masse est un peu forte ; mais grâce à Dieu. on n'est
pas paralytique, et la bourrique n'est pas morte.

la table.

le sable.

la fable.

le diable.

il est stable.

il est capable.

il est incapable.

il est coupable.

il est aimable.

il est favorable.

il est véritable.

il est agréable.

il est remarquable

il est impitoyable.

le sabre.

le cinabre.

le candélabre.

la vache.

la hache.

la tache.

la tâche.

la cravache.

la bourrache.

il cache.

il crache.

il mâche.

il se fâche.

il est lâche.

qu'il sache.

il arrache.

un oracle.

un obstacle.

une niche.

une affiche.

il est riche.

il triche.

l'Autriche.

la griffe.

le fifre.

le chiffre.

le cirque.

le tigre.

le litre.

le titre.

la vitre.

le disciple.

il est triple.

le livre.

il délivre.

il est ivre.

vivre.

suivre.

le cuivre.

le signe.

le cygne.

la vigne.

la ligne.

la consigne.

il est digne.

il est indigne.

elle est maligne.

la liste.

le botaniste.

il est triste.

un ordre.

tordre.

mordre.

la torche.

le porche.

il écorche.

notre.

votre.

le nôtre.

le vôtre.

un apôtre.

Andrinople.

Constantinople.

le molleton.

le clocheton.

le crocheteur.

le coqueluchon.

il donnera.

il tonnera.

il sonnera.

il nommera.

je pardonnerai.

j'ordonnerai.

je dorerai.

j'adorerai.

je m'approcherai.

je piocherai.

je trotterai.

je galoperai.

j'invoquerai.

je me moquerai.

La lame d'un sabre. = Une nappe sur la table.

Un litre de vin. = Le sable du rivage de la mer.

Le cuivre et le fer. = Une catastrophe déplorable.

Un carreau de vitre. = Un tambour et un fifre.

Un titre de propriété. = Une génisse et une vache.

Une petite fille aimable. = Une tonne de cidre dans notre cave. = L'ordre et la discipline d'une classe.

Une tâche pénible. = Une tache remarquable sur votre robe. = Un riche et magnifique candélabre.

Un discoureur agréable. = Un polisson qui arrache une affiche. = Un mouchoir marqué d'un chiffre.

Le titre d'un livre. = Une demi livre de cinabre pour un tableau à la gouache. = Un lâche qui se cache.

Un triste et pitoyable équipage.=Un ogre qui menace de me tordre le cou. = Un tigre impitoyable.

Un écu est triple d'une livre. = Une fable est un apologue.=Un édifice bâti sur le sable n'est pas stable. = Un apôtre est un disciple du Christ. = Constantinople est la capitale de l'empire de Constantin.=Un botaniste ne connaît-il pas chaque végétal d'un jardin ? = Un apache est une sorte de sauvage américain.=Notre ami Anatole n'est pas riche, car il n'a plus qu'une vache dans son étable. Il lui est impossible de vivre, s'il n'a chaque jour qu'une livre de pain et un litre de bouillon, qu'il partage avec sa femme et son fils.

On me signale un homme qui enflamme une torche, pour détruire ma récolte : c'est épouvantable.=La force de mon rival est-elle redoutable ? — Sa main est forte, mais il n'a pas d'artifice.=Alcibiade tâche de me suivre, mais il tâchera en vain : il rencontrera plus d'un obstacle sur son chemin ; je lui donnerai du fil à retordre.

la girafe.
la carafe.
une agrafe.
un paraphe.
une épitaphe.
une épigraphe.
un géographe.
l'orthographe.
la nacre.
le sacre.
le massacre.
le diacre.
le fiacre.
il est acre.
une câpre.
il est âpre.
un âtre.
le plâtre.
le théâtre.
l'albâtre.
quatre.
battre.
combattre.
le Hâvre.
il navre.
il garde.
il tarde.
la moutarde.
la poularde.
la mansarde.
une charge.
une arme.

il est artiste.
il est fleuriste.
il est naturaliste.
il est royaliste.
il est impérialiste.
il est droguiste.
il est mixte.
un disque.
il risque.
un obélisque.
un ministre.
il administre.
une éclipse.
un prisme.
un aphorisme.
le libéralisme.
le catéchisme.
l'Égypte.

il videra.
il dînera.
il piquera.
il évitera.
il signera.
il alignera.
je tirerai.
je glisserai.
je vaccinerai.
j'inclinerai.
j'obligerai.
il est ficelé.
il est nivelé.

le tube.
le cube.
le jujube.
une étude.
une attitude.
la solitude.
la sollicitude.
la mansuétude.
il est rude.
le juge.
le déluge.
le refuge.
le transfuge.
il gruge.
la mule.
la bulle.
la pilule.
la pendule.
il brûle.
il accumule.
il est crédule.
la plume.
la brume.
le légume.
une écume.
le rhume.
il allume.
il consume.
la lune.
la prune.
la fortune.
elle est brune.

Une bulle de savon. = Une pendule d'albâtre.

Un bouton de nacre. = Un clair de lune magnifique.

Le théâtre de l'Opéra-Comique. = Une carafe d'eau.

Un artiste dramatique. = Un refuge dans le malheur.

Une girafe d'Afrique dans le jardin botanique. = Une arme à feu qu'on charge par la culasse. = Une triste épitaphe sur une tombe. = L'obélisque d'Egypte sur la place de la Concorde. = Une plume métallique pour écrire. = Un morceau de jujube pour un rhume. = Le paraphe admirable d'un artiste calligraphe. = Une épigraphe sur le frontispice d'un livre. = Le fiacre pitoyable qui me cahote. = La consigne impitoyable du gardien de mon parc. = L'attitude grave d'un juge de la cour impériale dans son fauteuil. = Un aphorisme du sage Socrate.

Ce qui brûle se consume. = Un tube est un tuyau. = Un diacre aspire à devenir un ministre du Seigneur. = Une câpre est produite par la fleur qui se nomme une capucine. = L'albâtre est plus lisse que le plâtre. = Le disque du soleil, ou celui de la lune, se cache dans une éclipse. = Un cube a la forme d'un dé de jeu : c'est donc un solide où chaque face est un carré. = Il n'y a qu'un brave qui puisse se battre un contre quatre. = On risque de périr, si l'on marche sur la glace à l'époque de la débâcle.

Sully, ne fut-il pas un digne ministre du roi Henri-Quatre ? = Je regarde sur le théâtre un massacre qui me navre le cœur : ce n'est pas, me dit-on, un massacre véritable ; ce n'en est qu'un simulacre, et cela me console. = Ce bagage, est-il le vôtre, ou le nôtre ? L'a-t-on ficelé ? L'attache-t-on sur notre âne ?

une alarme.
le vacarme.
la bague.
il gagne.
la montagne.
la campagne.
la Bretagne.
la Champagne.
le marbre.
un arbre.
un acte.
il contracte.
une barque.
un monarque.
il remarque.
une harpe.
une halte.
il est vaste.
il est chaste.
un masque.
un astre.
un contraste.

le mannequin.
le massepain.
la casserole.
la hallebarde.
la rareté.
le caleçon.
l'Allemagne.
il passera.
il chassera.

chacune.
la commune.
la jupe.
la huppe.
il occupe.
la nuque.
la chûte.
la flûte.
la hutte.
la lutte.
la butte.
la dispute.
la culbute.
la puce.
il suce.
la Prusse.
il est russe.
la cuve.
le luxe.
la hure.
il jure.
elle est dure.
elle est mûre.
elle est pure.
elle est impure.
la nature.
la figure.
la piqûre.
la friture.
la filature.
la facture.
la voiture.

la garniture.
la nourriture.
une aventure.
le murmure.
la fourrure.
la chaussure.
la gravure.
la peinture.
la ceinture.
la teinture.
la rupture.
la sculpture.
la ruche.
la cruche.
la bûche.
la pluche.
une autruche.
le sucre.
le culte.
le buste.
il est rustre.
il est lugubre.

la dureté.
la sûreté.
le bulletin.
le bûcheron.
il plumera.
il brûlera.
il durera.
il épluchera.
il allumera.

Une plume d'autruche. = Un bagage empaqueté.
Une jupe de bure.=Une promenade à la campagne.
Un ouvrage achevé. = Une haute montagne.
Un peu de sucre dans une tasse de café.=Une halte à
l'ombrage d'un arbre. = Un dialogue comique dans un
entr'acte. = Une cave et une mansarde. = Un acte de
courage.=L'acte de foi que j'ai lu dans mon catéchisme.
= Un cœur dur comme le marbre. = La teinture d'un
châle en couleur brune. = Une puce qui me pique à la
nuque. = La sûreté d'un refuge dans ma hutte. = Un
vaste amphithéâtre. = Du vin de Champagne, du
laitage de Bretagne, du fromage de Sassenage, et un
jambon de Bayonne, avec une grasse poularde de
Bourgogne à la broche.

Le soleil est un astre remarquable. = Un joueur de
harpe se nomme un harpiste. = Une prune n'est pas
mûre, quand elle est duré. = Un général avant de
combattre, porte une ceinture tricolore, qu'on nomme
aussi une écharpe. = On a vu plus d'un rustre devenir
un homme illustre. = Celui qui vient au son de la flûte
s'en ira au son du tambour. = Le feu qui me brûle
dans le fourneau me brûlera-t-il dans l'eau? = Le
phosphore s'enflamme quand on le frotte : s'enflam-
mera-t-il encore, s'il est mouillé.
Par ordre du ministre un bulletin a été inséré dans le
Journal de l'Empire. = Le joueur qui me gagne ce
matin me gagnera-t-il ce soir? S'il me dupe aujourd'hui,
me dupera-t-il demain?=Jeanne a une riche fourrure
en martre ou en zibéline, et Ursule en a une plus
commune en peluche ou en fanfreluche : mais il
n'importe, chacune se félicite d'avoir un manchon.

Plus on médite sur l'Evangile, plus on l'admire. = L'Egypte est une vaste région de l'Afrique orientale. Le divorce est la suite de la discorde dans un ménage. = Aucun obstacle n'est insurmontable à une forte volonté. = Un géographe affirme que la Prusse est en Allemagne, et c'est véritable. = La ville de Ninive n'était-elle pas la capitale de l'empire Assyrien ? = Un russe est brave quand il attaque ; mais il est encore plus admirable quand il lutte sur le mur d'un poste fortifié ; et il a de la tactique.

Il n'y a pas de luxe dans ma hutte : mais on y remarque une ruche, une cruche, un paillasson, une paillasse, une petite table bien propre et une image de saint Augustin. = Un piéton a passé le canal dans la barque ; hier, un homme le passa sur un cheval à la nage ; voilà une femme qui passe sur un âne ; mais voici une grosse voiture qui ne passera pas. = Jean a-t-il cogné sur la bûche ? Cogne-t-il encore ? Cognera-t-il jusqu'à ce que j'arrive ? N'est-il pas un bon bûcheron ?

Où est le pilote qui dirige le navire ? Où est celui qui le dirigera demain ? = La vaccine garantit-elle de la petite vérole ? = Par ordre de la police on transporte à la morgue une femme morte. = Puique mon chapeau est bosselé, je le placerai sur la forme, et je le reformerai. = Catherine a eu un grand malheur : une corne de la vache lui a crevé un œil. = Dans la salle du traiteur, le garçon remarque ce que chacun consomme, et il le marque ou il le marquera sur une carte. = Si votre pendule retarde d'une minute chaque jour, de combien retardera-t-elle dans un an ? Le mathématicien qui calcule le calculera-t-il ?

L'équinoxe est une époque où la nuit est égale au jour. = Un brave homme ne sollicite pas la faveur d'un ministre : mais il réclame ce qui est dû à son mérite. = Platon était un digne disciple de Socrate. = Mon navire a rencontré un écueil, et il a fait un triste naufrage. = Le navire qui s'est échoué sur le sable ne navigue pas ; mais il naviguera, si on le remorque. = Je me hâte, et je me hâterai encore davantage ; je marche et je marcherai aussi vite que possible : si je n'arrive qu'après la malle-poste, du moins j'arriverai avant la voiture de roulage.

A-t-on porté ma fiole chez le pharmacien ? Madame Véronique veut-elle qu'on la porte ? M'apportera-t-on la drogue que le docteur ordonne ? = On ordonnera à Marion de me cuire une côte de bœuf avec une carotte : je dînerai avant qu'elle sorte, et après je prendrai un peu de bourrache pour un rhume et un mal de gorge. = On égorge ma poularde, on plume mon coq, et l'on assomme ma cane avec une canne : c'est abominable. = Le pâtre n'a pas ramené le troupeau : pourquoi s'en est-il dispensé ? = Il juge que ce n'est pas indispensable, parce qu'il n'y a aucun signe d'orage, et que l'air est calme : il a donc laissé le bétail dans le vallon et sur la montagne.

N'y a-t-il aucun nuage dans l'air ? — Il y a de la brume : si elle se dissipe, le jour sera magnifique, et il est probable qu'elle se dissipera. = Théodore détache ma barque ; déjà il vogue sur le lac : il a attaché un hanneton à sa ligne, et il s'imagine qu'avant midi il aura attrapé du poisson. Mais le poisson ne s'attrape pas avec un hanneton : aussi j'affirme qu'il n'attrapera rien, ni avant ni après midi.

Jérôme est mon brave compagnon d'infortune .
chaque jour, il partage avec moi le peu qu'il gagne, et de
mon côté, je partagerai avec lui ce que je gagnerai. =
Dans un carrefour j'ai lu une grande affiche, et j'y ai
vu qu'on offre une somme considérable à celui qui
rapportera un petit chien caniche qui s'est égaré. =
La canonnade fait un beau vacarme ; la ville est en
alarme ; il y a une multitude innombrable sur la place
publique. On rapporte qu'un bataillon zouave est
en lutte avec une brigade russe ; une femme de
mon village est dans une grande inquiétude, parce
que son fils est zouave.

La petite Catherine a un livre orné d'une dorure
magnifique et d'une peinture admirable. Croirait-on
qu'elle me l'offre pour une prune et un morceau de
sucre ? Il faut en conclure qu'elle n'est pas fine, et
cependant on m'assure qu'elle n'est pas sotte. =
Dominique est un travailleur infatigable : il pioche du
lundi matin au samedi soir, et sa conduite est
irréprochable. Il est bien aimé de sa femme Marguerite,
de sa fille Angélique et de son fils Eustache, ainsi
que de son patron, et il en est digne.

Le sonneur sonne avec ardeur ; il n'y va pas de main
morte : de ce train-là il sonnera si bien qu'il cassera
la cloche. Pourtant il n'est pas en ribotte, car ce
n'est pas un ivrogne : mais, s'il ne se fatigue pas
encore, il se fatiguera. = Je m'embarque ce soir, au
Hâvre-de-Grâce, sur une frégate qui me débarquera
dans l'île de Robinson Crusoé. — Où votre navire
relâche-t-il ? — Il relâchera dans l'île de Palme,
non loin de la côte occidentale d'Afrique ; ensuite à
Aspinwall, sur la côte orientale de l'Amérique centrale.

Boniface brigue une place, et Philippe intrigue de son côté, pour l'obtenir : mais le ministre est un homme juste; il donnera la place à mon ami Bonaventure, qui ne la sollicite pas, et qui la mérite; c'est indubitable. = Achille a trouvé facile de gravir une butte. Ensuite il a grimpé sur la cime de la montagne; il s'est élancé dans un petit chemin qui borde un précipice. Mais voilà qu'il trébuche; il fait une culbute; il glisse sur une roche; il s'y accroche; il ne dégringole pas encore, mais il dégringolera : c'est un malheur inévitable.

Il m'est arrivé, il y a environ un an, une aventure bien drôle et bien bizarre. C'était un samedi matin : un monsieur autrichien, en redingote brune, accompagné d'une dame dans un costume riche, me voit en train d'ouvrir ma boutique de bric-à-brac, tandis que ma femme allume son feu. Il s'approche; il regarde la devanture; il y remarque une petite glace dans un cadre d'un style gothique, et une peinture de l'époque du roi Henri-Quatre; il admire tour-à-tour le miroir et le tableau; enfin il parle : *Voilà, dit-il, un tableau fort ancien : combien vaut-il avec votre glace antique?* A son langage fortement accentué, et à sa figure grave, il m'a l'air d'un américain : et, ma foi, j'en profite; je réplique donc : *Chaque article vaut une piastre. — Oh! Une piastre! dit-il, ce n'est rien pour une aussi grande valeur ; je donne une livre d'or.* Qu'on juge de ce que j'éprouvai alors : j'en demeurai tout ébahi, immobile de stupeur. Il me donna donc un sac plein d'or, et je transportai chez lui ce qu'il avait acheté. J'ai su que c'était une relique d'une vénérable impératrice d'Autriche.

la nièce.
la pièce.
il rappièce.
le remède.
il cède.
il succède.
il possède.
il est tiède.
Archimède.
le liège.
le piège.
le siège.
le collége.
le privilége.
le sortilége.
il abrége.
il assiège.
la grèle.
le poêle.
il mêle.
il révèle.
il recèle.
il est frêle.
il est fidèle.
Adèle.
la crème.
le carême.
le thème.
le diadèm .
le stratagème.
il est suprême.
il est le même.

il aide.
il plaide.
une aîle.
il aime.
la laine.
la plaine.
la chaîne.
la marraine.
la semaine.
le capitaine.
une douzaine.
une centaine.
elle est saine.
elle est vaine.
elle est vilaine.
elle est prochaine.
il traîne.
il enchaîne.
la caisse.
la graisse.
il laisse.
il baisse.
elle est épaisse.
qu'il paraisse.
qu'il connaisse.
il traite.
elle est faite.
elle est parfaite.
elle est imparfaite.
le glaive.
il est faible.
elle est fraîche.

la sauce.
la fraude.
Claude.
une auge.
la sauge.
le saule.
la gaule.
une épaule.
le baume.
le royaume.
une aune.
il est jaune.
la taupe.
Laure.
il hausse.
il chausse.
il se déchausse.
elle est fausse.
la faute.
il saute.
un aéronaute.
la débauche.
il fauche.
il est gauche.
un autre.
il se vautre.
la gaufre.
il est pauvre.
il sautera.
il fauchera.
je chaufferai.
je me hausserai.

Un bouchon de liège. = Un diadème d'impératrice.
Un aigle qui plane dans l'air. = Un jaune d'œuf.
Le siége de Sébastopol. = Un juge sur son siége.
Un capitaine de la garde impériale. = Un bain tiède.
L'eau fraîche d'une fontaine. = Le royaume de Saxe.
Une gaule de saule. = Un pigeon qui traîne l'aile.
Un parrain et une marraine. = Un neveu et
une nièce. = Un lapin attrapé dans un piège. =
Une salle d'étude dans un collège. = Du fromage
à la crême. = La semaine prochaine. = Une faute
d'orthographe. = Une nourriture malsaine. = Un
tambour et une grosse caisse. = Une pièce d'or.

Une jupe de laine bien épaisse est chaude. =
Un trou est le royaume d'une taupe. = Une brume
est une vapeur moins épaisse qu'un nuage, et qui
laisse entrevoir le soleil. = Un glaive est le nom
poétique d'un sabre. = Avec le feu du soleil,
Archimède brûla la flotte romaine. = Le baume
est un remède souverain pour une coupure à la
main gauche. = Quand on a achevé son thème,
dans un collége, on s'occupe d'un problème ou d'un
théorême mathématique; et si l'on voit une faute,
on la corrige.

J'aime le poêle qui me chauffe, quand il gèle. =
J'ai acheté une chaîne en cuivre, et j'en aurai
une autre en fer poli. = Adèle n'a qu'une gaufre,
et Ursule en gruge une douzaine. = Mon chien
épagneul est l'ami le plus fidèle que je possède. =
Si je porte une fausse barbe, sera-t-il possible
qu'on me reconnaisse? = Le bataillon est levé
avant l'aurore, mais j'ai le privilége de dormir
jusqu'à l'aube du jour.

la scène.
le chêne.
la gêne.
le frêne.
la gangrène.
le phénomène.
Eugène.
Démosthène.
la crêpe.
la guêpe.
un évêque.
il est bègue.
il allègue.
la fête.
la bête.
la tête.
il arrête.
un rêve.
une fève.
un élève.
la grève.
le père.
la mère.
le frère.
elle est chère.
elle est amère.
elle est légère.
la vipère.
le cautère.
la panthère.
le mystère.
le caractère.

un aigle.
il daigne.
il saigne.
qu'il craigne.
qu'il se plaigne.
la châtaigne.
la Sardaigne.
le vinaigre.
il est aigre.
le maître.
le traître.
naître.
paraître.
connaître.
faire.
plaire.
le maire.
la chaire.
le notaire.
le corsaire.
le militaire.
le séminaire.
le secrétaire.
le solitaire.
la grammaire.
un apothicaire.
elle est claire.
elle est contraire.
il est élémentaire.
ai-je ?
aurai-je ?
partirai-je ?

la meule.
la gueule.
elle est seule.
il est jeune.
il déjeûne.
le beurre.
il pleure.
il demeure.
qu'il meure.
elle est meilleure.
la meute.
une émeute.
une veuve.
une preuve.
un fleuve.
elle est neuve.
il abreuve.
qu'il pleuve.
le feutre.
il beugle.
il est aveugle.
le peuple.
le meuble.
la couleuvre.
il heurte.
le meurtre.
une œuvre.
la manœuvre.
il jeûnera.
il pleurera.
je demeurerai.
j'abreuverai.

Une école primaire. = Le curé et son vicaire.
Une scène comique. = Le maire de la commune.
Votre chère mère. = Une étoffe bien chère.
Un père et son fils. = Un maître et son élève.
De l'eau claire. = Un rêve dans mon sommeil.
La fève du gâteau. = Une guêpe qui bourdonne.
La gueule du lion. = Le secrétaire du ministre.
La dureté du chêne. = Un beau meuble en frêne.
Une pluche de châtaigne. = Le royaume de Sardaigne. = Un brave militaire. = La veuve et l'orphelin. = Une tartine de pain et de beurre. = Une drogue d'apothicaire bien amère. = Un caractère farouche et sauvage. = Une meute qu'on déchaîne.

Tout est mystère dans la nature. = Une meule de foin n'est pas légère. = Un pirate est encore pire qu'un corsaire. = Secourir un pauvre aveugle est une bonne œuvre.=Il n'y a qu'un marin qui connaisse la manœuvre d'un vaisseau. = Une grève est une vaste plaine maritime que la mer nivèle. = Un crêpe est un signe de deuil. = Une crêpe est faite dans la poêle avec de la pâte, du sucre, de la frangipane et du beurre ou de la graisse.

Démosthène, le plus illustre orateur de la Grèce, n'était-il pas né bègue? = La gangrène n'est-elle pas une pourriture de la chair? = Un évêque a prêché dans la chaire de la cathédrale. = Mon rôle sera facile, car il consiste à paraître une minute sur la scène et à disparaître. = On saigne Eugène pour un mal de tête : irai-je le voir, ou n'irai-je pas? = La panthère est une bête féroce, mais la vipère est une plus vilaine bête, car elle est traître.

7

je préfère.
je considère.
je suggère.
la sphère.
le planisphère.
la bière.
elle est fière.
elle est entière.
la rivière.
la lumière.
la crinière.
la paupière.
la soupière.
la poussière.
la bannière.
la carrière.
en arrière.
la crémaillère.
la bêche.
la pêche.
la brêche.
la crèche.
il prêche.
la calèche.
elle est sèche.
le siècle.
la règle.
il règne.
il imprègne.
le cèdre.
il est funèbre.
il est célèbre.

la toîle.
le voile.
une étoile.
il dévoile.
un moine.
un chanoine.
une pivoine.
l'avoine.
Antoine.
la foire.
la poire.
la gloire.
la mémoire.
une armoire.
un écritoire.
la victoire.
la baignoire.
la nageoire.
la mangeoire.
Grégoire.
boire.
croire.
elle est noire.
une coiffe.
une paroisse.
une angoisse.
il poisse.
elle est froide.
elle est droite.
elle est étroite.
il froisse.
qu'il croisse.

le coude.
il boude.
il étouffe.
il bouge.
il est rouge.
la foule.
la boule.
le moule.
la ciboule.
il roule.
il coule.
il s'écroule.
il coupe.
il soupe.
la troupe.
il laboure.
la bravoure.
le pouce.
la mousse.
il tousse.
il pousse.
elle est douce.
elle est rousse.
il doute.
il ajoute.
il écoute.
il goûte.
la goutte.
la déroute.
la croûte.
la louve.
il trouve.

Un voile de gaze. = Une voile pour un navire.

Une boule qui roule. = Une voûte qui s'écroule.

Une toile d'emballage. = Une poire et une pêche.

Une croûte de pain.=Une chaussure trop étroite.

Une carrière de marbre.=La trousse du chirurgien.

Un châle rouge. = Le pouce de la main droite.

Une tache rousse. = Une soupière de porcelaine.

Une règle d'ébène. = L'écritoire du secrétaire.

Une troupe en campagne. = La lumière du soleil.

Une goutte de vin. = Le marmiton qui goûte une sauce. = Une ciboule, un ognon et une échalote.

Le cèdre du Liban est un arbre célèbre. = La Loire est un fleuve, c'est-à-dire une large rivière. = La poussière du charbon est noire. = On se baigne dans une baignoire. = La sphère est une surface d'une rondeur parfaite. = Si l'on irrite un lion, sa crinière se hérisse. = Un monarque règne, et un laboureur laboure. = Ève a été la première femme : elle est donc notre grand'mère. = Notre-Seigneur a dû naître dans une crèche, selon la parole du prophète. = Il n'est pas bon de boire de l'eau froide quand on a chaud : c'est pour cela que Grégoire s'est enrhumé hier et qu'aujourd'hui il tousse.

Le curé de notre paroisse est un prédicateur célèbre : ce soir il prêche sur la concorde, et il y a déjà foule autour de sa chaire ; on y étouffe. = La canonnade a duré toute une semaine : elle a fait une brèche énorme dans le mur de la place que notre troupe assiége : voilà qu'un bataillon zouave s'y précipite : la troupe de ligne ne tarde pas à suivre. La lutte est opiniâtre et meurtrière : enfin, notre bannière à la gloire de la victoire.

la chèvre.
la lèvre.
le lièvre.
la fièvre.
être.
peut-être.
le hêtre.
le prêtre.
le salpêtre.
le mètre.
le baromètre.
le décimètre.
le centimètre.
le millimètre.
le kilomètre.
un aréomètre.
il mêlera.
il gênera.
il arrêtera.
il règnera.
je prêterai.
je sécherai.
je crèverai.
je préfèrerai.
je suggèrerai.
je développerai.
la légèreté.
le médecin.
la médecine.
est-ce?
n'est-ce pas?
qu'est-ce que c'est?

douze.
le rouble.
il est double.
la boucle.
la bouche.
la cartouche.
il couche.
il touche.
il louche.
il se mouche.
la foudre.
la poudre.
coudre.
moudre.
le soufre.
il souffre.
la poutre.
le loutre.
en outre.
il ouvre.
il découvre.
il tourne.
il s'en retourne.
une ourse.
une bourse.
une course.
une tourte.
elle est courte.
une gourde.
elle est lourde.
une fourche.
un chiourme.

qu'il boive.
qu'il doive.
qu'il reçoive.
qu'il conçoive.
le cloître.
le goître.
croître.
décroître.
accroître.
le poivre.
il soigne.
il éloigne.
il témoigne.
il voilera.
il coiffera.
il témoignera.
il doutera.
il goûtera.
il dégouttera.
je roulerai.
je tousserai.
je bougerai.
j'ajouterai.
on trouvera.
on prouvera.
on touchera.
on débouchera.
on fourrera.
on débourrera.
le moucheron.
le louveteau.
le bouledogue.

Une mouche et un moucheron. = La foudre qui éclate. = Une course en fiacre. = La boucle de ma ceinture. = Une patte de lièvre. = Une lèvre de votre bouche. = Une louve et son louveteau. = Un docteur médecin. = Une peau de loutre. = Une cartouche et une gargousse. = Une armoire en hêtre. = Du poivre et du vinaigre. = Un bocal qu'on débouche. = L'odeur acre du soufre qui brûle. = Un malade qui souffre de la fièvre. = Un moine dans le cloître du monastère. = La charge lourde, et la bourse légère. = La légèreté d'une bulle de savon. = La longueur d'un mètre et un millimètre. = Une tourte à la confiture.

Une poutre est une grosse solive. = Un poisson a une double nageoire. = Celui qui va loin s'éloigne. = Un porc dévore ce qu'on jette dans sa mangeoire. = Un gouffre est un précipice. = Le salpêtre s'enflamme dans le feu; c'est donc une matière enflammable. = Un médecin traite la fièvre par le sulfate de quinine. = L'eau tiède est le meilleur remède ou la meilleure médecine; en outre, elle n'est pas chère. = Dans la poudre il y a du charbon, du soufre et du salpêtre. = La racine d'une vigne est une souche.

Un centimètre est le centième d'un mètre et un mètre est le millième d'un kilomètre. = Douze est le triple de quatre : voilà ce que je découvre de moi-même. = Ce jeune homme ne soupe pas quand il a dîné, à ce qu'il assure : est-ce possible? Est-il possible de le croire? = Si ma mémoire m'abandonne, quand je parlerai sur la scène, je m'arrêterai; je tousserai, je cracherai et je me moucherai : peut-être qu'ensuite la mémoire reviendra.

Le feu chauffe et le travail échauffe. = Si l'on mêle de l'eau bien chaude avec de l'eau froide, on forme de l'eau tiède. = Un fleuve est une rivière large et d'une grande profondeur : c'est une masse d'eau qui coule vers la mer : si on la goûte, on trouve que c'est de l'eau douce. = J'ai peur qu'il ne pleuve, car j'ai senti une goutte sur ma main droite, et une autre sur ma main gauche. = Aujourd'hui, je soigne le malade qui souffre de la goutte ; je le soignerai encore demain, j'éloignerai mon chien qui le gêne, et on lui apportera une baignoire.

Le meurtre n'est pas une faute légère, c'est un crime. = boire de l'eau, et fuir la débauche, n'est-ce pas là ce que prêche le vicaire de la paroisse ? = J'ai fait une rigole, au moyen d'une bêche, dans mon jardin, et j'y amènerai de l'eau de la rivière : quand un ruisseau coulera sur la mousse, il la fera croître. = L'aube est la clarté de l'aurore : il n'est pas une étoile qu'elle ne fasse disparaître. = Qu'est-ce que l'étoile polaire ? N'est-ce pas l'étoile qui guide le navigateur, lorsqu'il n'a plus sa boussole ? — Quand on la regarde sur l'Océan Atlantique, on a l'Europe à droite, et l'Amérique à gauche.

Un jeune homme me heurte avec son coude ; il me pousse dans la foule, il m'étouffe ; en outre, il coupe ma bourse, mais il trouvera qu'elle n'est pas lourde. = Chaque matin, mon frère Arsène est posté sur la rivière : la pêche à la ligne est son bonheur suprême. C'est, dit-on, la preuve d'un bon caractère. = Est-il possible qu'on ouvre la bouche et qu'on boive, si la mâchoire inférieure ne bouge pas ? Adèle en est capable dit-elle : est-ce croyable ?

Un vaisseau chilien a été assailli par une tempête épouvantable, dans le sud de l'Océan Pacifique, après avoir doublé le cap Horn. La bourrasque a duré une semaine entière, et le vaisseau a fini par faire naufrage : il a été jeté sur la côte occidentale de l'Amérique méridionale. L'équipage a été dévoré par une horde sauvage et anthropophage : le capitaine lui-même n'a pas été épargné.

La petite Agathe, qui n'est pas plus haute qu'une botte et qui ne peut encore se tenir droite, a pu déjà lire la première syllabe de son abécédaire ; en outre, elle se chausse et se déchausse toute seule : dans la suite, de quoi ne sera-t-elle pas capable ? = On m'a donné une panthère dans une grande cage de fer : c'est une bête fauve d'une beauté admirable. Son poil est tacheté, moucheté ou rayé, et d'un beau jaune. Elle est plus agile et plus souple qu'une chatte ; elle saute d'une manière incroyable ; mais on m'assure qu'elle n'est pas douce.

Catherine est bien fière, parce que sa marraine lui a acheté une émeraude à la foire. Chaque jour de fête, elle l'a porte au cou, pour la faire voir : elle s'imagine qu'on l'admire. Cela ne prouve-t-il pas qu'elle est sotte, ou qu'elle a un caractère frivole ? = Combien te coûte ta boule d'ivoire, qu'on dit être si grosse et si lourde ? Est-elle rouge ou noire ? — Elle ne me coûte rien, on me la prête ; mais si je l'achète elle me coûtera une piastre. Elle est jaune, mais peu m'importe la couleur, pourvu qu'elle roule quand on la pousse. Mon maître la jette sur une table de marbre, afin de la faire rebondir ; cela prouve, dit-il, qu'elle est élastique.

Recevrai-je ajourd'hui ce qui m'a été annoncé
avant hier? Connaîtrai-je l'homme qui m'a obligé
Devrai-je coudre ma redingote qui se déchire au
coude? Irai-je en Bretagne, partirai-je pour la Suisse
parcourrai - je l'Allemagne, où demeurerai - je en
Bourgogne? J'aime la retraite et la solitude. La
semaine prochaine, je dirai adieu à la ville et à
toute société mondaine; je me retirerai dans ma
hutte de chaume. Là, je cultiverai la tulipe et le
jasmin, la patate et la salade, et j'élèverai du bétail.
Je vivrai dans la simplicité d'un apôtre, et je con-
templerai la nature.

Mon cheval alezan gagne une course à la première
épreuve : c'est du moins une preuve qu'il ne boîte
pas. = Votre cheval, je n'en doute pas, a une allure
rapide; il a en outre un beau poitrail : mais n'est-il
pas borgne? = La petite Cécile passe pour être la
meilleure écolière de sa classe : elle a déjà vu toute la
grammaire. Pour en avoir une preuve, je lui ai
demandé : *Faut-il dire* QU'IL PEUVE, *ou* QU'IL PUISSE?
Elle a répondu : *Oui, c'est l'un ou l'autre.* Cela prouve
qu'aucune épreuve ne l'embarrasse.

Hier au soir, j'ai été réveillé par un cri sinistre.
J'ai couru à ma fenêtre, et j'ai entendu : *La garde!*
A l'assassin ! On m'assassine ! C'est mon devoir, ai-je
pensé, de sortir pour secourir l'homme assassiné; et
en moins d'une minute, j'ai été sur le théâtre du
crime . j'y ai vu un jeune homme tout ensanglanté
étendu sur le seuil d'une porte, et déjà un médecin
était à son côté. Un gendarme avait arrêté l'assassin,
et je l'ai vu conduire chez le commissaire de police :
il sera jugé la semaine prochaine.

Il m'est impossible de croire que je doive toute la somme qu'on réclame. — Écoute-moi : si l'on ajoute un à neuf, la somme est le double de cinq ; et quatre avec douze, cela ne fait-il pas plus que quatorze ? Ensuite, si l'on ôte la moitié de cinq, n'a-t-on pas quatorze moins un demi ? Ce n'est qu'une règle d'arithmétique. — Votre arithmétique, a embrouillé l'affaire, au lieu de l'éclaircir ; elle a fait un amalgame dans ma tête.

Qu'ai-je entendu ? Qu'est-ce donc qu'on rapporte ? On chuchotte que ma nièce Pauline, qui est actrice, a eu la mémoire courte au milieu d'une scène ! mais c'est là un bavardage de la portière ; car, tout au contraire, ma nièce a joué d'une manière parfaite : son rôle consistait à dire une parole, et elle l'a dite.

Voici une aventure singulière. J'en ai été témoin dans une région lointaine, et j'en ai encore la mémoire toute fraîche. Un jour, je me promène sur une haute montagne. Je découvre dans le lointain un groupe en uniforme militaire : je me dirige de ce côté. A moitié chemin, il m'est facile de reconnaître un bataillon de discipline : cela m'intrigue, je hâte le pas et j'arrive. On s'agite, on chuchotte autour de moi : je m'informe de ce que ce peut être. — *C'est*, me dit-on, *un voltigeur condamné à un supplice qui n'est pas ordinaire : il sautera dans un précipice.* Le voltigeur parle, et sa parole me pénètre l'âme. *Qu'est-ce que le capitaine ordonne ?* dit-il. *Sauterai-je ou ne sauterai-je pas ? Qu'il parle, et je l'écoute ; qu'il fasse un signe, et je prendrai ma course. On peut avoir fait une faute et être brave, je le prouverai à la troupe.* Touché de sa bravoure, le capitaine pardonna.

la France.
la lance.
la balance.
la vigilance.
une enfance.
une abondance.
la tempérance.
l'intempérance.
la tendance.
l'intendance.
la surintendance.
la constance.
l'inconstance.
l'ignorance.
l'obéissance.
une instance.
une distance.
la naissance.
la connaissance.
la puissance.
la vaillance.
la défaillance.
la bienveillance.
la malveillance.
la surveillance.
la créance.
la confiance.
la défiance.
l'insouciance.
la délivrance.
il avance.
il est rance.

la cadence.
la décadence.
la prudence.
l'imprudence.
la décence.
l'indécence.
l'opulence.
le silence.
la violence.
l'insolence.
l'indolence.
la démence.
la clémence.
la semence.
la continence.
l'incontinence.
la différence.
l'indifférence.
une apparence.
la transparence.
la sentence.
la pénitence.
la munificence.
la magnificence.
une absence.
une abstinence.
une urgence.
la science.
la conscience.
Valence.
Mayence.
Fulgence.

une once.
une ronce.
il annonce.
il dénonce.
il renonce.
il fronce.
il enfonce.
une réponse.
Léonce.
Alphonse.
le monde.
une onde.
une sonde.
une bonde.
une fronde.
il fonde.
il abonde.
il gronde.
elle est ronde.
elle est blonde.
elle est profonde.
elle est immonde.
elle est vagabonde.
elle est la seconde.
un songe.
une éponge.
un mensonge.
il ronge.
il plonge.
il prolonge.
elle est longue.
il tronque.

Une table ronde. = La bonde d'une barrique.

Une fausse apparence. = L'obéissance à la loi.

Une rivière profonde. = Une marmite de fonte.

Une porte qu'on enfonce. = Un sabre, une pique et une lance. = Une once dans le plateau de la balance. = L'abondance de la moisson. = La puissance de la France dans le monde. = Le silence d'une profonde retraite. = La vigilance d'un chien de garde. = La transparence du cristal de roche. = Le contraste de l'indigence avec le luxe et l'opulence. = La magnificence du château de Fontainebleau. = La science d'un astronome. = Un scrupule de conscience. = La clémence d'un monarque qui pardonne. = Un jour d'abstinence du carême.

La douceur a plus de puissance que la violence. = La tempérance est favorable à la santé. = La science est la connaissance de ce qui est vrai, et l'ignorance est l'absence de la science. = L'enfance est l'époque de la croissance. = Un âge avancé est l'époque de la décroissance et de la décadence. = Un brave a de la vaillance, et n'a pas de jactance. = Une minute n'est pas longue, et une seconde est encore plus courte.

Mon neveu Léonce est brun; ma nièce Léontine est brune; mon fils Alphonse est châtain, sa sœur Alphonsine est châtaine, et leur camarade Marguerite est blonde. = Le jeune Fulgence se livre, dit-on, à l'intempérance, aussi je ne ferai pas sa connaissance. = Le petit Maxence a menti, et il a répondu : *je m'en moque*. Pour son mensonge et l'insolence de sa réponse, son maître le retiendra en pénitence.

une alliance.
l'élégance.
l'arrogance.
la vengeance.
l'obligeance.
une anse.
il danse.
il panse.
une lande.
une glande.
une offrande.
la viande.
la marchande.
une amande.
il demande.
il commande.
il recommande.
un ange.
une orange.
une grange.
il mange.
il range.
il arrange.
il change.
un mélange.
la vendange.
la louange.
la tante.
la plante.
il chante.
il se vante.
il transplante.

la Provence.
la providence.
l'éloquence.
la conséquence.
l'inconséquence.
la révérence.
la défense.
il pense.
il se dispense.
il encense.
il offense.
il récompense.
une légende.
une amende.
qu'il rende.
qu'il vende.
qu'il attende.
qu'il entende.
qu'il suspende.
qu'il appréhende.
il venge.
le genre.
la vente.
la fente.
la pente.
la charpente.
la parente.
la tente.
elle est lente.
elle est contente.
elle est insolente.
elle est violente.

un conte.
la fonte.
la honte.
il monte.
onze.
une bombe.
une colombe.
il plombe.
une pompe.
il trompe.
qu'il rompe.
un oncle.
un ongle.
pondre.
foudre.
tondre.
confondre.
répondre.
contre.
une montre.
il démontre.
il bronche.
il comble.
une ombre.
un nombre.
un concombre.
il est sombre.
rompre.
corrompre.
il comble.
il triomphe.
un monstre.

L'anse de la cruche. = Une bombe qui tombe.
La viande et le poisson. = Une tombe de marbre.
L'ongle de mon pouce. = Mon oncle et ma tante.
La tente de toile qui abrite le voyageur africain.
Un jeune arbre qu'on plante. = Un arbuste qu'on
transplante. = La grosse poutre d'une charpente. =
Une demande et une réponse. = La fente d'une plume
à écrire. = Une amande douce et une autre amère. =
Un homme condamné à une forte amende par le juge
de police. = Une orange de Valence. = La longue
nageoire d'un congre. = Une légende et une épitaphe
sur une tombe. = La récompense d'une bonne œuvre.
= l'éloquence admirable et célèbre de Démosthène.

Une mansarde est claire et une cave est sombre.
= Une colombe est le symbole de l'innocence. = Il
y a plus de grandeur dans le pardon d'une offense
que dans la vengeance. = A la campagne, dans l'été,
on préfère l'ombre au soleil. = Le bûcheron enfonce
un coin dans la fente d'une grosse bûche; ensuite il
cogne, afin que le coin fende la bûche. Quand sa cognée
ne coupe plus, il la change contre une autre, ou
il en achète une neuve.
On montre dans une tente de la foire, un monstre
qui a une double tête. = Ma tante se montre pour
moi une bonne parente : sa bienveillance mérite toute
ma reconnaissance. Mais sa fille Constance est bien
différente : elle est arrogante, altière, volontaire et
peu obligeante. Quand elle n'est pas prête, elle commande qu'on l'attende. = Mon frère Oronte panse son
œil, qu'une ronce a écorché; il le lave avec une éponge.
Je pense qu'il se repentira de sa course vagabonde.

elle est vigilante.
elle est charmante
elle est riante.
elle est confiante.
quarante.
cinquante.
la jambe.
il flambe.
la lampe.
la crampe.
il rampe.
la langue.
la harangue.
la banque.
il manque.
une manche.
une tanche.
un dimanche.
une planche.
une branche.
il tranche.
elle est blanche.
elle est franche.
une ancre.
un cancre.
un angle.
un triangle.
une sangle.
répandre.
une chambre.
le chantre.
le chanvre.

qu'il sente.
qu'il mente.
elle est éloquente.
elle est conséquente
trente.
il semble.
il trempe.
il tremble.
il assemble.
il ressemble.
ensemble.
le temple.
il contemple.
novembre.
décembre.
un membre.
il penche.
vendre.
fendre.
rendre.
défendre.
pendre.
suspendre.
une encre.
entre.
le ventre.
le centre.
la cendre
le gendre.
prendre.
apprendre.
comprendre.

la banqueroute.
le mancheron.
le lendemain.
un empereur.
une enveloppe.
la convenance.
le tombereau.
Montereau.
Fontenay.
je danserai.
je lancerai.
je chanterai.
je balancerai.
je rangerai.
il se vantera.
il demandera.
il commandera.
il mélangera.
il penchera.
il récompensera.
il songera.
il montera.
il plongera.
il offensera.
il tronquera.
il tombera.
il trompera.
il bronchera.
il grondera.
il est dentelé.
il est convenu.
il est contenu.

L'empereur Napoléon. = Une branche de chêne. Une garde vigilante. = Une tranche de saumon. Une sangle de chanvre. = Le manche du marteau. Une harangue éloquente. = Une moule et un cancre. = Une tour qui penche. = Une manche de redingote. = Une tanche frite dans la poêle. = Un limaçon qui rampe. = Un mouchoir qu'on trempe dans l'eau. = Le gendre et le beau-père. = L'ancre d'un navire. = Une tache d'encre sur une robe blanche. = Une crampe à la jambe. = Une foule qui s'assemble. = La lampe qui m'éclaire. = L'imprudence de courir sur la pente d'un abîme. = Une robe qui flambe, quand une petite fille imprudente s'approche du feu.

Le village de Montereau a été célèbre en France. = Une branche de vigne se nomme un pampre. = Si l'on manque de constance, que peut-on apprendre ? = Avec quoi prononce-t-on une harangue ? N'est-ce pas avec la langue ? = Un cultivateur qui ne manque pas de prévoyance laboure en octobre ; et en novembre ou décembre il ensemence. = La défiance, dit-on, est la mère de la sûreté : cela peut être vrai, mais la confiance engendre l'amitié.

Le nombre quatorze est la différence entre trente et quarante-quatre. De même, la différence entre quarante et cinquante-un, est onze. = Dimanche prochain, le chantre de la paroisse chantera dans le temple du Seigneur, où je ne manquerai pas de l'entendre. = Il faudra prendre garde de répandre de l'encre sur votre manche qui est propre, et il sera bon de la couvrir avec une enveloppe. = Je mélangerai la semence avec de la cendre, et ensuite j'ensemencerai.

Voilà, dans la poêle, une tanche qui semble être encore vivante : elle saute d'une manière étonnante. = L'italien est une langue vivante, et le latin est une langue morte. Mon maître me donne l'assurance qu'il me sera facile d'apprendre l'une et l'autre ensemble. = Je contemple et j'admire un baladin qui saute en cadence sur la corde raide : il danse et se balance avec grâce ; mais je tremble de peur qu'il ne tombe et ne se casse une jambe. — Il ne tombera pas s'il ne penche d'aucun côté ; et il ne penchera pas, s'il garde bien son équilibre. Voilà, du moins, ce que je pense : pourra-t-on prétendre le contraire ?

Mon oncle Laurence, qui s'embarque dans la diligence, ne fera pas une longue absence : il sera de retour le trente-un décembre. = Un géomètre me démontre ce que c'est qu'un angle dans un triangle, et le centre d'une circonférence. Je tâche de le comprendre ; je ne manquerai pas de constance au travail, car j'ai honte de mon ignorance. Aussi je ne renonce pas à l'étude, quand je rencontre une difficulté.

Ma fille Clémence ne manque pas d'activité : elle range la chambre ; elle arrange sa robe pour dimanche. Sa figure est aimable et riante, elle ressemble à un ange : en elle tout enchante, tout est à sa louange. Sa sœur Prudente est différente : à la vérité, elle n'est pas méchante ; elle n'est que malpropre et peu obéissante. Elle mérite une sévère réprimande pour l'inconvenance de sa conduite, quand elle trempe son pain dans le plat à la viande : c'est une faute grave contre la bienséance.

Mon ami Maxence est un vrai chrétien : quand il a fait une bonne œuvre, le bon témoignage de sa conscience est sa seule récompense, et il s'en contente. Lorsqu'il endure la souffrance, il a confiance dans la Providence divine ; il a la croyance que Dieu, dans sa justice, récompensera l'obéissance à sa loi. = Un invalide de ma connaissance arriva de Constantinople dans la semaine de la mi-carême : il est pensionné par l'empereur, et il répète chaque jour que la munificence impériale est une seconde providence. Il marque ainsi sa reconnaissance.

Léandre pense-t-il que je tremble, quand je passe le précipice sur la planche branlante? Il me semble que je m'avance avec assurance, et je ne parle pas par une vaine jactance : j'ai la jambe sûre, avec de la prudence je ne tomberai pas, c'est le motif de ma confiance. = On me demande, et pour ne pas me faire attendre, je rentre chez moi. Qui est-ce qu'on annonce? — C'est un grand monsieur, d'une figure pâle et maigre ; il porte une longue redingote noire et une cravate blanche ; il ressemble à un membre de la société philanthropique. — Qu'il entre donc : si l'on ne se trompe pas, il recevra ma modique offrande pour l'assistance publique.

Le capitaine de la frégate, qui a fait un voyage autour du monde, m'a raconté une aventure bien étonnante : veut-on que je la raconte? Est-on décidé à m'entendre? Je la raconterai pourvu qu'on fasse silence. Puisqu'on ne m'écoute pas, ce sera pour une autre séance. = La marchande a envoyé son mémoire ; elle demande qu'on l'acquitte. Aura-t-elle l'obligeance d'attendre encore, pour une circonstance particulière?

une pince.
un prince.
il rince.
il est mince.
une dinde.
l'Inde.
le linge.
le singe.
il grimpe.
l'Olympe.
une pinte.
il tinte.
quinze.
une quinte.
une meringue.
il distingue.
un timbre.
une épingle.
une tringle.
l'absinthe.
le labyrinthe.
une nymphe.
il est simple.

la plainte.
la crainte.
elle est sainte.
plaindre.
craindre.
contraindre.
vaincre.
convaincre.

une teinte.
une feinte.
une enceinte.
une étreinte.
une empreinte.
il éreinte.
elle est peinte.
elle est éteinte.
elle est atteinte.
un peintre.
peindre.
feindre.
teindre.
dépeindre.
éteindre.
atteindre.
étreindre.
astreindre.
enfreindre.

une pointe.
une courte-pointe.
elle est jointe.
elle est rejointe.
oindre.
poindre.
joindre.
adjoindre.
enjoindre.
disjoindre.
il est moindre.
il est goinfre.

une junte.
il emprunte.

une reine.
une veine.
une peine.
une baleine.
elle est pleine.
la Seine.
Madeleine.
la neige.
seize.
treize.
le peigne.
la teigne.
une enseigne.
une empeigne.
qu'il feigne.
qu'il dépeigne.
qu'il éteigne.
qu'il atteigne.
qu'il s'astreigne.
il rincera.
il pincera.
il trinquera.
je grimperai.
j'épointerai.
j'emprunterai.
il peignera.
il enseignera.
maintenir.
un grimpereau.

Le prince impérial. = La pointe d'une épingle.
Une tringle de rideau. = L'enceinte de la ville.
Une pinte de vin. = Une armoire pleine de linge.
Une dinde à la broche. = De la neige qui tombe.
Une lampe éteinte. = Une veine qui se gonfle.
Une cloche qui tinte. = Un singe qui gambade.
La reine d'un royaume de l'Inde. = Une robe jaune teinte en couleur amaranthe. = Une planche de la table qui s'est disjointe. = Un cancre qui me pince à l'orteil. = La crainte d'enfreindre la loi. = La peine de s'astreindre au travail. = Le ventre énorme d'une baleine. = Le célèbre labyrinthe de Crète, = La crainte ridicule d'être treize à table. = Le repentir et la douleur de sainte Madeleine.

La Seine est un fleuve de France. = Un timbre est une empreinte toute ronde. = Ce qui est simple n'est pas double. = L'absinthe est une plante d'une saveur amère : pour un droguiste, c'est une simple. = Il faut étreindre le linge pour qu'il sèche. = Si l'on emprunte, on s'engage à rendre. = Une main dans un étau souffre une rude étreinte. = Si l'on ne se peigne pas, on aura la teigne. = Un peintre trouve qu'une teinte sombre est plus facile à peindre qu'une demi-teinte.

Le nombre treize est moindre que seize. = Le triple de quinze est quarante-cinq, voilà ce que le mathématicien m'enseigne. = On m'enseignera à faire un ballon, si je trouve une gaze aussi mince qu'une pluche d'ognon. = Demain je serai levé avant que le jour commence à poindre : je me peignerai, je me laverai et me rincerai la bouche.

la taille.
la paille.
la caille.
une maille.
une écaille.
la bataille.
la volaille.
la grenaille.
la futaille.
il raille.
il baille.
il travaille.
il braille.
il piaille.
il criaille.
qu'il vaille.
qu'il faille.
qu'il aille.
qu'il s'en-aille.
il taillera.
il travaillera.
il émaillera.
il braillera.
il est pailleté.
une caillebotte.

une abeille.
une oreille.
une bouteille.
une corbeille.
une corneille.
une treille.
elle est vieille.
elle est pareille.
il veille.
il s'éveille.
il réveille.
il surveille.
il sommeille.
il conseille.
je m'éveillerai.
je surveillerai.

une feuille.
il défeuille.
qu'il veuille.
un porte-feuille.
un chèvre-feuille.
il a feuilleté.
il défeuillera.
un feuilleton.

la rouille.
la bouille.
la dépouille.
la grenouille.
la quenouille.
une andouille.
la citrouille.
la patrouille.
Gribouille.
il fouille.
il mouille.
il brouille.
il grouille.
il dérouille.
il barbouille.
il chatouille.
il débrouille.
il s'agenouille.
qu'il bouille.
il rouillera.
il mouillera.
il fouillera.
il barbouillera.
il embrouillera.
il s'agenouillera.

Quelques mots particuliers.

Baptiste.
le baptême.
l'automne.
il dompte.
il compte.

le compte.
le comte.
le vicomte.
elle est prompte.
la promptitude.

un symptôme.
il cueille.
il accueille.
il recueille.
il cueillera.

Une botte de paille. = Une feuille de vigne.

Un peigne d'écaille. = Un gâteau feuilleté.

Une oreille d'âne. = Une abeille qui travaille.

La bataille de Montereau. =Un homme de grande taille. = Un tonneau plein de houille. = Une seille pleine d'eau. = Une bouteille de bière.=Le feuilleton du journal. = Une corneille et un corbeau. = Une corbeille de mariage. = Une soupe à la citrouille. = Une vieille barre de fer qu'on dérouille. = Un boudin, une saucisse et une andouille. = Du fil qu'on brouille et qu'on débrouille. = Une poire de mouille-bouche. = Une vieillère mère qui file avec sa quenouille. = Un petit garçon qui braille à mon oreille, et qui me réveille.

Si l'on mouille le fer, il se rouille. = Une moule a une double écaille. = Une dinde est la meilleure volaille. = Une corneille coasse, et une grenouille croasse. = Dieu commande qu'on s'incline et qu'on s'agenouille dans son temple. = Un maître aime qu'on mange vite, et qu'on travaille de même. = Gribouille ne souffre pas qu'on le mouille : si on lui jette de l'eau, il s'enfonce dans la rivière. = On bredouille quand on parle vite, si la langue n'est pas libre.

A peine ai-je pu m'endormir qu'on m'éveille : je me lève donc : où veut-on que j'aille? = Où est la petite Lucinde? — Elle est dans le jardin : elle y cueille une fleur de chèvre-feuille pour la fête de sa sœur Araminthe. = Alphonse baille et sommeille d'une manière indécente : j'ordonne qu'il s'en aille; dans sa chambre il baillera à sa volonté.

Quand un fanfaron se vante, il est à craindre qu'il ne mente.=Pour faire un tableau, on commence par apprendre à peindre. = Un bon citoyen se garde d'enfreindre la loi. = On est bien souvent obligé de se contraindre dans le monde. = J'ai cru sentir la pointe d'une épingle dans une pièce de linge, et je ne me trompe pas, car je saigne. = La patronne de votre marraine n'est-elle pas sainte Cécile? — Non, c'est sainte Philomèle. = On enseigne à ma sœur Véronique la taille et la couture d'une robe : mais qui m'enseignera la taille de la vigne? c'est là ce qui me manque pour connaître le jardinage.

On devra éteindre la lampe et le feu, lorsqu'on ne travaillera plus. Il faut être économe et craindre le feu. = Un peintre s'est chargé de peindre une guirlande de chèvre-feuille sur l'enseigne de ma boutique; mais il me semble qu'au lieu de peindre, il barbouille. = Mon compagnon Actéon se vante d'être un intrépide chasseur : il compte sur la peau d'un ours qu'il a vu dans un antre de la montagne; il parle déjà de la vendre : mais il est bon qu'il commence par abattre la bête.

Une marchande de volaille de ma connaissance s'est plainte de ce qu'on la vole : elle est, dit-elle, victime de sa confiance, parce qu'elle n'est pas assez défiante. Chaque soir, avant de sortir de la halle, elle compte sa vente; elle compte aussi la volaille qu'elle n'a pu vendre, et il lui manque un article ou un autre : un jour c'est une dinde, et le lendemain c'est un dindon. Mais je doute qu'elle fasse bien son compte, et je lui conseille d'apprendre l'arithmétique.

Un bouledogue veille sur un troupeau, pour le défendre, si on l'attaque. Le pâtre surveille tout ensemble le chien et le bétail. = Votre mère ne se plaint-elle pas de ce qu'on l'insulte, en l'absence de votre père? On lui conseille de se plaindre au commissaire de police, et je le lui conseillerai aussi : en cela qu'aurait-elle à craindre? Qu'elle se plaigne donc. = Une baleine est un poisson immense qu'on rencontre au milieu de la mer. Pour prendre une baleine, un homme intrépide lui lance un harpon : il doit avoir la main forte et prompte.

Ma tante Clotilde a reçu de la reine de Hollande une épingle d'or, en récompense d'une bonne œuvre : voilà ce que j'ai lu dans un feuilleton du journal l'*Union monarchique*. J'ai vu dans une autre feuille, le *Siècle*, une notice relative à Cléanthe, notre ami d'enfance, et qui va bien te surprendre : il s'était engagé comme mousse, et il est aujourd'hui enseigne de vaisseau. Ce brave garçon s'est distingué dans une affaire importante. = Le moyen de voir clair est de boire de l'eau : quand j'ai bu une pinte de bière ou une goutte d'absinthe, je ne distingue plus rien.

Il me serait impossible de dépeindre la douleur de mon brave compatriote, qui est voltigeur et caporal dans le quarante-neuvième de ligne : il n'a pu rejoindre sa colonne qu'à la fin de la bataille : il se distinguera, du moins, je n'en doute pas, dans une autre circonstance. = *Tin, tin, tin, tin!* Qui donc est-ce qui sonne avec une telle violence? Pourquoi me réveille-t-on ainsi? — C'est un homme de petite taille; en revanche sa poitrine est large, et son ventre n'est pas mince. Il parle d'un créance sur votre bien.

Un capitaine de navire s'oriente avec sa boussole, lorsqu'il est en pleine mer ; il calcule sa latitude et sa longitude au moyen de la hauteur du soleil et d'une montre marine ; il veille aussi sur la manœuvre du navire. — Ma marraine est absente ; elle m'écrira la veille du jour où elle reviendra. Avant de partir, elle m'a conseillé d'avoir plus de constance et d'assiduité au travail : aussi je travaille comme un nègre ; je travaillerai si bien, qu'elle sera contente de moi.

Votre oncle Léandre m'a paru entreprendre une tâche importante, mais difficile. Il se flatte de vaincre toute difficulté, parce qu'il a déjà réussi dans une pareille affaire. Il ne manque pas de vigilance ni de prudence, et il est possible en conséquence qu'il réussisse. Je pense qu'il s'en tirera au moins vaille que vaille. — Il est juste de plaindre l'infortuné qui se lamente ; mais ne doit-on pas encore plus de compassion à celui qui souffre et ne fait entendre aucune plainte ? Voilà ce que j'ai soutenu à ma vieille intendante, mais il m'a été impossible de la convaincre.

Quand faudra-t-il que j'aille faire la commission ? — Elle est fort importante, et je compte sur votre zèle dans une pareille circonstance. — Je ne doute pas qu'il ne faille partir, mais sera-ce aujourd'hui ? — Ce sera samedi, quand le jour commencera à poindre. — Il faudra donc que m'éveille de bon matin : devrai-je prendre un cheval ? — Je ne pense pas que cela en vaille la peine : la course n'est pas longue, la route est magnifique, et il n'y a pas, dans l'air, la moindre apparence d'orage.

Quand Fanchon s'éveillera, elle se lèvera, elle allumera le feu, elle chauffera de l'eau dans la cafetière, et avant qu'elle ne bouille elle y ajoutera une tranche de citrouille avec une feuille d'absinthe. — Ma nièce Olympe est active; elle est obligeante, prévenante, pleine d'affabilité. Tout au contraire, ma fille Lucinde est altière, hautaine, volontaire et fainéante. Sa vieille tante est si bonne pour elle qu'elle la gâte. Elle se charge, il est vrai, de lui apprendre à faire une révérence, parce que, dit-elle, dans le monde, c'est d'une grande conséquence.

Une treille décore la cabane champêtre où je règne comme un prince. J'y accueille le pèlerin, j'y recueille l'orphelin, j'y soigne l'infirme et l'invalide : aussi est-elle pleine plus d'un jour dans la semaine. Je ne distingue pas le riche du pauvre. Pourvu qu'il s'y trouve un coin libre et une botte de paille, aucun voyageur qui demande un refuge ne couche sur la neige.

Une pauvre vieille femme est malade de la fièvre jaune; elle couche sur la paille, où elle n'a pas une courte-pointe pour se couvrir. Dans une nuit entière elle ne peut avoir une minute de sommeil; car, à peine sommeille-t-elle, que le froid la réveille. Par malheur, ma bourse est vide, et chez moi il ne se trouve pas même une épingle. En conséquence, j'invoquerai pour elle la bienveillanc du public : je ferai une quête, et je recueillerai ce que je pourrai. Chacun songera que la moindre offrande pour vieille femme malade est agréable à Dieu.

§ VIII.

La lettre e, à la fin d'un mot, rend longue la voyelle ou la diphthongue qui la précède immédiatement.

il est né.	il est fini.	il est vu.
elle est née.	elle est finie.	elle est vue.
il est porté.	il est poli.	il est battu.
elle est portée.	elle est polie.	elle est battue.
il est prié.	il est obéi.	il est reçu.
elle est priée.	elle est obéie.	elle est reçue.
il est agréé.	il s'est enfui.	toi.
elle est agréée.	elle s'est enfuie.	il tutoie.
il est joué.	il est réjoui.	un envoi.
elle est jouée.	elle est réjouie.	il envoie.
il est vrai.	un ami.	il est bleu.
elle est vraie.	une amie.	elle est bleue.
un mai.	un appui.	un trou.
une maie.	il appuie.	il troue.

elle est placée.	Tobie.	une barbue.
elle est menacée.	l'Arabie.	elle est bue.
elle est lancée.	Lucie.	il attribue.
elle est fiancée.	Félicie.	il distribue.
la pensée.	une scie.	il contribue.
la chaussée.	une pharmacie.	elle est conçue.
elle est sensée.	il apprécie.	elle est déçue.
elle est insensée.	la Russie.	elle est sue.
elle est dispensée.	la comédie.	il sue.
elle est embarrassée	la tragédie.	une issue.
une idée.	il étudie	une massue.
elle est décidée.	elle est hardie.	elle est tissue.

Une bonne idée. = Une drogue de pharmacie.
Une pensée agréable. = Une vieille scie cassée.
Une fiancée réjouie. = L'issue d'un labyrinthe.
Un châle rouge et une robe bleue. = Le conte
de Barbe-Bleue. = Une commère hardie et décidée.
= La chaussée d'une grande route. = Une étoffe
tissue de laine et de coton. = Un travailleur qui
a chaud et qui sue. = Une leçon qu'on a sue et
qu'on étudie encore. = Une tasse de café qu'on a
bue. = Une dame offensée de ce qu'on la tutoie.
= Une comédie jouée avant la tragédie. = Une
bourse qu'on distribue. = Un saumon, une barbue et
une plie. = Une jolie marguerite, une tulipe et une
pensée. = Un homme qui s'appuie sur une canne.

On sue, quand on voyage en Arabie. = La couleur
de l'atmosphère est bleue. = Une chatte échaudée
ne craint-elle pas l'eau froide ? = Une balle est
lancée par une arme à feu. = On assomme avec une
massue. = Une intendante doit être obéie dans l'intérieur du ménage, mais elle n'est pas dispensée
d'être polie. = On a dans le cœur la pensée d'une
bonne œuvre, et dans la tête l'idée d'une machine
que l'on a conçue.
   La petite Félicie aime bien être balancée dans
une balançoire. Elle est déjà fort avancée, car elle
n'est pas embarrassée pour lire une page de son livre.
= L'amitié qu'on témoigne à votre tante est-elle
vraie ? Est-il vrai qu'on appuie sa demande d'être
reçue à la cour ? — Non, ce n'est qu'une fausse
apparence d'amitié, une indigne comédie : mais
ma tante ne sera pas déçue, car elle ne l'ignore
pas ; c'est une femme dont on n'apprécie pas le mérite.

elle est intimidée.
elle est inondée.
une fée.
Orphée.
un trophée.
elle est coiffée.
elle est étouffée.
une dragée.
une rangée.
elle est logée.
elle est âgée.
elle est enragée.
elle est obligée.
elle est déménagée
une gelée.
une mêlée.
une allée.
une vallée.
la Crimée.
la fumée.
une armée.
la renommée.
elle est aimée.
elle est animée.
elle est charmée.
elle est transformée
une journée.
une matinée.
une cheminée.
une année.
elle est surannée.
elle est vaccinée.

il défie.
il confie.
il fortifie.
Sophie.
la géographie.
la magie.
la bougie.
une orgie.
la chirurgie.
la mythologie.
elle est trahie.
elle est envahie.
la lie.
la folie.
la poulie.
la mélancolic.
il délie.
il concilie.
Julie.
Amélie.
Emilie.
Cornélie.
l'Italie.
elle est ensevelie.
de la mie.
la chimie.
l'infamie.
l'économie.
l'anatomie.
l'astronomie.
elle est vomie.
elle est ensevelie.

elle est due.
elle est assidue.
elle est ardue.
elle est tendue.
elle est entendue.
elle est inattendue
elle est suspendue
elle est défendue.
elle est répandue.
la cohue.
il salue.
elle est lue.
elle est nue.
elle est goulue.
il évalue.
il remue.
il commue.
elle est menue.
elle est tenue.
elle est retenue.
elle est soutenue.
elle est venue.
elle est convenue.
elle est connue.
elle est inconnue.
elle est parvenue.
il continue.
il diminue.
il atténue.
une avenue.
il pue.
elle est repue.

Une bougie allumée. = Une jolie robe brodée. Une gelée blanche. = Une fortune inattendue. Une fraîche matinée. = Une poulie qui tourne. Une journée chaude. = Un chantre qui psalmodie. Une louve enragée. = La fumée qui monte dans une cheminée. = Une dragée dans ma bonbonnière. = Une charogne qui pue. = Une page lue dans mon livre. = Une lampe suspendue à une voûte. = Une jatte d'eau répandue sur ma tête nue. = Une ville défendue par une triple enceinte. = Une méchante farce défendue et punie par la loi. = Une petite somme qui m'est due. = L'armée rangée en bataille. = Un trophée de gloire rapporté de la Crimée,

Dans la mythologie, Orphée est le dieu de la mélodie, et Morphée le dieu du sommeil. = La chirurgie est une branche de la médecine, il en est ainsi de la chimie. = La folie est une bien triste maladie. = Une allée longue, large et plantée de chaque côté est nommée une avenue. = La géographie est une science importante et agréable. = Le célèbre Galilée naquit à Florence, en Italie.

La petite Julie, qui n'est âgée que d'un an, n'est pas encore vaccinée : elle le sera l'année prochaine. = Cornélie a une tenue négligée ; elle est toute décoiffée. Combien Amélie est différente ! elle est arrangée avec une convenance parfaite. = Emilie est bien aimée de son institutrice, parce qu'elle est assidue au travail. Je ne l'ai pas encore vue retenue en pénitence. = La salle d'audience a été envahie par la multitude : une femme inconnue a été étouffée au milieu de la cohue.

elle est étonnée.
elle est abandonnée
elle est l'aînée.
elle est entraînée.
une épée.
une équipée.
elle est développée
elle est entourée.
la marée.
la chicorée.
elle est jetée.
elle est achetée.
elle est enchantée.
elle est empaquetée
une charretée.
une couvée.
une corvée.
elle est arrivée.
elle est taxée.
elle est fixée.
elle est manquée.
elle est risquée.
elle est fatiguée.
elle est hachée.
elle est touchée.
elle est sablée.
elle est sabrée.
elle est rognée.
elle est saignée.
elle est cendrée.
elle est consacrée.
une assemblée.

le génie.
la vilainie.
la calomnie.
la symphonie.
elle est réunie.
elle est infinie.
Fannie.
Mélanie.
Eugénie.
Virginie.
une pie.
une copie.
une toupie.
Marie.
la mairie.
la prairie.
la métairie.
la librairie.
une écurie.
une épicerie.
une boucherie.
une boulangerie.
une ménagerie.
une imprimerie.
il varie.
il injurie.
l'Algérie.
une ortie.
une garantie.
elle est sortie.
la sympathie.
l'antipathie.

une rue.
elle est parcourue
il tue.
une revue.
une grue.
il obstrue.
il tuera.
il suera.
il saluera.
il distribuera.
il contribuera.

---

elle l'a eue.
qu'il a eue.

---

la baie.
la haie.
la raie.
la craie.
la claie.
la plaie.
il paie.
elle est gaie.
la monnaie.
la chênaie.
la futaie.
l'ivraie.
il défraie.
il paiera.
il défraierai.
la gaieté.
que j'aie.

L'impératrice Eugénie. = Une tête couronnée.
Une allée sablée. = Un arbre de haute futaie.
Une haie d'épine. = Un troupeau dans la prairie.
De la viande hachée. = Une toupie qui tourne.
Une plaie saignante. = La taxe de la boucherie.
Une salade de chicorée. = Une fiancée bannie à
la mairie. = Une chevelure de couleur cendrée. =
Une diligence embourbée. = La vaste étendue de
la Russie. = La baie magnifique de San-Francisco
en Californie. = Uns raie préparée au beurre noir.
= Une voiture arrivée et déjà repartie. = Un lion
d'Algérie dans la ménagerie. = La copie d'un
modèle d'écriture. = Une charretée de foin. = Une
vallée enchantée par une fée ou un génie.

Une corvée est une tâche pénible. = On panse
une plaie avec de la charpie. = L'envie est la
source de la calomnie. = La sympathie est l'âme
de l'amitié. = Sainte Marie est vénérée, comme la
mère du Christ, dans toute contrée catholique. =
La pratique est plus difficile que la théorie. = Un
livre passe de l'imprimerie à la librairie. = Avec
de la craie on trace une raie blanche.
On tue un chien enragé : on tuera donc le
mien, s'il a la rage. = Je paie quand j'ai de la
monnaie : me paiera-t-on de même ? = Mélanie votre
sœur aînée, s'est repentie d'avoir touché une ortie.
C'est une plante qui brûle quand on l'a touchée.
= Je n'ai pas eu la robe de satin qui était en
vente ; je ne l'ai pas eue, parce que j'ai manqué
de monnaie. Il faudra que je l'aie demain, à
moins qu'un autre ne l'ait eue.

une giroffee.

une lignée.

une saignée.

une araignée.

elle est peignée.

elle est rentrée.

elle est délivrée.

elle est renvoyée.

elle est pliée.

elle est criée.

elle est déliée.

elle est tuée.

elle est diminuée.

elle est distribuée.

elle est nouée.

elle est déjouée.

elle est taillée.

elle est débraillée.

elle est rouillée.

elle est brouillée.

elle est éveillée.

elle est surveillée.

elle est défeuillée.

il crée.

il recrée.

il agrée.

elle est créée.

elle est agréée.

elle est récréée.

il créera.

il agréera.

il récréera.

la vie.

une envie.

elle est suivie.

la monarchie.

l'anarchie.

la patrie.

il plie.

il prie.

elle est attendrie.

la suie.

la pluie.

il ennuie.

qu'il s'enfuie.

la bouillie.

elle est assaillie.

elle est évanouie.

il criera.

il priera.

il étudiera.

j'apprécierai.

je supplierai.

la joue.

la roue.

la boue.

la proue.

il loue.

il se dévoue

il s'enroue.

il jouera.

il louera.

je me dévouerai.

une queue.

une lieue.

elle est bleue.

une oie.

la joie.

la soie.

le foie.

la proie.

une ormoie.

une courroie.

la Savoie.

il se noie.

il aboie.

il broie.

qu'il voie.

il louvoie.

il envoie.

il tutoie.

il côtoie.

il chatoie.

il ploie.

il déploie.

il emploie.

il foudroie.

la soierie.

il tutoiera.

il se noiera.

il aboiera.

il emploiera.

il broiera.

il foudroiera.

Une pluie d'orage. = Une roue de diligence.
Une pâtisserie sucrée. = Un chien qui aboie.
Une oie rôtie. = Une montagne de la Savoie.
Une toile d'araignée. = Une queue de cheval.
Une robe de soie dépliée et repliée. = Une corde
nouée et dénouée. = La cotonnade et la soierie.
= Une joue colorée et rebondie. = Un petit garçon
qui joue et se récrée. = Une vente à la criée. =
Une bourse pleine de monnaie. = La joie d'être de
retour dans sa patrie. = La longueur d'une lieue. =
Une troupe alignée et passée en revue. = Une
ruchée de pain distribuée. = Une tête mal peignée.

Si l'on ne travaille pas, on s'ennuie. = On se
récrée après avoir eu un peu de peine. = On oublie
vite la peine qu'on a eue, lorsqu'on est dans la
joie. = Une cheminée obstruée par la suie doit être
ramonée. = La laie est une truie sauvage. = On
s'apitoie à la vue de l'infortune, si l'on a le cœur
sensible. = On troue une planche avec une tarrière.
= Un homme actif emploie chaque minute de sa
journée et chaque jour de l'année, parce que la
vie est courte.

Quand j'aurai envie de faire une course, je louerai
la voiture que j'ai déjà louée. = On crie qu'une
petite fille est tombée dans l'eau et qu'elle se noie :
sa mère est si émue qu'elle tombe évanouie. Mais
voilà une brave femme qui se dévoue : déjà elle
s'est jetée dans le fleuve. Ne se noiera-t-elle pas
elle-même? On avouera qu'elle montre du courage.
Enfin elle a sauvé la vie de la pauvre petite, et la
mère est au comble de la joie.

9

Une moitié de la pochée de grain de seigle a été distribuée à la volaille : demain on distribuera l'autre moitié. = Puisque la petite Julie est endormie, qu'on ne la remue pas : car, si elle s'éveille, elle criera et nous ennuiera. = On a distribué ce qu'on a trouvé de plus beau dans la prairie fleurie : Cornélie a eu la tulipe, Lucie a eu la pensée; la petite Apolline a eu la marguerite; quant à la giroflée, elle a été disputée, et c'est mon amie Léocadie qui l'a eue. = N'ai-je pas gagné la première partie qui a été jouée? N'est-ce pas la seconde que mon frère Amédée a gagnée? Je joue de bonne foi, et je ne jouerai plus si on le nie : une dispute prolongée m'ennuie.

Uranie s'est trouvée embarrassée dans une réponse de son catéchisme, parce qu'elle ne l'a pas étudiée; elle trouve que cela l'ennuie : mais elle s'ennuiera bien davantage, si elle est retenue en pénitence. = Mathilde est la meilleure amie de ma fille Stéphanie, et elle est la nièce de mon ami Sébastien. Je l'ai rencontrée ce matin : elle est, dit-elle, employée dans une lingerie. On l'emploie à la journée, et on l'emploiera à l'année, si elle est reconnue capable.

La petite Marie, ma camarade d'école, a eu un grand malheur : elle s'est penchée sur le balcon de sa chambre, elle est tombée dans la rue, et elle est devenue bossue. Il me serait difficile de peindre la douleur que j'en ai eue. Je prierai maman de me conduire chez elle, je lui tiendrai compagnie. Il est indispensable que je la voie : je contribuerai, comme je le pourrai, à adoucir sa souffrance.

On me reproche d'avoir vendu une boîte qui m'aurait été envoyée. Il est impossible que je l'aie vendue, puisque je ne l'ai pas reçue. = Une vieille femme, qui tient une boutique dans une rue écartée, a été attaquée par une troupe vagabonde : sa boutique a été assaillie et envahie, sa caisse a été forcée; elle-même a été maltraitée. On l'a trouvée étendue sur le carreau, et on l'a crue morte parce qu'elle était évanouie ; un médecin l'a saignée.

Quand l'assemblée sera réunie, je paraîtrai devant elle. Si l'on m'injurie, je ne répondrai que par le dédain et le silence. Mais, si l'on me calommie, je me justifierai; je me confierai à la loyauté si connue de l'assemblée, et à la bienveillance qu'elle m'a déjà témoignée en pareille circonstance.

Toute une ville a été incendiée par la faute d'une petite fille nommée Jeanne–Marie Delarue. C'est une catastrophe épouvantable, et qui semble incroyable; mais elle est vraie, car je l'ai lue dans le journal *La Patrie*. Voici comment elle est rapportée. Jeanne-Marie Delarue, fatiguée d'avoir joué toute une soirée au jeu de l'oie, s'était endormie en laissant une bougie allumée ; je pense qu'elle l'avait oubliée sur une table ou sur un guéridon. Une draperie s'est enflammée, et la flamme s'est répandue dans la chambre. La pauvre petite a été brûlée vive. Quand la flamme est sortie par la fenêtre, l'alarme a été donnée, et une pompe à incendie est arrivée. Par malheur, on n'a trouvé que de l'eau glacée ; on s'est hâté de la fondre; mais elle n'a pu être fondue assez vite, et l'incendie s'est étendu, il a dévoré la ville toute entière.

Eugénie est vive et pétulante, gaie et enjouée, affable et obligeante; elle fait une révérence avec une grâce parfaite. C'est la petite fille la plus polie, la plus accomplie, la plus charmante que j'aie vue; et je ne doute pas qu'elle ne continue, car elle est élevée avec le plus grand soin; elle est l'orgueil et la joie de sa maman.

Une dame que j'ai connue dans l'opulence est tombée dans l'indigence : elle a été ruinée par un incendie. Elle est donc obligée de vivre avec la plus grande économie. Elle est logée dans une mansarde qui n'a pas de cheminée, et souvent elle y souffre de la faim pendant une journée entière. Sa fille Amélie s'est faite ouvrière; elle travaille toute la semaine dans une passementerie, et la seule joie de la mère et de la fille est de se voir l'une l'autre chaque dimanche.

L'arc de triomphe de *l'Etoile* donne déjà au voyageur, s'il arrive par ce côté, une haute idée de la capitale de la France. Le soir, sa longue avenue, illuminée dans toute son étendue, semble être l'œuvre d'une fée : c'est une véritable féerie. Mais que dirai-je de la rue de *Rivoli?* C'est la rue la plus magnifique que j'aie vue, quoique j'aie bien voyagé. La partie la plus rapprochée de la vaste place de *la Concorde* surpasse encore l'autre par sa magnificence. Lorsque je m'arrête au point où elle rencontre la rue de *Castiglione*, en face de la place *Vendôme* et de la célèbre colonne qui porte la statue de Napoléon, ma vue est éblouie, mon âme est fascinée, et je m'écrie : *Est-ce donc une ville enchantée, qu'un génie a créée par la puissance de sa magie?*

Votre fille aînée n'a-t-elle pas fait une petite équipée? Ne s'est-elle pas échappée de sa pension? Ce qu'on m'a rapporté sur son compte serait-il vrai? — J'ignore si la calomnie s'en est mêlée. Il y a eu, je l'avoue, dans la conduite de ma fille Sophie, une grande étourderie, une grave inconséquence ; mais elle n'a pas tardé en être punie. Il est bien vrai qu'elle est sortie de sa pension, à la dérobée. Quand elle s'est vue dans la rue, elle s'est réjouie d'être libre ; et alors, à ce qu'il semble, une idée folle lui a passé par la tête : elle est allée toute seule voir sa chère nourrice, dans la métairie de sa tante, à environ une demi-lieue de notre petite ville. Ensuite, elle s'est promenée dans une allée sablée, autour de la haie du jardin. Peu à peu elle s'est éloignée ; elle a parcouru la grande prairie, et elle a fait au moins une lieue dans la campagne. Une pluie d'orage, une forte pluie est survenue, et Sophie s'est hâtée de revenir. Mais elle n'a pu se garantir de l'ondée ; car, de ce côté, il ne se trouve pas une haie, pas un arbrisseau ni un arbre de haute futaie ; c'est une plaine toute nue : Sophie a donc été mouillée. Pour comble de disgrâce, elle a glissé dans une mare, au milieu de la prairie, elle s'y est embourbée jusqu'au cou : après y avoir barboté, elle est parvenue à en sortir. Delà, elle s'est traînée toute tremblante et à demi-morte, jusqu'à la métairie, où elle a été recueillie et bien soignée. Aujourd'hui enfin elle m'a paru rétablie, si ce n'est qu'elle est enrouée et enrhumée.

§ IX.

Quelques mots très-usités.

---

une personne = une chose = une famille
un mois = une heure = le temps = mercredi
une maison = une nation = il est national
l'honneur = il est honorable = il est heureux
ou malheureux = elle est heureuse ou
malheureuse = un espoir = une espérance
il espère = perdre = il a perdu = le premier
le dernier = cet = cette = celle = quel
quelle = quelque = quelqu'un = quelquefois

Cet homme. = Cette femme. = Cet écritoire.
Cette maison. = Cette table. = Cet animal.
Un homme heureux. = Un spéculateur malheureux.
Une femme heureuse. = Une famille malheureuse.
Un joueur malheureux. = Une idée fort heureuse.
Une personne honorable. = Une nation puissante.
L'honneur national. = Une assemblée nationale.
Une parole d'honneur. = La nation russe.

Le premier mouton du troupeau. = Mercredi
dernier. = La dernière page du livre.

Y a-t-il quelque chose dans cette boîte? = Quel
est le livre qu'on m'a envoyé? = Quelle est la
personne qui est entrée? = Votre ami espère-t-il
réussir? A-t-il perdu toute espérance? = A-t-on
vu quelqu'un dans le salon? = Votre père a-t-il acheté
la maison de Paul, ou celle de Jean? = Quelle table
prendra-t-il? Sera-ce celle-ci ou celle-là?

Quelle heure est-il? N'est-il pas une heure et demie? Est-il temps que je parte? Combien de temps me faudra-t-il pour faire cette tournée? Pourrai-je la faire dans un mois? = Quel temps fait-il ce matin? Fait-il beau temps? — Il y a de la brume dans l'air, mais j'ai l'espoir que dans l'après-midi le temps sera magnifique. = Aurai-je l'honneur de recevoir aujourd'hui votre honorable famille? A quelle heure viendra-t-elle? Mon oncle ne va-t-il pas quelquefois dans votre maison?

La France est appelée quelquefois *la grande nation.* = L'honneur est préférable à la fortune. = Une personne qui a perdu toute honte n'a plus d'honneur. = L'espérance est le dernier bien qu'on doive ravir au malheureux. = Il faudra que j'aille voir cette personne, pour lui dire une chose importante. = N'est-il venu personne en mon absence? — Il est venu une personne qui reviendra dans une demi-heure. = Ma sœur aînée est 'la dernière de sa classe; mais en revanche, ma petite sœur est la première, j'espère que c'est honorable.

Cette petite fille aime le premier jour de l'an, parce qu'on lui donne quelque chose. J'aime moi-même cette époque de l'année, comme celle d'une fête de famille : une fête nationale me plaît aussi. = Y a-t-il quelque chose de nouveau dans le journal l'*Assemblée nationale?* — Il y a qu'une maison s'est écroulée et qu'une famille a été engloutie : une seule personne n'a eu qu'une jambe cassée, et on a quelque espoir de la guérir : mais ce n'est qu'un faible espoir. Cette famille a donc été bien malheureuse.

un.	seize.	janvier.
deux.	dix-sept.	février.
trois.	dix-huit.	mars.
quatre.	dix-neuf.	avril.
cinq.	vingt.	mai.
six.	vingt-trois.	juin.
sept.	trente-sept.	juillet.
huit.	soixante.	août.
neuf.	soixante-dix.	septembre.
dix.	quatre-vingt.	octobre.
onze.	quatre-vingt-dix	novembre.
douze.	cent.	décembre.
treize.	deux cents.	un an.
quatorze.	mille.	deux ans.
quinze.	huit mille.	trois ans.

Deux et deux ne font-ils pas quatre ? = Trois et sept, n'est-ce pas la même chose que dix? = Huit me paraît être le double de quatre, la moitié de seize, et le huitième de soixante-quatre. = Quelle est la moitié de quarante-deux? C'est, me dit-on, le nombre vingt-un : cette réponse est-elle vrai? = Est-il vrai que neuf est le triple de trois, et que vingt-sept est le triple de neuf?

Quel est le double de trente-huit? Quel est le dixième de soixante-dix? Quel est le sixième de cent vingt-six? Quel est le septième de soixante-trois? = Qu'obtient-on, si l'on ajoute sept à dix-neuf, et qu'ensuite on ôte deux? = Quelle est la différence entre cent vingt-huit et huit cents?

Le vingt-six de ce mois, il y aura six mois que j'occupe ma maison neuve. = Le vingt-huit juin dernier, il y a eu trois ans que je n'ai vu votre famille; j'espère avoir l'honneur de la voir mercredi de la semaine prochaine, ou le premier jour du mois prochain. = Le dix-huit septembre de cette année, il y aura une éclipse de soleil; il y en a eu une le vingt-cinq mars. = J'ai l'espoir de pouvoir partir pour ma maison de campagne, le trente-un juillet, ou le premier jour du mois d'août.

Quel est l'âge de chaque personne dans votre famille? — Mon grand-père a quatre-vingt-deux ans, et ma grand-mère en a soixante-huit. Mon père a cinquante-trois ans, et ma mère quarante-sept. Mon frère aîné est dans sa vingtième année, et ma sœur aînée dans sa dix-huitième. Mon frère puîné a seize ans et demi, mon frère le plus jeune a un an et sept mois. Pour moi, j'aurai quatorze ans le dix-sept septembre, à une heure et demie du matin.

Le mois de février est-il aussi froid que le mois de janvier? Lequel a été le plus froid de cette année? = Voilà une cravate blanche, et en voici une bleue : laquelle est celle qu'on m'a donnée? = Fanny n'a-t-elle pas perdu la poupée qu'on lui donna le premier jour de janvier? — Elle l'a perdue, et elle en est bien malheureuse. = Il fait aujourd'hui un bien vilain temps; aussi, je prendrai mon parapluie. Mais, me dit-on, ma femme est sortie, il y a une heure, avec le parapluie. Il faudra donc que je fasse la dépense d'un fiacre, et même que je le loue à l'heure. Voici celui qui porte le numéro *deux mille trois cent vingt-sept*, et j'y monte.

§ X.

En général, les consonnes finales **t, s** et quelques autres ne se prononcent qu'autant qu'elles sont suivies immédiatement d'un mot qui commence par une voyelle.

le rat.
le chat.
le plat.
le mât.
il bat.
le combat.
un éclat.
un prélat.
un achat.
un soldat.
le chocolat.
il est délicat.
le bas.
le cas.
le tas.
le bras.
il est bas.
il est gras.
le cabas.
le repas.
le compas.
le coutelas.
le matelas.
le fracas.
un embarras.
le drap.

le lit.
le crédit.
la nuit.
le fruit.
le bruit.
il dit.
il écrit.
il sortit.
le rubis.
la brebis.
le débris.
le paradis.
il est mis.
il est pris.
il est assis.
Paris.
Louis.
depuis.
le puits.
le nid.
le riz.
le prix.
le crucifix.
le baril.
le coutil.
le pays.

le lot.
le pot.
le trot.
le cahot.
le fagot.
le magot.
le gigot.
le haricot.
un abricot.
le complot.
le paletot.
le matelot.
le charriot.
il est sot.
il est idiot.
il est manchot.
nos.
vos.
le dos.
le clos.
le repos.
le propos.
il est gros.
le galop.
le sirop.
trop.

La ville de Paris. = Le cahot d'une voiture.
Un prix d'écriture. = Un rubis de grand prix.
Un plat délicat. = Un rat pris par un chat.
Un baril de farine. = Un complot contre l'Etat.
Un paletot de gros drap. = L'état de matelot.
Un sac de riz. = Un drap de lit en calicot.
Un mât de cocagne. = Le gros lot de la loterie.
Une paire de bas. = Un ramoneur de haut en bas.
Un louis d'or. = Une brebis sur un tas de paille.
Le repos sur un matelas. = Le bonheur du paradis.
Une fontaine et un puits. = Un charriot qui roule.
Un gigot rôti. = Une bonne tasse de chocolat.
Un dos plat et un gros ventre. = Un moineau pris
dans son nid. = Un travail de jour et de nuit.

Un abricot est un bon fruit. = Le bruit du tambour
réveille le soldat. = Le vif éclat du soleil éblouit.
= Un homme sage fuit l'éclat et le bruit. =
Trop de bien ne nuit pas. = Le sirop rafraîchit
dans l'été. = Un bon repas vient à propos, quand
on a faim. = Le trot d'un cheval fatigue plus que
le galop. = Celui qui porte sa bourse dans un tripot
est un sot. = On est manchot, si l'on a perdu un
bras.

Un homme gros et gras est assis dans un fauteuil :
il lit un mot qu'on lui a écrit ; mais il est dans
l'embarras, car il a mis le haut en bas ; n'a-t-il
donc pas appris à lire ? = Voici Louis qui arrive à
propos : qu'a-t-il appris ce matin ? = On lui a dit
qu'il y a eu un combat sur la frontière : c'est un
bruit répandu dans le pays : mais je ne garantis
pas qu'il mérite quelque crédit.

tu as.
tu auras.
tu chantas.
tu chanteras.
tu portas.
tu porteras.
tu viendras.
tu soutiendras.
tu joueras.
tu prieras.
tu contribueras.

le début.
le rebut.
un affût.
il but.
il lut.
il crut.
il reçut.
il fallut.
je fus.
je plus.
je crus.
je reçus.
le refus.
il est confus.
au-dessus.
le flux.
le reflux.

j'eus.
il eut.

dès.
très-
près, auprès.
le grès.
le procès.
le succès.
la forêt.
un intérêt.
il est prêt.
ils sont aimés.
ils sont apportés.
ils sont arrangés.
ils sont appuyés.

le lait.
le trait.
le portrait.
un attrait.
il est fait.
il est distrait.
il sait.
il plaît.
il aimait.
il chantait.
il rampait.
il travaillait.
il faudrait.
il jouerait.
il étudierait.
qu'il ait.
était-ce?
serait-ce?

le rôt.
un impôt.
tôt, tantôt.
bientôt.
plutôt.

il faut.
il vaut.
il est haut.
un assaut.
un artichaut.
un réchaud.
un badaud.
aux.
le taux.
la chaux.
il est faux.

il peut.
il veut.
il pleut.
un nœud.
eux, ceux.
mieux.
il est pieux.
il est vieux.
il est creux.
il est gueux.
il est honteux.
il est venimeux.
il est soigneux.
il est hargneux.

Un affût de canon. = Un chiffon mis au rebut.

Un pot de grès. = Un portrait bien fait.

Un sac de cent écus. = Le nœud d'une cravate.

Un faux-monnayeur. = La faux du moissonneur.

Un chien hargneux. = Le marché aux chevaux.

Du lait très chaud. = Un artichaut très-cuit.

Du fruit très-mûr. = Un maître très-instruit.

Un caractère très-envieux. = Un taux d'intérêt très-élevé. = Un arbre très-haut. = Un soldat qui monte à l'assaut. = Le succès d'un début sur un théâtre. = Un nigaud qui ne sait ce qu'il veut. = Un accès de folie. = Un procès pour une somme prêtée au taux illégal de huit pour cent.

Bonne renommée vaut mieux que ceinture dorée.

Chaque marée est formée par le flux et le reflux de la mer. = De temps en temps, un peu de repos ne fait pas de mal. = Le maître ne fait que ce qui lui plaît. = Avec un réchaud, on réchauffe un plat. = Ce qui est vieux n'est pas neuf. = Quelquefois la malice des envieux retombe sur eux.

Je partirai dès que je serai prêt, et j'espère que ce sera bientôt. = Hier soir, j'eus mal à la tête : je me mis dans le bain, et aussitôt mon mal disparut. = Mardi dernier, je passai une demi-heure auprès de votre oncle, et je fus charmé de l'accueil qu'il me fit. = Etait-ce Nicolas qui m'attendait? Combien de veaux a-t-il achetés? Est-ce qu'il m'en vendrait deux ou trois? Serait-ce pour moi que ceux-ci ont été apportés? = Un maraud a été surpris lorsqu'il grimpait au haut d'un arbre et volait mon fruit. Il en paraît honteux et confus.

tout.

le goût.

le dégoût.

le bout.

nous.

vous.

sous, dessous.

il coud.

je couds.

un coup.

un loup.

beaucoup.

il est doux.

il est roux.

il est jaloux.

il est saoûl.

---

il boit.

il voit.

il doit.

il reçoit.

il croit.

il croît.

un endroit.

un détroit.

il est étroit.

il est adroit.

il est maladroit.

je bois.

je dois.

je reçois.

dois-je?

---

jamais.

le palais.

le rabais.

le laquais.

il est mauvais.

il est niais.

il est français.

il est anglais.

il est marseillais.

je sais.

je vais.

je plais.

je recevais.

je croyais.

je jouais.

je m'ennuyais.

tu aurais.

tu partirais.

tu étudiais.

tu distribuais.

tu étudierais.

tu contribuerais.

aurais-je?

devais-je?

recevrais-je?

la paix.

le portefaix.

---

pendant.

auparavant.

tant, autant.

un instant.

---

il est religieux.

il est prodigieux.

il est glorieux.

il est curieux.

il est odieux.

il est studieux

il est précieux.

il est délicieux.

il est noueux.

il est boueux.

il est difficultueux

il est monstrueux.

---

le vent.

une dent.

le moment.

le sentiment.

l'argent.

l'orient.

l'occident.

comment.

souvent.

autrement.

sagement.

rarement.

modérément.

prudemment.

violemment.

le bon sens.

il ment.

il sent.

il vend.

L'empire français. = Un loup dans la forêt.

Le peuple anglais. = Un coup de vent violent.

Un jardin délicieux. = Le sentiment religieux.

Un bâton noueux. = Le paletot trop étroit.

Le goût délicat. = Le chemin fangeux et boueux.

Le laquais en livrée. = La lingère qui coud.

La vente au rabais. = Le palais du vieux Louvre.

La soupe qui bout. = Le haut de la table.

Un rôt tout chaud et tout prêt. = Un élève studieux et laborieux. = Le glorieux drapeau du régiment. = Le détroit du Pas-de-Calais. = Un rustre gauche et maladroit. = Un animal hideux et monstrueux. = L'affreux dégoût de voir un homme saoûl. = Beaucoup de bon sens, mais peu de goût.

On doit battre le fer pendant qu'il est chaud.

Un niais croit tout ce qu'on lui dit. = Le chêne croît lentement. = La brebis est un animal très doux. = Le scorpion est venimeux; quelquefois même il est dangereux. = On ne doit jamais sortir du droit chemin. = Il ne faut jamais être jaloux. = En tout pays, le soleil se lève à l'Orient et se couche à l'Occident. = L'arrachement d'une dent est un mauvais moment.

Un homme judicieux réfléchit mûrement avant d'agir. = Un débiteur consciencieux paie ce qu'il doit et rend l'argent qu'il a emprunté. = Je suis gueux, et je n'en suis pas moins heureux. = Mon chien suit la trace du lièvre, et je suis mon chien. = Je vous vois donc enfin! Je vous attendais depuis une heure, et je m'ennuyais.

le bois.

le pois.

le poids.

la voix.

la noix.

la croix.

le doigt.

autrefois.

---

il craint.

il se plaint.

il est saint.

saint Vincent.

saint François.

crains-tu.

plains-toi.

---

il peint.

il atteint.

il enfreint.

il est teint.

je feins.

j'étreins.

---

il vient.

il tient.

il devient.

il contient.

je soutiens.

tu te souviens.

je m'entretiens.

Amiens.

il est savant.

il est vivant.

il est ignorant.

il est criant.

il est suppliant.

il est imprévoyant.

sans.

le sang.

un étang.

le camp.

le champ.

le marchand.

le banc.

il est blanc.

il est franc.

---

le pont.

le front.

ils ont.

ils diront.

ils croiront.

nous aurons.

nous viendrons.

nous plaindrons.

nous éteindrons.

le fond.

le second.

il est rond.

il est blond.

il est profond.

il est long.

le plomb.

je rends.

je comprends.

vend-t-il ?

prend-t-il ?

entends-tu ?

comprends-tu ?

---

un art.

un quart.

il part.

le dard.

le renard.

le léopard.

un étendart.

le vieillard.

il est tard.

il sort.

il dort.

il est fort.

il a tort.

il est mort.

le nord.

il mord.

le corps.

leurs.

ailleurs.

il meurt.

un cours.

il est court.

il est lourd.

un bourg.

toujours.

Un champ de blé. = Le chant d'un cantique.
Un fort de la halle. = Le marmot qui dort.
Une coque de noix. = Le Pont-Neuf sur la Seine.
Un doigt de ma main. = L'art de la peinture.
Un pigeon blanc. = Le dard d'une abeille.
Un poids très-lourd. = L'étendard tricolore.
L'étoile du Nord. = Le haricot et le petit pois.
Le camp d'une armée. = La croix de la Légion
d'honneur. = Une croix sur le bord d'un chemin.
= Le port de la ville de Bordeaux. = Un étang
poissonneux. = Le sang répandu sur un champ de
bataille. = Un corps porté sur un brancart. = Un
vieux conte dont je me souviens. = Un teint blond
et un front haut. = Un âne savant.

Un bourg est un gros village. = Un morceau de
plomb coule au fond de l'eau. = Un liard est une
vieille monnaie qui valait le quart d'un sou. = Le
sang coule dans chaque veine de notre corps. = Au
corps-de-garde, on couche sur un lit de camp. = On
dit souvent qu'un normand aime les procès, mais
je suis sûr qu'on a tort. = On dit aussi qu'un picard
est franc et je le crois.

Nous demandons de la pitié pour nos maux, et
nous n'avons que de l'indifférence pour ceux d'autrui.
= Un lièvre n'atteint pas une tortue, s'il part trop
tard : je me souviens de l'avoir vu autrefois dans
une fable de Lafontaine. = Un léopard qu'on croyait
mort est bien vivant, car il mord. = Je crois que
François travaillerait mieux, s'il se levait plus tôt.
Son frère Edouard serait plus matinal, s'il ne se
couchait trop tard.

10

Si l'on ne punissait jamais l'enfant méchant, il deviendrait encore plus méchant, et tôt ou tard il s'en trouverait mal. Il faut donc le punir parfois, d'ailleurs modérément et convenablement; mais il est également juste que l'enfant studieux et obéissant reçoive de temps en temps un encouragement.

Autrefois, je répétais chaque jour à mon fils Benoît : Si tu as bien fait ton devoir ce matin, si tu le fais bien encore ce soir, tu auras ce que je t'ai promis : tu sais que je tiens parole; et j'étais toujours content de lui. De cette manière, il a pris insensiblement le goût du travail : maintenant, il travaillerait supérieurement, quand même je ne lui dirais rien; d'ailleurs il est pieux, et il possède à un haut degré le sentiment du devoir.

Il y avait autrefois, dans la ville d'Amiens, un petit garçon nommé Vincent. Il était obligeant, laborieux et plein de bon sens; tout le monde le trouvait charmant. Cependant, aujourd'hui, il est fainéant, hargneux et vagabond : son caractère devient de jour en jour plus mauvais. Comment donc a-t-il changé? Quel événement a produit un changement si attristant? C'est qu'il a eu le malheur de faire la connaissance d'un mauvais garnement, qui l'a corrompu. Il ne faut jamais qu'un fruit sain touche un fruit pourri : autrement, il pourrit.

Un homme religieux obéit à chaque commandement de Dieu. Il se souvient que Dieu a dit : *Tu ne voleras point; tu ne tueras point; tu ne mentiras point; tu aimeras ton prochain comme toi-même; en toute circonstance, tu feras à autrui ce que tu voudrais qu'on te fît.*

Que vois-je là-haut, sur le rempart d'un fort? Ne serait-ce pas le drapeau anglais qui flotte auprès de l'étendart français? Mon amour-propre national en serait satisfait. L'un et l'autre sont glorieux, car ils se sont illustrés sur plus d'un champ de bataille. L'alliance est honorable pour chaque nation.

Avec le secours du vent, on se transporte sans fatigue du sud au nord et de l'orient à l'occident, en naviguant sur l'Océan : n'est-ce pas quelque chose de bien étonnant? Si le vent était toujours calme, on naviguerait doucement, et ce serait charmant. Mais quand le vent devient fort, chaque flot de la mer bat violemment le flanc du navire, qui semble être à tout moment sur le point de s'engloutir; et chaque coup retentit comme un coup de canon. Cependant, un matelot dort tranquillement sur le gaillard d'avant, en attendant qu'il fasse son quart. Il n'entend pas le bruit étourdissant du vent et de la tempête; mais il entend parfaitement la voix du commandant, soit de tribord, soit de babord.

Comment va votre oncle Léonard, qui souffre depuis si longtemps sur son lit? Va-t-il mieux? Reprend-il courage? A-t-il du repos pendant la nuit? — Il dit qu'il n'est pas plus fort, il se plaint toujours : cependant, il a le teint frais, et l'appétit ne lui manque pas. Au moment où je sortais, il mangeait un ris de veau et un ragoût de volaille au au lard, avec un artichaut; il prenait, comme accompagnement, du riz au lait et une tasse de chocolat. D'ailleurs, la nuit il dort profondément, et c'est un fait que je puis garantir, car je l'entends. — Je vous prie de lui en faire mon sincère compliment.

§ XI.

Exercice sur le pluriel.

> les = des = mes = tes = ses
> ces = elles = celles = quels = quelles

il est aimé.	le chien.	quel homme ?
ils sont aimés.	les chiens.	quels hommes ?
il est battu.	le moyen.	quelle femme ?
ils sont battus.	les moyens.	quelles femmes ?
il est béni.	mon enfant.	ton oreille.
ils sont bénis.	mes enfants.	tes oreilles.
elle est reçue.	ton champ.	une muraille.
elles sont reçues.	tes champs.	trois murailles.
le blé.	son abricot.	cette plume.
les blés.	ses abricots.	ces plumes.
le café.	ce chapeau.	une pince.
les cafés.	ces chapeaux.	des pinces.
un ami.	cet étang.	un renard.
des amis.	ces étangs.	deux renards.
un mur.	le feu.	un œuf.
des murs.	les feux.	des œufs.
le canon.	un soleil.	un bœuf.
les canons.	quatre soleils.	des bœufs.
le turban.	un cheveu.	un œil.
les turbans.	des cheveux.	des yeux.
la main.	mon travail.	Charles.
les mains.	mes travaux.	Jacques.
le matin.	cet ouvrage.	Georges.
les matins.	ces ouvrages.	Londres

Le loup de la forêt. = Les loups des forêts.

Les murs de la ville. = Des canons sur un mur.

La vache à l'étable. = Les vaches sur le pré.

La fleur du jardin. = Les fleurs de vos prés.

Un arbre du côteau. = Les arbres des côteaux.

La queue du renard. = Les queues des renards.

Une lieue très-longue. = Trois lieues et demie.

Le bouc et la chèvre. = Les boucs et les chèvres.

Une épée de bois. = Les souris et les rats.

Les épées et les sabres. = Les jours de congé.

Des jeux d'enfants. = Les chiens et les chats.

Les fruits des jardins et ceux des champs.

Les chapeaux de paille et ceux de soie.

Les vaches de ma métairie et celles de la vôtre.

Les métairies de vos parents et celles des nôtres.

Chacun dépense selon ses moyens. = Les bœufs ont les yeux à fleur de tête. = Nous avons été ruinés par trois incendies. = La nuit, tous les chats sont gris. = Les chênes ont été coupés. = Les livres seront achetés = Les joueurs d'orgues de Barbarie ont parcouru les rues. = Ces gants vont parfaitement à mes mains. = Les soldats sont venus avec leurs caporaux et leurs lieutenants.

Le département des Côtes-du-Nord est très-loin des Pyrénées-Orientales : il en est à deux cents lieues. = Les œufs sur le plat et les plats d'épinards ont été préparés, et ils sont déjà prêts. = Les chevaux partis les derniers sont arrivés les premiers, c'est ce qu'on voit toujours. = Quels hommes que ces soldats ! = Quelles femmes que les sœurs de Saint-Vincent-de-Paul ! Qu'elles sont admirables !

le jardin fleuri.
les jardins fleuris.
le gigot rôti.
les gigots rôtis.
le beau pantalon.
les beaux pantalons.
la jolie prairie.
les jolies prairies.
mon livre doré.
mes livres dorés.
ton poisson rouge.
tes poissons rouges.
son chapeau noir.
ses chapeaux noirs.
notre bonne sœur.
nos bonnes sœurs.
votre robe bleue.
vos robes bleues.
leur cheval blanc.
leurs chevaux blancs.
ce rideau jaune.
ces rideaux jaunes.
cette table carrée.
ces tables carrées.
votre dent blanche.
vos dents blanches.
notre oreille longue.
nos oreilles longues.
ma jambe fatiguée.
mes jambes fatiguées.
cet ongle crochu.
ces ongles crochus.

les maisons blanches.
les enfants sages.
les bonnes mœurs.
les œufs brouillés.
les pages lues.
les temps anciens.
les chanteurs italiens.
les bougies éteintes.
les tableaux peints.
les murailles peintes.
les viandes cuites.
les bottes crottées.
les figures brunes.
les filles réjouies.
les fleurs épanouies.
les jeunes arbres.
la sauce aux potirons.
les sauces aux câpres.
les avenues larges.
les rues étroites.
nos crayons taillés.
vos petites filles.
leurs paroles éloquentes.
ces fleuves profonds.
ces rivières profondes.
quatre vitres cassées.
deux personnes tuées.
douze vaches volées.
quels bons légumes !
quelles bonnes poires !
quels gros poissons !
quelles grosses pêches !

Les bains froids sont les meilleurs pour la santé. = Quand on a toujours les jambes nues, les bas sont inutiles. = Les petites filles économes ne porteront leurs robes blanches que les dimanches et les jours de fête. = Nous devons obéir aux lois de Dieu, parce qu'elles sont toujours justes, et à celles de notre pays, parce qu'elles sont faites pour nos avantages. = Les fleurs bleues vont bien aux cheveux blonds ou châtains, et les fleurs rouges aux cheveux noirs. = Les œufs frais, les petits pâtés et les gâteaux des rois sont délicieux, quand ils sont chauds : mais les crêpes chaudes ne sont-elles pas encore meilleures!

Mes chiens ont les oreilles coupées : ils n'ont donc pas à craindre la dent des loups, du moins dans ces parties. = On dit quelquefois que les tables de marbre sont froides : cependant, celles qui sont placées sur vos poêles sont brûlantes. = Charles et Jacques sont partis de Versailles pour Nantes : de Nantes ils iront à Londres, chez leur ami Georges. Je crois qu'ils y passeront quelques années, pour apprendre l'anglais et les arts mécaniques.

Depuis quelques jours, on apprend chaque matin de bien tristes événements. J'ai lu dans le journal *Le Pays*, qu'un accident affreux est arrivé un de ces jours derniers; je le raconterai en peu de mots. Une petite fille avait mis des épingles dans sa bouche, entre ses dents, et une d'elles est entrée au fond de la gorge. La pauvre enfant est tombée aussitôt dans des convulsions, et elle a poussé des cris déchirants. On a fait venir des médecins : mais les secours de l'art ont été inutiles. Au bout d'un quart d'heure, la malheureuse enfant était morte.

Les planches de sapin sont bonnes, mais celles de chêne sont préférables. = Les poires et les prunes seront mangées quand elles seront tout-à-fait mûres. = Les légumes bien cuits sont tendres ; autrement, ils sont durs et malsains. = Les corbeaux font leurs nids au haut des grands arbres. = Les serins, dans leurs cages, n'ont pas la peine de construire leurs nids : on les leur donne tout faits. = Les gens méchants et envieux sont craints quelquefois ; mais ils ne sont jamais aimés.

On se repent souvent d'avoir parlé trop vite. = On réussit rarement, quand on se conduit follement, et qu'on agit violemment ou imprudemment. = Si nous considérions combien de gens sont plus malheureux que nous, nous serions toujours contents de notre sort. = L'économie, les bonnes mœurs, la concorde et l'accomplissement de tous les devoirs font le vrai bonheur des familles. = Il y a beaucoup de personnes si malheureuses, que la mort leur paraît préférable à la vie : j'ai vu dans les journaux qu'il y a eu en six mois trois cents suicides.

Dans le département des Landes, on parcourt des lieues entières sur des échasses. Les personnes qui sont montées sur des échasses font de très-grandes enjambées. = Des loups innombrables se sont jetés sur mes troupeaux, sous les yeux de leurs gardiens. Quelques-uns ont été tués, quelques autres ont été pris dans des pièges ; mais la plupart de ces animaux n'ont pu être atteints. = Je mangerais ces grosses noix de cocos, si on en avait cassé les coques, qui sont trop dures pour mes dents : ne pourrais-je pas en obtenir avec les coques cassées ?

Voici des oranges qu'on m'a envoyées de l'une de nos provinces méridionales : puis-je vous en offrir quelques-unes ? — Peut-être en prendrais-je deux ou trois, si je n'avais encore les dents agacées par celles que j'ai mangées hier au soir. J'aime beaucoup les oranges douces, et très-peu celles qui sont aigres. = Le vent qui a soufflé avec tant de force, la nuit dernière, a enlevé la cheminée de ma maison. Les vents de ces jours derniers ont fait plus de dégâts encore : le *Journal des Débats* m'apprend que soixante-dix-sept cheminées ont été abattues dans je ne sais quel arrondissement.

On aime le petit Armand, parce qu'il ne ment jamais. S'il a commis quelque faute, il l'avoue franchement et ingénuement : aussi ses parents sont indulgents pour lui. Les fautes avouées sont déjà à moitié pardonnées. Mais, si l'on aime, si l'on chérit les enfants qui sont francs, on n'a au contraire que du dégoût et du mépris pour les menteurs. Ils ne sont jamais crus, même lorsqu'il leur arrive parfois de dire la vérité. Le mensonge est le plus bas de tous les vices.

Quel est ce vieillard qui porte des moustaches blanches, et dont les regards sont fixés sur nous ? Quelle bienveillance et quelle dignité sont empreintes sur sont front, garni encore de quelques cheveux blancs ! — C'est un vieux grognard de l'empire premier : nous le connaissons, et nous le saluerons. = Un homme de bon sens fait peu de cas des honneurs mondains et de la fortune, car :

Il lit au front de ceux qu'un vain luxe environne,
Que la fortune vend ce qu'on croit qu'elle donne.

La petite Victorine, qui est à peine âgée de huit ans, est une des plus charmantes petites filles que j'aie vues. Je ne puis vous dire quelles preuves elle donne tous les jours de son bon cœur, de ses bons sentiments. Entre mille traits de ce genre, en voici un dont je veux vous faire part : il est également honorable pour elle-même et pour sa maman.

Je dois vous dire d'abord qu'il y a dans les combles de la maison où elle demeure une pauvre famille bien digne d'intérêt. Le père, qui se nomme Jacques, s'emploie comme porte-faix le long des quais, quand il trouve de l'emploi. Pourvu qu'il travaille, il est content, car il aime le travail, et il ne craint jamais la peine pour ses bras. La mère raccommode les vieilles hardes; sa fille Jacqueline l'aide dans les petits travaux du ménage; en outre, elle se fait l'institutrice de ses jeunes sœurs, car leurs parents n'ont pas les moyens de les faire instruire dans une école. Les petits garçons font des commissions. Mais, malgré toutes leurs ressources réunies, ces pauvres gens ont de la peine à vivre. Leurs petites chambres sont à peine garnies de quelques vieux meubles, et ils n'ont pas de feu dans leurs cheminées, même dans les plus froides journées de l'année.

Mercredi dernier, la mère de Victorine songea à lui faire cadeau d'une robe neuve. Dès qu'elle en eut dit un mot, Victorine s'écria : *Ah! chère maman, je ne veux rien pour moi : mais combien je serais contente de pouvoir en offrir une à Jacqueline, qui est à moitié nue!* Sois tranquille, lui répondit sa mère. Elle sortit aussitôt; elle se rendit chez un marchand, où elle acheta quatre robes neuves, dont une pour Victorine, et les trois autres pour Jacqueline et ses petites sœurs.

À onze heures et demie, ou minuit moins un quart, nous avons été réveillés par des cris alarmants : *Au feu! au feu! Au secours!* et nos oreilles ont été frappées par des bruits de vîtres cassées, de portes enfoncées et de meubles jetés précipitamment par les fenêtres. Nous avons sauté hors de nos lits : nous prenions à la hâte quelques vêtements, lorsqu'une masse épaisse de fumée s'est engouffrée tout-à-coup dans notre appartement, et nous sommes tombés un instant asphyxiés. Cependant, nos sens se sont ranimés; mais des flammes étincelantes et dévorantes ont bientôt succédé à la fumée : elles nous ont chassés de nos chambres; elles nous ont pour ainsi dire jetés dehors.

Ici, quelles scènes sont déployées à nos yeux! Comment les dépeindre? En moins d'un quart d'heure, la cité entière est devenue la proie des flammes; car, dans une ville en bois un incendie se répand comme s'il suivait des traînées de poudre. Maintenant, c'est une mer de feu, blanche, rouge, bleuâtre, violacée, tantôt calme et tantôt courroucée, suivant les caprices du vent. On y voit les jeux de lumière fantastiques produits par mille sortes de matières inflammables, et de temps à autre on entend les éclats des barils de poudre. Mais, à cela près, le silence règne: tous les cœurs sont subjugués par la magnificence d'un pareil tableau. Quelques heures plus tard, un soleil de novembre éclaire de ses pâles rayons les débris fumants de dix-sept cents maisons, autour desquels sont attroupés pêle-mêle trente-six mille individus, sans nourriture, sans logements, quelques uns même sans vêtements, livrés à toute la rigueur des élément, sur un sol californien.

§ XII.

Terminaisons des Verbes.

J'ai,	Je suis,	Je porte,
tu as,	tu es,	tu portes,
il a,	il est,	il porte,
nous avons,	nous sommes,	nous portons,
vous avez,	vous êtes,	vous portez,
ils ont.	ils sont.	ils portent.
J'avais,	J'étais,	Je portais,
tu avais,	tu étais,	tu portais,
il avait,	il était,	il portait,
nous avions,	nous étions,	nous portions,
vous aviez,	vous étiez,	vous portiez,
ils avaient.	ils étaient.	ils portaient.
J'eus,	Je fus,	Je portai,
tu eus,	tu fus,	tu portas,
il eut,	il fut,	il porta.
nous eûmes,	nous fûmes,	nous portâmes,
vous eûtes,	vous fûtes,	vous portâtes,
ils eurent.	ils furent.	ils portèrent.
J'eusse,	Je fusse,	J'ai porté,
tu eusses,	tu fusses,	tu as porté,
il eût,	il fût,	il a porté,
nous eussions.	nous fussions,	nous avons porté
vous eussiez,	vous fussiez,	vous avez porté
ils eussent.	ils fussent.	ils ont porté.
J'ai eu,	J'ai été,	J'avais porté,
tu as eu,	tu as été,	tu avais porté,
il a eu.	il a été,	il avait porté,
nous avons eu,	nous avons été,	nous avions porté.
vous avez eu,	vous avez été,	vous aviez porté.
ils ont eu.	ils ont été.	ils avaient porté.

Ils portèrent leurs chapeaux. = Elles portèrent leurs robes. = Les soldats portèrent les armes. = Les marins portèrent les drapeaux. = Les femmes et les enfants apportèrent du pain. = Les hommes emportèrent les tables. = Les porte-faix transportèrent les barils. = Les marchands de bric-à-brac rapportèrent les vieux fauteuils. Où portèrent-ils les neufs?

Hier soir, j'eus l'agrément de m'entretenir avec vos parents. = Ils étaient dans la salle, lorsque nous sommes entrés. = Nous eûmes une grande joie en apprenant votre heureux succès. = Nous fûmes charmés de voir les progrès de vos élèves. = Mes filles furent complimentées par toutes les personnes qui étaient là. = Vous eûtes sans doute du chagrin de notre départ? = Vos amis furent très-surpris de notre arrivée. = Nous portâmes les livres dans votre chambre. = Il paraît que vous portâtes vos vêtements neufs. = Rapportâtes-vous ceux que vous aviez empruntés? Où les portâtes-vous?

Je voudrais que vous eussiez vu les gens qui portèrent mes meubles. = Ils eussent été mieux placés chez vous. = Vos frères eussent mieux fait de sortir. = Il faudrait que ces enfants eussent fait leurs devoirs, et qu'ils fussent plus sages. = Dimanche dernier, ces enfants étaient bien vêtus : ils portaient leurs paletots blancs. = Avez-vous vu les diamants que ces dames portaient, quand elles furent au bal? Est-ce qu'elles portent aujourd'hui leurs boucles d'oreilles en or?

Aviez-vous parlé aux personnes qui furent arrêtées? = Comment vous portez-vous ce matin? Je vois que vous êtes bien portant. Comment vous êtes-vous porté, depuis la dernière fois que je vous ai vu? Comment se portent vos parents? Se portent-ils toujours bien? — Ils vont bien; et vous-même, quel est l'état de votre santé? Ne fûtes-vous pas malade l'autre jour? N'eûtes-vous pas une fluxion?

J'aurai,	Je serai,	Je porterai,
tu auras,	tu seras,	tu porteras,
il aura,	il sera,	il portera,
nous aurons,	nous serons,	nous porterons,
vous aurez,	vous serez,	vous porterez,
ils auront.	ils seront.	ils porteront.
J'aurais,	Je serais,	Je porterais,
tu aurais,	tu serais,	tu porterais,
il aurait,	il serait,	il porterait,
nous aurions,	nous serions,	nous porterions
vous auriez,	vous seriez,	vous porteriez,
ils auraient.	ils seraient.	ils porteraient.
Que j'aie,	Que je sois,	Que je portasse,
que tu aies,	que tu sois,	que tu portasses,
qu'il aie,	qu'il soit,	qu'il portât,
que nous ayons,	que nous soyons,	que nous portassions
que vous ayez,	que vous soyez,	que vous portassiez
qu'ils aient.	qu'ils soient.	qu'ils portassent.
Ayant.	Etant.	Portant.

Je finis,	Je reçois,	Je vends,
tu finis,	tu reçois,	tu vends,
il finit,	il reçoit,	il vend,
nous finissons,	nous recevons,	nous vendons,
vous finissez,	vous recevez,	vous vendez,
ils finissent.	ils reçoivent.	ils vendent.

Je chantes,	Je bois,	Je réponds,
tu chantes,	tu bois,	tu réponds,
il chante,	il boit,	il répond,
nous chantons,	nous buvons,	nous répondons,
vous chantez,	vous buvez,	vous répondez,
ils chantent.	ils boivent.	ils répondent.

Si vous étiez parti, vous seriez déjà loin, et nous n'en serions pas fâchés. = Dimanche prochain, vous porterez votre cravate blanche. = Si vos bottes étaient raccommodées, elles seraient encore très-bonnes. = Si ces femmes étaient plus fortes, elles porteraient les grosses barres de fer. = Vos sœurs auraient couru, si leurs jambes avaient été moins fatiguées. = Voilà des commissionnaires qui porteraient votre fardeau, s'ils étaient payés. = Ces enfants porteraient-ils aujourd'hui les bagages qu'ils portaient hier?

Je doute que vous ayez appris votre leçon. = Je ne puis croire que nous ayons commis cette faute. = Il faudra que vous soyez prêts dès quatre heures du matin. = Je ne pense pas qu'ils soient levés si tôt. = Est-il possible que ces élèves soient déjà revenus du collège? = J'ai eu une récompense que je n'avais pas eue depuis longtemps. — Vous l'auriez eue probablement, si par votre travail vous l'aviez méritée.

J'ai perdu les livres que mes parents m'avaient donnés : je ne puis comprendre qu'ils aient disparu. = Voilà des gens qui ont commencé après nous, et il me semble que déjà ils finissent : il faut donc qu'ils soient bien actifs. = Les enfans inactifs et indolens finissent toujours trop tard. = Je vois des ivrognes autour d'une table, et je les entends. On les invite à se taire, et ils répondent par des injures grossières : mais ils en sont punis, car ils reçoivent des coups.

Si vous m'avez envoyé les pièces de drap que je vous ai demandées, recevez-en ma reconnaissance. = Si vous recevez des peaux de moutons, vendez-les. = Les marchands vendent des vêtements neufs, et leurs pratiques les portent : ensuite, on les vend aux brocanteurs, qui les revendent. = Je voudrais que vous portassiez vos vieilles hardes les jours ordinaires. = Fallait-il que les portes-faix portassent les planches sur leurs épaules?

Je pense,
tu penses,
il pense,
nous pensons,
vous pensez,
ils pensent.
Je salue,
tu salues,
il salue,
nous saluons,
vous saluez,
ils saluent.
Je joue,
tu joues,
il joue,
nous jouons,
vous jouez,
ils jouent.
Je prie,
tu pries,
il prie,
nous prions,
vous priez,
ils prient.
Je paie,
tu paies,
il paie,
nous payons,
vous payez,
ils paient.
Vous faites,
vous dites,
Que faites-vous?
que dites-vous?

Je crains,
tu crains,
il craint,
nous craignons,
vous craignez,
ils craignent.
J'éteins,
tu éteins,
il éteint,
nous éteignons,
vous éteignez,
ils éteignent.
Nous marchons,
vous marchez,
ils marchent.
Nous étudions,
vous étudiez,
ils étudient.
Nous voulons,
vous voulez,
ils veulent.
Nous tuons,
vous tuez,
ils tuent.
Nous croyons,
vous croyez,
ils croient.
Nous pouvons,
vous pouvez,
ils peuvent.
Nous taillons,
vous taillez,
ils taillent.
Ils travaillent.

Nous sentons,
vous sentez,
ils sentent.
Nous ennuyons,
vous ennuyez,
ils ennuient.
Ils vivent,
ils écrivent,
ils courent,
ils meurent,
ils placent,
ils montent,
ils mentent,
ils mangent,
ils changent,
ils haussent,
ils baissent,
ils fatiguent,
ils naviguent,
ils distinguent,
ils craquent,
ils évaluent,
ils distribuent.
ils avouent,
ils dénouent,
ils conseillent,
ils s'éveillent,
ils brouillent.
En parlant,
en marchant,
en montant,
en naviguant,
en mangeant,
en balayant.

Ils chantent bien. = Ils entendent très-mal.

Ils travaillent passablement. = Ils courent très-vite.

Ils marchent lentement. — Ils étudient modérément.

Ils écrivent convenablement. = Ils mangent avidement.

Ils montent rapidement. = Ils mentent impudemment.

Ils tirent violemment. = Ils sautent imprudemment.

Ils peuvent facilement. = Ils s'animent ardemment.

Ils veulent absolument. = Ils avouent franchement.

Ils s'ennuient tristement. = Ils reçoivent poliment.

Ils assomment impitoyablement.

Ils passent un moment. = Ils aiment le sentiment.

Ils sèment du froment. = Ils changent leur argent.

Ils avalent du chiendent. = Ils demandent un trident.

Ils coupent un sarment. = Ils crèvent le paravent.

Ils arriment un bâtiment. = Ils craignent le dénouement.

Ils lavent un auvent. = Ils encouragent le dévouement.

Ils étudient et ils prient. = Ils rient pour un rien.

Ils saluent et ils sourient. = Ils vont dans l'Orient.

Ils rangent, ils balaient et ils approprient leur logement.

Ils châtient sévèrement un mauvais garnement.

Ces gens boivent et mangent. = Ils paient ce qu'ils doivent. = Ils repoussent ceux qui les poussent, et ils salissent ceux qui les touchent. = Ils veulent être utiles, et ils embarrassent. = Ils renvoient les meubles qui les embarrassent, ou ils les brûlent. = Ils saluent ceux qui les saluent. = Ils réunissent les enfants, et ils leur distribuent des images. = Ils évaluent ce que vos sœurs distribuent. = Ils parlent, mais ils n'injurient pas. = Ils ne répondent pas à ceux qui les injurient. = Ils prêchent et pratiquent. = Ils entendent une chanson en attendant l'heure du travail. = Ils se parent d'un ornement que votre parent leur donne. = Ils rendent ce qu'ils ont emprunté en se rendant à l'école. = Ils font ce que vous faites, et non ce que vous dites.

Je chantai,
tu chantas,
il chanta,
nous chantâmes,
vous chantâtes,
ils chantèrent.
Je répondis,
tu répondis,
il répondit,
nous répondîmes,
vous répondîtes
ils répondirent.
Je parus,
tu parus,
il parut,
nous parûmes,
vous parûtes,
ils parurent.
Je vins,
tu vins,
il vint,
nous vînmes,
vous vîntes,
ils vinrent.
Nous parlâmes,
vous parlâtes,
ils parlèrent.
Nous crûmes,
vous crûtes,
ils crurent.
Nous craignîmes,
vous craignîtes,
ils craignirent,
ils se plaignirent,

Nous tuâmes,
vous tuâtes,
ils tuèrent.
Nous conçûmes
vous conçûtes,
ils conçurent.
Nous priâmes,
vous priâtes,
ils prièrent.
Nous prîmes,
vous prîtes,
ils prirent.
Nous jouâmes,
vous jouâtes,
ils jouèrent.
Nous réjouîmes
vous réjouîtes,
ils réjouirent.
Nous conseillâmes
vous conseillâtes,
ils conseillèrent.
Nous promîmes
vous promîtes,
ils promirent.
Nous soutînmes,
vous soutîntes,
ils soutinrent.
Nous vécûmes,
vous vécûtes,
ils vécurent.
Nous revînmes,
vous revîntes,
ils revinrent,
ils convinrent.

Ils allèrent,
ils dansèrent,
ils montèrent,
ils mangèrent,
ils montrèrent,
ils apprirent,
ils répandirent,
ils entendirent,
ils comprirent,
ils reçurent,
ils moururent,
ils reconnurent,
ils devinrent,
ils se souvinrent,
ils s'entretinrent,
ils marquèrent,
ils se moquèrent,
ils fatiguèrent,
ils avouèrent,
ils dénouèrent,
ils distribuèrent,
ils s'attribuèrent,
ils s'écrièrent,
ils supplièrent,
ils étudièrent,
ils appuyèrent,
ils s'ennuyèrent,
ils bouillirent,
ils enfouirent,
ils éblouirent,
ils vainquirent,
ils allumèrent,
ils éteignirent,
ils se peignèrent.

Ils partirent aussitôt. = Ils s'arrêtèrent bientôt.

Ils entrèrent et saluèrent. = Ils avancèrent et s'assirent.

Ils montèrent dans leurs chambres et se couchèrent.

Ils se cachèrent un instant, et ensuite ils se montrèrent.

Ils coururent, ils se fatiguèrent et ils firent une halte.

Ils s'éloignèrent dès qu'ils nous virent, et ils disparurent.

Ils vous attendirent une bonne heure, et ils s'en allèrent.

Ils se découvrirent, et ils mirent leurs chapeaux près d'eux.

Nous fûmes satisfaits, et nous fîmes des compliments.

Nous nous mîmes à table, et nous dînâmes gaiement.

Nous reçûmes sans façon ce qu'ils nous offrirent.

Nous mangeâmes dès que nous eûmes faim.

Les enfants se levèrent et se peignèrent : ils déjeunèrent; ils allèrent à l'école, ils dînèrent à midi moins un quart; ils soupèrent au coup de sept heures. = En arrivant, nous eûmes l'agrément de voir vos parents : ils arrivent eux-mêmes d'un département fort éloigné. = Hier, nous nous rendîmes chez votre homme d'affaires, et nous prîmes avec lui un arrangement pour notre appartement. Ensuite, nous parcourûmes votre jardin, et nous y vîmes des fleurs magnifiques; elles s'épanouirent sous nos yeux, dès quelles furent rafraîchies par la pluie qui survint en ce moment.

Je pense qu'hier vous étudiâtes votre leçon, et que vous l'apprîtes. La récitâtes-vous? = Que répondîtes-vous à votre maître? Parûtes-vous embarrassé? = Quand nous vous quittâmes, nous revînmes immédiatement à la maison : à quelle heure revîntes-vous? Que fîtes-vous ensuite? = Nous rencontrâmes votre frère et nous le saluâmes : nous nous entretînmes un moment avec lui; nous convînmes de nous réunir ce soir chez lui. = Ces personnes vous reconnurent-elles? Se souvinrent-elles de vous avoir vu? = Les enfants studieux obtinrent des récompenses, mais les fainéants eurent un sort bien différent.

J'écrivais,
tu écrivais,
il écrivait,
nous écrivions,
vous écriviez,
ils écrivaient.

Je riais,
tu riais,
il riait,
nous riions,
vous riiez,
ils riaient.

Je croyais,
tu croyais,
il croyait,
nous croyions,
vous croyiez,
ils croyaient.

Je jouais,
tu jouais,
il jouait,
nous jouions,
vous jouiez,
ils jouaient.

Je saluais,
tu saluais,
il saluait,
nous saluions,
vous saluiez,
ils saluaient.

Nous prenions,
vous preniez,
ils prenaient,
ils apprenaient.

J'étudierais,
tu étudierais,
il étudierait,
nous étudierions,
vous étudieriez,
ils étudieraient,

Je saluerais,
tu saluerais,
il saluerait,
nous saluerions
vous salueriez,
ils salueraient

Je jouerais,
tu jouerais,
il jouerait,
nous jouerions,
vous joueriez,
ils joueraient,

Nous venions,
vous veniez,
ils venaient.

Nous viendrions,
vous viendriez,
ils viendraient.

Nous tenions,
vous teniez,
ils tenaient.

Nous tiendrions,
vous tiendriez,
ils tiendraient.

Nous prendrions
vous prendriez,
ils prendraient.

Ils passaient,
ils couraient,
ils allaient,
ils paraissaient,
ils connaissaient,
ils semblaient,
ils craignaient,
ils se plaignaient,
ils envoyaient.
ils employaient,
ils criaient,
ils fortifiaient,
ils tuaient,
ils distribuaient,
ils avouaient,
ils dénouaient,
ils mouillaient,
ils s'agenouillaient
ils taillaient,
ils sommeillaient,
ils partiraient,
ils voudraient,
ils mourraient,
ils loueraient,
ils avoueraient,
ils prieraient,
ils supplieraient,
ils sueraient,
ils évalueraient,
ils tutoieraient,
ils se noieraient,
ils attireraient.
ils entoureraient,
ils travailleraient.

Ils allaient et venaient ; ils couraient et s'arrêtaient.

Ils buvaient et mangeaient ; ils parlaient et criaient.

Ils jouaient, ils riaient, ils dormaient et s'éveillaient.

Ils coupaient des branches, et ils cueillaient des fruits.

Ils attelaient les bœufs, et ils montaient sur les chevaux.

Ils cassaient les œufs sur lesquels ils marchaient.

Ils salissaient les cartons avec lesquels ils jouaient.

Ils noircissaient les plumes avec lesquelles ils écrivaient.

Ils ébranlaient les cordes sur lesquelles ils sautaient.

Ils marquaient les arbres auprès desquels ils passaient.

Ils ne voyaient pas les maisons de campagne autour desquelles ils se promenaient.

Ils iraient plus vite, s'ils le voulaient. = Nous saluerions ces personnes si nous les connaissions. = Ces hommes voudraient qu'on leur prêtât des instruments. = Mes amis seraient-ils chez eux ? — Ils y sont, et ils s'ennuieraient si vous n'alliez pas les voir. Ils viendraient eux-mêmes chez vous s'ils pouvaient sortir. = On dirait que ces personnes s'enfuient, quand nous les approchons. Est-ce qu'elles ne nous reconnaîtraient pas ? Est-ce que déjà elles ne se souviendraient plus de nous ? Auraient-elles oublié ce que nous fîmes pour elles, il y a peu de temps ? Soutiendraient-elles qu'elles ne nous doivent rien ? Seraient-elles donc ingrates ?

Pendant votre discours, ces enfants n'étaient pas très-attentifs : ils bâillaient et sommeillaient ; il attachaient des cordons, ils les nouaient et les dénouaient. S'ils étaient plus âgés, ils mériteraient d'être punis. = Pourquoi vos enfants criaient-ils ? — Ils voulaient que leurs bonnes les portassent sur leurs épaules, et qu'elle leur chantassent quelques chansons. = A quoi ces bons campagnards s'occupaient-ils ? — Ils tuaient leur cochon, ils le salaient, ils le salpêtraient, ils le coupaient en morceaux et ils le distribuaient à leurs amis.

Ils partent ; ils courent ; ils sautent ; ils s'arrêtent ; ils se baissent ; ils déploient leurs mouchoirs ; ils se mouchent ; ils s'assoient ; ils se relèvent ; ils montent une montagne ; ils se retournent ; ils crient ; ils pleurent ; ils rient ; ils tombent ; ils disparaissent. — Les voyageurs partent ; les chevaux courent ; les chiens s'arrêtent ; voilà des hommes qui se baissent et qui se relèvent ; voici des femmes qui déploient leurs mouchoirs et qui se mouchent. Je vois des voyageurs qui montent une montagne et qui se retournent. On voit des enfants qui crient, qui pleurent et qui rient en même temps. Il y en a qui courent sur le bord d'un précipice, qui y tombent et qui disparaissent.

Les avocats parlent ; les actrices chantent ; les fantassins marchent ; les guêpes bourdonnent ; les chiens aboient ; les blanchisseurs trempent leur linge ; les bûcherons cognent sur des bûches ; les soldats combattent ; les oiseaux volent ; les moutons bêlent ; les poissons nagent ; les loups hurlent dans les forêts ; les enfans bien élevés saluent ; les sœurs de charité distribuent des secours aux malheureux.

Ils partirent ; ils coururent ; ils arrivèrent sur le pré ; ils rencontrèrent un ruisseau ; ils s'élancèrent ; ils sautèrent ; ils tombèrent dans l'eau ; ils nagèrent et ils en sortirent ; ils s'assirent sur la rive ; ils s'endormirent ; ils se réveillèrent et ils revinrent au logis. — Je vis les chevaux qui partirent, qui coururent et qui arrivèrent les premiers. Il y en eût d'autres qui s'élancèrent et sautèrent par dessus une barrière. J'en distinguai deux qui tombèrent dans l'eau et qui se noyèrent. — Les troupes se levèrent dès qu'elles entendirent le tambour, et elles se mirent en route. En arrivant, elles déployèrent leurs drapeaux. On voyait les caporaux allant et venant : ils marchaient, ils couraient et s'arrêtaient ; ils se donnaient beaucoup de mouvement. Les généraux commandaient ; les capitaines et les lieutenants répétaient les ordres ; les soldats obéissaient.

Il y a des enfants qui joueraient ou qui courraient toujours, s'ils le pouvaient : ils s'imaginent peut-être qu'ils ne s'ennuieraient jamais, mais ils se trompent. On voit des fainéants qui jouent des journées entières : mais ils se livreraient à leurs jeux avec plus de contentement, s'ils travaillaient de temps en temps. = Ces personnes qui nous regardent vous connaissent-elles? Pensez-vous qu'elles me connaissent? je ne crois pas que je les aie jamais vues. — Ce n'est pas nous qu'elles considèrent : elles sourient à leurs petits enfants qu'elles voient près de nous, et qui courent maintenant de leur côté.

Vos parents croyaient que vous liriez dans vos livres et que vous étudieriez. Est-ce que vous n'étudiez pas? Le premier jour de l'an, ils vous donnèrent de beaux joujoux, et vous leur promîtes de bien dire votre leçon : vous en souvenez-vous? = Vous dites que vous étudieriez, s'ils vous donnaient de nouveaux joujoux. Mais ils ne peuvent vous faire de pareils cadeaux tous les jours, et vous finiriez vous-même par ne plus en faire cas.

Les ministres donneront-ils ce qu'ils promirent? Croyez-vous qu'ils le fassent. = On voit bien des gens qui font ce qu'ils peuvent, mais on en voit guère qui fassent ce qu'ils veulent. = Ces noix m'ont coûté vingt centimes : elles me semblent valoir davantage. Assurément, elles ne coûtent pas ce qu'elles valent. En voici de plus grosses : pensez-vous qu'elles vaillent les premières? Nous les achetâmes hier; elles nous coûtèrent vingt-cinq centimes.

Nous vînmes jusqu'à votre porte, mais nous ne fûmes pas reçus. Les gens qui vinrent ouvrir prétendirent que vous étiez absent, et ils le soutinrent avec audace, quoique nous fussions sûrs du contraire. Nous voudrions que vous vinssiez nous voir. = Nous ne pensions pas que nos neveux revinssent si tôt : nous n'eussions pas été fâchés que leurs parents les eussent gardés plus longtemps.

Jugez-vous possible que ces négociants aient fait de grands bénéfices? Les marchands ne vendent pas toujours; mais je suis d'avis qu'ils vendraient, s'ils trouvaient des acheteurs. = On voit à Paris des brocanteurs qui, du matin au soir, parcourent les rues en criant qu'ils achètent les vieilles chaussures; et ils revendent celles qu'ils ont achetées. Ils passent ainsi leur vie en achetant et revendant les savates et les vieilles bottes. Les gens auxquels ils les revendent les raccommodent et les rendent neuves : c'est vraiment un art admirable.

Comment ces petites filles emploient-elles leur temps? Étudient-elles? Travaillent-elles à leurs broderies? = Elles étudieraient davantage, elles travailleraient mieux, si elles suivaient les conseils de leur institutrice et ceux de leurs mères. Assurément, ce ne sont pas les conseils, ni les bonne leçons, qui leur manquent.

Les parents aiment leurs enfants : voilà pourquoi ils les punissent, du moins ceux qui se comportent mal. Mais vous vous comportez bien; vous dites bien vos leçons; vous faites tout ce qui vous est commandé; vous ne mentez jamais; vous êtes des modèles de docilité, de zèle de fidélité à tous vos devoirs : aussi vos parents vous récompensent, loin de vous punir. Ils vous nourrissent; ils vous donnent des vêtements, ils vous couchent dans un bon lit, où vous dormez si bien; ils partagent avec vous toutes les bonnes choses qu'ils ont. Continuez donc à vous conduire ainsi; surtout ayez soin de ne jamais mentir : personne ne peut souffrir les enfants qui mentent. Songez d'ailleurs que vous ne vivrez pas toujours : tous les hommes doivent mourir, un jour ou un autre. Lorsque vous mourrez, si vous vous êtes bien conduits, Dieu vous récompensera dans un autre monde. Craignez la justice de Dieu, et placez votre confiance dans sa bonté, qui est infinie.

Est-ce vous qui portez les sacs de blé? Vous ne craignez pas qu'ils ne soient trop lourds? Pensez-vous que vous soyez assez fort? = Ne sont-ce pas ces braves gens qui porteront nos malles? = N'étaient-ce pas là les villageois qui nous attendaient? = N'étaient-ce pas les laboureurs qui labouraient? = Etaient-ce ces chiens qui aboyaient! = Seraient-ce mes enfants qui dénouent leurs cravates et qui veulent prendre un bain dans la rivière? N'est-il pas à craindre qu'ils ne se noient? = Si ces élèves sortaient, serait-il probable qu'il revinssent pour l'heure de la classe? Serait-il bien sûr qu'ils se souvinssent de leur devoir?.

Vous m'oligeriez en me racontant l'accident qui est arrivé à vos neveux. — Je me promenais tranquillement avec quelques amis au milieu de la forêt : mes neveux, Charles et Léonard, nous précédaient de quelques pas, Jules et Jacques nous suivaient. Tout-à-coup, deux loups furieux sortirent du fond d'une broussaille et se jetèrent sur mes neveux. Pendant un instant nous demeurâmes stupéfaits, immobiles d'étonnement, car jamais nous n'avions rien vu de pareil. Enfin, les plus courageux d'entre nous coururent au secours des pauvres garçons, qui se débattaient comme ils le pouvaient contre ces vilains animaux, et bientôt nous eûmes le bonheur de les voir délivrés. Mais, dans quel état ils se trouvaient! Ils avaient aux épaules, à la gorge, sur le dos, de larges plaies saignantes; ils étaient baignés dans leur sang : tous mes membres frissonnent encore, quand j'y pense. Nous les transportâmes hors de la forêt, et de là chez eux, où nous ne parvînmes qu'avec peine, car la fatigue et la chaleur nous accablaient. Maintenant, devinez-vous quels étaient les motifs de la colère de ces animaux? Vous ne le croirez peut-être pas : croiriez-vous que c'étaient un loup et une louve qui se vengeaient de ce qu'on a tué leurs louveteaux?

Les journaux racontent des événements bien tristes, qui se passent dans un pays éloigné. Des brigands, d'affreux scélérats, parcourent la campagne : ils tuent, ils égorgent, ils massacrent tout sur leur passage ; femmes, vieillards, enfants, ils n'épargnent rien. Il y a pourtant de bons gendarmes qui les poursuivent ; mais il paraît qu'ils ne peuvent les atteindre.

Dites-moi donc un peu ce que signifie tout ce remue-ménage. Vous tuez le veau gras, vous dites que vous en tuerez un autre demain ; vous êtes tous en gaieté ; tous les garçons du bourg chantent et se réjouissent. Quel est donc le saint que vous fêtez ? — De quel pays venez-vous donc, si vous ignorez que nous fêtons le retour de Jean-Louis, l'enfant adoptif du village ? J'avoue que nous ne le reconnûmes pas, quand nous le vîmes, hier au soir, qui revenait de Constantinople, car son teint a bruni et il porte des moustaches. Il est décoré de la croix d'honneur sur la poitrine et de trois grands coups de sabre sur le corps ; avec cela, il a des galons sur les manches, car il est caporal dans le sixième régiment de ligne. Aussi, jugez s'il est fêté : tous les gars du bourg se disputent à qui l'aura.

Nous sommes au trente-un mai mil huit cent quarante-neuf, naviguant sur l'océan Atlantique, dans les parages du cap Horn. Depuis trois jours, les marins remarquaient tous les signes qui annoncent infailliblement une grande tempête : la voici qui éclate. Dès l'aube du jour, les vents impétueux de l'occident nous ont réveillés par leurs sifflements étourdissants ; les cordages se choquent avec fracas ; toutes les mâtures crient comme si elles se disloquaient. A la voix du capitaine nous accourons sur le pont. Les vagues sont devenues des montagnes d'eau : leur surface, chatoyante et veloutée, est également remarquable par ses teintes sombres et par ses couleurs éclatantes. Elles se surmontent en étages, et l'étage supérieur, d'un beau bleu d'azur, est lui-même couronné par une mousse aussi blanche que la neige. Toutefois, elles ne frappent pas encore, mais elles couchent le navire sur ses flancs, qui s'abaissent et se relèvent tour-à-tour. Bientôt les sifflements sont devenus plus aigus, on dirait que les vents redoublent de rage et de fureur ; enfin les vagues se rompent. Des masses d'eau énormes s'abattent sur nos têtes ; elles inondent le pont ; elles nous entraîneraient immanquablement, si nous n'avions soin de nous tenir fortement accrochés aux câbles du navire. Déjà tout le bastingage de tribord est emporté ; la proue entière et d'autres pièces de charpente cèdent pareillement sous les coups qui les frappent, et disparaissent une à une. Tout-à-coup, un cri part de toutes les poitrines et se perd dans le vacarme de la tourmente : *Un homme à la mer !* Un homme de l'équipage vient d'être enlevé : un instant, on le voit suspendu sur la crète d'un abîme, dans lequel il disparaît sans retour ! Les matelots qui lui survivent, partout où ils sont appelés par le devoir, montrent cette intrépidité calme, ce dévouement généreux et ce sang-froid qui distinguent le matelot français. Quelques-uns sont atteints de graves accidents. Cependant, à la chûte du jour, les rafales perdent sensiblement de leur violence ; les flots eux-mêmes commencent à s'amortir, et pendant la nuit, ce ne sont plus que des lames qui couvrent et balaient le pont comme dans les tempêtes ordinaires. Mais alors un sentiment douloureux remplit nos cœurs, et tous nous déplorons le sort fatal du brave matelot qui a été si tristement victime d'un noble dévouement à son devoir.

§ XIII.

Un S, entre deux voyelles, équivaut à un Z.

la casse.	une thèse.	une cerise.
la case.	il pèse.	une valise.
une rosse.	Thérèse.	une chemise.
une rose.	la Genèse.	une crise.
il dévisse.	le désir.	une marchandise.
il dévise.	le trésor.	des cerises.
le poisson.	le besoin.	des chemises.
le poison.	la besace.	des marchandises.
elle est basse.	la mesure.	il frise.
une base.	la pesanteur.	il brise.
la brousse.	les réseaux.	Louise.
la blouse.	la poésie.	elle est mise.
qu'il croisse.	le présage.	elle est assise.
il croise.	le président.	elle est prise.
	le désaccord.	elles sont remises.
un vase.	le désordre.	elles sont apprises
une phrase.	le désavantage.	elles sont acquises
une périphrase.	le vésicatoire.	elles sont surprises
il rase.	César.	qu'il lise.
il jase.	Jésus-Christ.	qu'il dise.
il écrase.	ils sont pesants.	il méprise.
nous rasons.	elles sont pesantes	ils disent.
vous jasez.	il désire.	ils lisent.
ils écrasent.	ils désirent.	ils méprisent.
ils écrasaient.	ils désiraient.	ils brisent.
un rasoir.	ils désireraient.	un tison.
une masure.	il est présent.	une prison.
une casaque.	ils présentèrent	une visite.
un magasin.	ils présumaient.	le visage.
il a emmagasiné.	ils mesurèrent.	il est visible.

Le bouton de rose. = Les roses qui s'épanouissent.

La vase du marais = Le fond vaseux de l'étang.

Un vase d'albâtre. = Une blouse et une casaque.

L'enseigne du magasin. = La besace du pèlerin.

Le désir de réussir. = Une valise pleine de chemises.

Une visite d'amitié. = Les corbeilles pleines de cerises.

Un tison enflammé. = Un polisson qui brise ma porte.

Les corps pesants. = Une vieille masure en ruine.

Les jupes de basin. = Les cheveux taillés et frisés.

L'arpenteur qui mesure mon champ. = Les géomètres qui mesurent la base de cet édifice. = Un poisson qui pèse dix livres. = Les toisons qui pèsent quatre-vingts grammes. = Le besoin du repos après le travail.

Jésus-Christ est le fils de Dieu. = C'est dans les magasins qu'on vend les marchandises. = On voit des coiffeurs qui rasent et d'autres qui frisent. — C'est en avalant du poison qu'on s'empoisonne. = Il y a eu beaucoup de trésors engloutis dans la mer. = Si vous lisez la Genèse, vous y trouverez la naissance de Jésus-Christ prophétisée par les prophètes. = Il ne vous est pas défendu de faire une visite à votre président; mais vous ne devez jamais lui faire des présents, car il ne les recevrait pas, et il vous mépriserait.

Je désire ardemment que vous réussissiez dans votre entreprise, et vos parents le désirent également. = Je vois des femmes qui se couvrent le visage d'un voile noir, pour se rendre invisibles : je présume qu'elles font ainsi des visites de deuil. = Ces écolières paraissent toutes surprises d'avoir oublié les leçons qu'elles ont apprises, disent-elles : il faut qu'elles les relisent encore. = Voilà des brigands que les gendarmes mènent en prison. Qu'ont-ils fait? — Ils ont brisé la porte d'un magasin, et volé une valise : mais elle était si pesante, qu'ils n'ont pu s'enfuir assez vite. La valise leur a été reprise.

un asile.
l'Asie.
Euphrasie.
il est asiatique.
il est rassasié.
il se rassasie.
ils se rassasient.
ils se rassasiaient.
ils se rassasieront.

---

la dose.
la prose.
il ose.
il pose.
il suppose.
il propose.
il arrose.
Théodose.
la métamorphose.
elle est éclose.
tu reposes.
tu composes.
ils proposent
ils supposent.
ils arrosaient.
vous osâtes.
un reposoir.
un arrosoir.
l'oseille.
la générosité.
la curiosité.
un philosophe.
la philosophie.
Rosalie.

désormais.
le résultat.
il résulte.
il résultait.
il est résolu.
elles sont résolues
il est irrésolu.
ils se résoudront.
il résiste.
vous résistez.
la résistance.
il est irrésistible.
un désagrément.
il est désagréable.
le désœuvrement.
il est désœuvré.
il est désarmé.
il est désapprouvé
il est désavoué.
il est désappointé.
il est désordonné.
il est désabusé.
ils sont désolés.
elles sont désolées
il est désorienté.
il désorganise.
il désapprouve.
il se désaltère.
ils se désaltèrent.
ils se désaltérèrent.
ils désorganisèrent
ils se désolèrent.
ils se désabusèrent
ils désapprouvaient

la misère.
la lisière.
la cuisine.
la trahison.
le partisan.
la division.
le proviseur.
les provisions.
les ciseaux.
la physique.
le parisien.
le physicien.
la phtysie.
la paralysie.
la miséricorde.
il est isolé.
il est épuisé.
l'isolement.
l'épuisement.
qu'il cuise.
qu'il conduise.
ils cuisent.
ils conduisent.
ils épuisent.
ils nuisaient.
ils reluisaient.
vous conduisiez.
ils conduisirent.
ils épuisèrent.

---

un paysan.
un paysage.
des paysannes.
il aiguise.

De l'oseille bien aigre. = Des ciseaux qu'on aiguise.

La prose et la poésie. = La miséricorde de Jésus.

Un caractère résolu. = Les ennuis de l'isolement.

Une dose de poison. = Des fainéants désœuvrés.

Un fort casematé. = Des philosophes en désaccord.

Une fleur éclose. = Des gens fatigués qui se reposent.

Le proviseur d'un lycée. = De la viande désossée.

Les provisions d'une cuisinière pour sa cuisine. = Un ménage désordonné, c'est-à-dire en désordre. = Les tristes résultats du désœuvrement et de la fainéantise. = La division d'une pomme en quarante-huit parties égales. = Un africain, un américain, un européen et un asiatique.

Les fontaines épuisées sont celles qui n'ont plus d'eau. = Les gens irrésolus sont ceux qui ne savent pas se résoudre. = L'homme propose et Dieu dispose. = La prison est un lieu désagréable. = Ceux qui cultivent des jardins arrosent les fleurs avec des arrosoirs. = La trahison consiste à trahir un ami : elle rend méprisable, c'est-dire que les traîtres méritent d'être méprisés. = Le travail épuiserait nos forces et nous tuerait, si nous ne nous reposions jamais. = Les hommes nés en Asie se nomment des asiatiques, de même que ceux qui sont nés en Europe sont nommés des européens; et ceux qui vivent dans la ville de Paris sont des parisiens.

On se désaltère en buvant quand on a soif; et l'on se rassasie en mangeant quand on a faim. = La physique est la science des phénomènes de la nature : elle est une branche de la philosophie. Ceux qui savent la physique sont des physiciens. = Beaucoup de gens n'osent pas accomplir ce qu'ils proposent, parce qu'ils ne sont pas bien résolus. = Les soldats désarmés ne résistent pas longtemps. = Si vous êtes aveugle, il faudra qu'on vous conduise.

la muse.
la buse.
il use.
il s'amuse.
il accuse.
il refuse.
il abuse.
il se désabuse.
elle est confuse.
un musée.
la musique.
le musicien.
un fusil.
un usage.
une usine.
il refusait.
ils accusaient.
ils abusèrent.
une infusion.
une illusion.
une conclusion.
un usufruit.
plusieurs.

la toison.
le voisin.
le voisinage.
le loisir.
un oiseau.
le troisième
une ardoise.
une villageoise.
une bourgeoise.
Françoise.

une chaise.
une fraise.
la braise.
il appaise.
qu'il se taise.
il est bien aise.
elle est mauvaise.
elle est française.
elle est anglaise.
la raison.
la saison.
le raisin.
le plaisir.
le faisan.
la liaison.
il est malaisé.
il est saisi.
il est paisible.
il est plaisant.
nous faisons.
nous plaisons.
ils plaisent.
nous plaisantons.
ils plaisantent.
vous raisonnez.
tu déraisonnes.
tu plaisantes.
nous saisissons.
ils saisissent.
il est insaisissable.
une aisance.
un raisonnement.
un assaisonnement
paisiblement.

elle est vaniteuse.
elle est peureuse.
elle est repasseuse
elle est pieuse.
elle est curieuse.
elle est précieuse.
elle est laborieuse
elle est généreuse
elles sont vaniteuses.
elles sont rieuses.
elles sont précieuses.
heureusement.
malheureusement.
généreusement.
pieusement.
sérieusement.
précieusement.
ingénieusement.

une cause.
une causerie.
un causeur.
une causeuse.
une nausée.
un mausolée.
il est nauséabond.

une pelouse.
elle est jalouse.
qu'il couse.
ils cousent.
ils cousaient.
un cousin.
une cousine.

Le musée du Louvre. = Les quatre saisons de l'année.
Un coup de fusil. = Une oie et ses petits oisons.
Ton paletot décousu et usé. = Mes phrases décousues.
Une voisine curieuse. = Des chaises rempaillées.
La toison de la brebis. = Une écolière qui cause.
Les écolières qui causent déjà raisonnablement.
Les usages du pays. = Le plaisir de courir sur la pelouse.
Des cerises, des fraises, des groseilles et des framboises.
Une anglaise sérieuse et silencieuse. = Les françaises
causeuses et rieuses. = L'oiseau sauvage qui s'apprivoise.
= Le voyage de Paris à Pontoise. = Un fil de soie qui
croise des fils de coton. = Deux chemins qui se croisent.
= Le département de Seine-et-Oise. = Une blanchisseuse,
une repasseuse et une tailleuse.

On couvre les maisons avec des ardoises. = Les oiseaux
volent avec des ailes. = Pour prendre un faisan, il suffit
de le saisir par la queue. = Nous saisissons une
occasion quand elle se présente. = Une villageoise est
aussi heureuse qu'une marquise. = Les usages des
villageoises ne sont pas ceux des marquises. = Quand
on use ses sabots, on économise ses bottes. = Les gens
paisibles aiment la paix. = Le printemps et l'automne
sont les deux saisons qui me plaisent. = Dans nos
loisirs, nous ne refusons pas les plaisirs innocents.

Les personnes qui connaissent les usages de la vie
civilisée se présentent avec aisance. = Les religieuses
pratiquent la bienfaisance. = Un philosophe raisonne,
mais les sophistes déraisonnent. = Nous faisons d'abord
notre devoir, et ensuite nous nous amusons. = Nous
méprisons une mauvaise plaisanterie, car les mauvaises
plaisanteries sont à l'usage des sots. = Malheur à celui
qui scandalise! = Souvent les personnes qui scandalisent
causent plus de mal qu'elles ne pensent.

Il dit, ils disent. = Il avise, ils avisent.

Il nuit, ils nuisent. = Il économise, ils économisent.

Il lit, ils lisent. = Il prophétise, ils prophétisent.

Il cuit, ils cuisent. = Il conduit, ils conduisent.

Il refuse, ils refusent. = Il détruit, ils détruisent.

Il toise, ils toisent. = Il choisit, ils choisissent.

Il coud, ils cousent. = Il moisit, ils moisissent.

Il déplaît, ils déplaisent. — Il aiguise, ils aiguisent.

Le savant lit, les élèves lisent. = Les uns disent oui, les autres disent non. = Le poison détruit, et les rats détruisent. = Les pains se moisissent en se couvrant de moisissure. = Un économe économise, mais les avares économisent trop.

Les arpenteurs sont les gens qui toisent les champs, et les guides sont ceux qui conduisent. = Les mauvaises langues sont celles qui médisent ou qui calomnient. = Les personnes qui lisent sont ordinairement celles qui se plaisent à lire. = Ce sont les tailleuses qui taillent les robes, et ce sont les couturières qui les cousent. = Voilà une voiture qui écrase des petites filles coureuses. = Voici des chaises de poste qui écrasent tout sur leur passage, et qui causent de grands malheurs. = Je vois un ingénieur et des artisans qui construisent une écluse. = Il y a une buse qui s'amuse et d'autres buses qui ne s'amusent pas.

Les russes connaissent-il la ruse? = Désirez-vous que je vous conduise en Suisse? En serez-vous bien aise? = Il faut que je cuise une cuisse de volaille et une alose sur la braise, pour des malades qui en seront bien aises. = Je vois des femmes voyageuses qui se reposent sur une pelouse de mousse; je distingue auprès d'elles une personne assise sur un banc, et trois autres assises dans des chaises. = Ces écrivains me disent qu'ils écrivent sur une surface lisse, afin qu'on lise mieux.

Les airs de musique les plus simples sont ceux qui me plaisent le mieux : quelquefois les mêmes airs me plaisent ou me déplaisent, selon le talent des musiciens. = Pensez-vous qu'une petite dose de poison suffise pour un empoisonnement? Je pense du moins que les grandes doses suffisent. = Si j'ai besoin d'argent, je ne refuserai pas celui que vous me proposez : mais provisoirement, les petites sommes que j'ai économisées me suffisent. = Fuyez les mauvaises compagnies, surtout celle des gens désœuvrés ou désordonnés dans leur conduite : avec eux les liaisons sont dangereuses.

Jules César conquit plusieurs nations voisines de l'Italie : ses troupes étaient courageuses ; dans toutes les occasions elles se conduisaient courageusement, et lui-même les conduisait bien. = Notre société se compose de plusieurs sortes de gens dont les caractères sont très-opposés : car les uns sont gais et plaisants, tandis que les autres s'occupent de choses sérieuses. Ceux-là nous amusent, et ceux-ci nous instruisent. = On voit des personnes qui se résignent pieusement aux supplices, même aux tortures les plus affreuses : elles sont vraiment religieuses.

Faites d'abord votre besogne, et vous jouerez ensuite avec plus de plaisir. Si vous faisiez constamment avec soin la tâche qui vous est imposée, vous la trouveriez bientôt plus aisée. Ne méprisez pas notre conseil : les enfants ont besoin des conseils des personnes raisonnables. S'ils les méprisent, ils s'en repentent tôt ou tard. = Il n'est pas possible qu'un enfant s'instruise, s'il ne travaille pas sérieusement. Lisez donc dans vos livres, écrivez sur votre ardoise, demandez la raison des choses que vous ne comprenez pas ; reposez-vous quelques minutes, s'il le faut, mais ne causez pas avec vos voisins. Par cette conduite laborieuse vous vous instruirez, car c'est ainsi que les enfants s'instruisent.

Un fusil est une arme dangereuse pour les enfants qui la touchent. Gardez-vous donc de prendre des fusils dans vos mains, si vous n'êtes pas encore d'un âge raisonnable : autrement, vous pourriez être victimes de votre imprudente curiosité. Combien de petits garçons se sont tués, ou ont causé de graves accidents, en maniant des fusils ! = Mes voisines du second étage élèvent des oiseaux qui me fendent la tête ; mon voisin du troisième a chez lui un musée de bêtes empaillées, qu'il trouve fort curieuses, mais dont la compagnie me paraît assez ennuyeuse. J'aime les animaux, et surtout les oiseaux, mais seulement lorsqu'ils courent ou qu'ils volent en plein air, au gré de leurs caprices et de leur fantaisie.

Votre sœur Louise et votre cousine Rosalie sont, disent-elles, très-curieuses de voir les curiosités de la foire, et surtout les ombres chinoises ; elles espèrent que vous ne refuserez pas de les y conduire. Elles disent que les petites filles sont admises gratuitement, pourvu qu'elles se taisent et qu'elles soient tranquilles sur leurs chaises. Mais je crois qu'elles se font illusion.

La garnison anglaise qui occupait le fort, sur le haut de la falaise, s'est défendue glorieusement : elle a résisté aussi longtemps qu'elle l'a pu ; elle a fait plusieurs sorties qui ont été heureuses, et chaque jour les murs sur lesquels elle combattait étaient arrosés de son sang. Elle a capitulé, mais seulement quand ses provisions étaient épuisées et que toute résistance était devenue impossible : d'ailleurs, elle a obtenu de ne pas être prisonnière. Une pareille défaite est aussi glorieuse qu'une victoire, et tout présage qu'une troupe aussi brave sera victorieuse dans une prochaine occasion. Les troupes françaises l'ont félicitée cordialement : des deux côtés on rivalise sans jalousie.

Où sont vos cousines Lise et Euphrasie? Par hasard, ne les auriez-vous pas vues? — On les a trouvées dans le jardin, où elles étaient allées, disaient-elles, pour cueillir des roses et du réséda : mais savez-vous ce qu'elles y faisaient? Elles se régalaient de fraises et de raisin, elles s'en rassasiaient. Quand elles se sont vues surprises, elles sont demeurées toutes sottes, toutes honteuses, toutes confuses; et vraiment elles me paraissent bien punies de leur gourmandise, car tout le monde les plaisante : pour cette raison elles n'osent plus se faire voir. Mais peut-être trouverez-vous que c'est une niaiserie, et qu'elles ont pris les plaisanteries un peu trop sérieusement : c'est ce que je désire.

Voyez-vous ces villageoises si remarquables par leurs coiffes d'une hauteur prodigieuse? Ce sont des cauchoises, c'est-à-dire des paysannes du pays de Caux; et les paysans qui les accompagnent sont des cauchois. Elles plaisent encore plus par leur tenue décente que par leur mise élégante. Quelques bourgeoises préfèrent, disent-elles, les paysannes nantaises, bordelaises ou marseillaises. Je n'oserais dire si elles ont tort ou raison.

Syracuse, fut la célèbre et glorieuse patrie d'Archimède. Ce savant illustre inventa plusieurs machines ingénieuses pour défendre Syracuse assiégée par les Romains. Sous ses ordres les Syracusains construisirent des miroirs qui embrâsèrent la flotte romaine. Encouragés par son ardeur, par tous les moyens que lui suggérait son âme généreuse, ils opposèrent une longue résistance. Enfin, la ville fut prise par trahison, et les Romains se vengèrent en la détruisant. Ils désiraient néanmoins qu'on épargnât Archimède, dont ils admiraient le génie et les grandes qualités : malheureusement, des soldats rencontrèrent, dans une rue, un vieillard qui se tenait résolument devant eux, et ils le tuèrent : c'était Archimède !

§ XIV.

un boucher.	un oranger.	un cavalier.
un boulanger.	un pêcher.	un chevalier.
un barbier.	un noyer.	un fourrier.
un écolier.	le pommier.	un lancier.
un batelier.	le palmier.	un grenadier.
un chapelier.	le citronnier.	un cuirassier.
un tonnelier.	le prunier.	le collier.
un geôlier.	le mûrier.	le soulier.
un meûnier.	le laurier.	le pannier.
un cordonnier.	le poirier.	le métier.
un charbonnier.	le figuier.	le mortier.
un douanier.	le châtaignier.	le papier.
un pompier.	le rosier.	le cahier.
un courrier.	le fraisier.	le sablier.
un trésorier.	le cerisier.	un encrier.
un officier.	l'osier.	le chandelier.
un épicier.	un abricotier.	le tablier.
un pâtissier.	le peuplier.	le poivrier.
un tapissier.	le groseiller.	le vinaigrier.
un menuisier.	le framboisier.	le meurtrier.
un portier.	le jardinier.	un oreiller.
un charretier.	le fumier.	un conseiller.
un charpentier.	le déjeûner.	il est léger.
un vitrier.	le diner.	il est étranger.
un ouvrier.	le souper.	il est entier.
les écoliers	les orangers.	il est grossier.
les boulangers.	les pruniers.	il est familier.
les pompiers.	les poiriers.	ils sont grossiers
les ouvriers.	les pommiers.	ils sont familiers.

Un pannier d'osier. = Un cahier de papier écolier.
Le dîner et le souper préparés par le cuisinier.
Un animal carnassier apprivoisé et devenu familier.
Un caporal-fourrier dans une compagnie de grenadiers.
Un chevalier de la légion d'honneur. = Un cavalier et
un fantassin. = Un peu d'encre dans mon encrier. = Les
beaux chandeliers de l'église. = Le troisième régiment de
lanciers. = Des bottes fines et des souliers grossiers. =
Les peupliers qui croissent sur le bord des rivières. =
Les palmiers dont les larges feuilles nous ombragent. =
Les châtaigners qui nous fournissent des châtaignes. = Les
pommiers qui produisent des pommes. Les proiriers, les
pruniers, les pêchers, les abricotiers, les mûriers, les
figuiers et les fraisiers qui portent des fruits délicieux. =
Des cuirassiers qui astiquent leurs cuirasses d'acier. = Un
quartier de bœuf pour le déjeûner des carabiniers.

Vous savez quel est le métier des boulangers : ils
pétrissent de la pâte et ils la cuisent dans des fours. = Les
bouchers tuent des bœufs, et ils en portent les quartiers
au marché. = Les charbonniers vendent du charbon. =
Les charpentiers font des charpentes. = Les menuisiers
fabriquent des meubles. = Les barbiers rasent avec des
rasoirs. = Les meûniers transforment le blé en farine,
au moyen de leurs moulins. = Les cordonniers font
des souliers neufs, que les savetiers raccommodent, quand
ils sont usés. = Les douaniers arrêtent les contrebandiers,
et ils les conduisent en prison. = Les geôliers gardent les
prisonniers. = Les vitriers remplacent les carreaux de
vitres que les écoliers ont cassés. = Les jardiniers cultivent
les jardins. = Les officiers commandent les soldats et
ils les instruisent. = Les pompiers éteignent les incendies.
= Enfin, c'est chez les pâtissiers que vous achetez les
friandises qui vous gâtent les dents.

il faut aller.
il faut aider.
il faut chanter.
il faut écouter.
il faut appeler.
on doit arrêter.
on doit parler.
on doit étudier.
on doit obliger.
on doit manger.
on veut marcher.
il veut gagner.
tu veux soigner.
tu veux crier.

il peut déplier.
il peut varier.
il peut jouer.
il peut dénouer.
tu peux saluer.
tu peux remuer.
tu peux envoyer.
tu peux te noyer.
je puis payer.
je puis balayer.
je puis agréer.
je sais récréer.
tu sais tailler.
il sait raser.

on peut ennuyer.
on veut appuyer.
tu dois préciser.
tu peux désirer.
il doit creuser.
pour travailler.
pour s'éveiller.
pour conseiller.
pour contribuer.
pour distribuer.
pour mépriser.
pour brouiller.
pour débrouiller.
pour économiser.

le ver.
le fer.
la mer.
il est cher.
il est fier.
il est amer.
l'enfer.
Prosper.
Jupiter.
Alger.

le verre.
la terre.
il serre.
la guerre.
la pierre.
le tonnerre.
le parterre.
l'Angleterre.

les nerfs.
les cerfs.
un désert.
un concert.
il est vert.
il est couvert.
il est offert.
il se sert.
il perd.
un tiers.
un revers.
à travers.
vers. envers.
ils sont divers.
ils sont verts.
ils sont chers.
ils sont fiers.
ils sont amers.
ils sont offerts.

une gerbe.
il est superbe.
le commerce.
il perce.
la berse.
une averse.
il verse.
il traverse.
il disperse.
une auberge.
un cierge.
la vierge.
le concierge.
un merle.
une perle.
des cierges.
ils serrent.
ils versent.
ils traversent.

Un ver de terre. = Un superbe collier de perles.

Un verre à boire. = Un couvert en fer étamé.

Un remède amer. = Les portiers et les concierges.

Mon cher ami. = La marchandise qui se vend cher.

La guerre et la paix. = La gerbe de la glaneuse.

Les arbres verts. = Le cordon qui me serre le cou.

Une botte d'asperges. = Le désir d'aller jouer.

Le plaisir de patiner. = Les fruits amers qu'on ne peut manger. = Les cierges qu'on veut allumer. = Des leçons qu'on doit réciter. = Le désert que vous avez à traverser. = L'argent qui était à distribuer. = La terre qu'il faut labourer. = Les cerfs que vous chassez, pour les tuer. = Un débrouilloir pour vous débrouiller. = Les pierres à bâtir et les bûches de bois à brûler.

L'Angleterre est une île située au nord de la France. = Le meilleur moyen de ne pas s'ennuyer, c'est de travailler. = Il faut se coucher de bonne heure, pour ne pas se réveiller trop tard. = Il est prudent de se défier de ceux qui ont voulu nous tromper. = Suivant la mythologie, Jupiter était le dieu du tonnerre. = Une averse est une forte ondée de pluie. Les averses accompagnent ordinairement les coups de tonnerre. = On se sert d'une herse pour briser les mottes de terre.

Le vent disperse les feuilles des arbres, quand elles sont tombées. = Les loups dispersent les troupeaux de moutons, dès qu'ils apparaissent. = Si vous conduisez la voiture dans le chemin de traverse, prenez garde qu'elle ne verse. = Ordonnez au portier de balayer la cour. Rappelez aux commis du magasin qu'ils devront plier les étoffes et ranger ce qu'ils ont dérangé. Il pourront envoyer les marchandises vendues, si l'on ne vient pas les demander. = Pour débrouiller ces fils embrouillés, il vous faut commencer par tirer vos gants, et ne pas trop vous hâter.

une ferme.

un terme.

une caverne.

une citerne.

il gouverne.

il consterne.

une perte.

elle est verte.

elle est déserte.

la réserve.

il observe.

il conserve.

qu'il se serve.

une perche.

il cherche.

un cercle.

un couvercle.

une vergue.

perdre.

un tertre.

un verrou.

une verrue.

une serrure.

un serrurier.

le terrain.

la terrine.

la ferraille.

la perruque.

le perruquier.

la terreur.

une erreur.

il est ferré.

il est errant.

il est terrible.

terriblement.

derrière.

je verrai.

il enverra.

le berceau.

le bercail.

le cerfeuil.

le cercueil.

le cerveau.

le cervelas.

la certitude.

il est certain.

certainement.

la ferveur.

la fermeté.

la fertilité.

la fierté.

une merveille.

il est merveilleux.

la perfidie.

la permission.

la persévérance.

la persuasion.

il est persuadé.

il est perclus.

servir.

un service.

un sergent.

un serment.

un serpent.

la verdure.

la vertu.

il est vertueux.

il est terminé.

la liberté.

le superflu.

la superficie.

le répertoire.

un épervier.

la perpétuité.

il aperçoit.

il est affermé.

il est renfermé

il remercie.

un remerciement.

une amertume.

une éternité.

la maternité

interdire.

intervenir.

interrompre.

un intermédiaire.

un réverbère.

une ouverture.

une couverture.

la perversité.

l'université.

le gouverment.

il avertit.

il divertit.

un divertissement.

un avertissement.

le daguerréotype.

il est assermenté.

Germain.

Gertrude.

Bernard.

St-Pétersbourg.

Les feuilles vertes. = Un conseiller de l'Université.

Mes souliers ferrés. = Tes galons de sergent-major.

Le Juif-Errant. = Les sept merveilles du monde.

Le couvercle de la terrine. = Les cercles des barriques.

Un oreiller, un traversin et une couverture de laine.

La liberté de marcher, de s'arrêter, d'aller et de venir.

Une serrure et un verrou pour me renfermer chez moi.

Du fumier pour engraisser et fertiliser la terre.

La ferveur à prier le bon Dieu, et la persévérance à pratiquer la vertu. = La caverne des quarante voleurs dans les contes merveilleux des *Mille-et-une-Nuits*. = La certitude de mourir, et l'incertitude du sort qui nous est réservé dans l'éternité. = Une tisane de fumeterre et de lierre pour un rhume de cerveau.

On se sert des réverbères pour éclairer les rues. = Il n'y a qu'un sot qui puisse être fier de sa fortune, mais une certaine fierté est permise dans l'adversité. = Il est difficile de gouverner un navire qui a perdu son gouvernail. = Un thermomètre est un tube de verre gradué, qui contient du mercure : cet instrument sert à marquer la température, ou, en d'autres termes, le degré de chaleur de l'air. = Pour imiter Jésus-Christ, nous devons donner tout notre superflu, en ne conservant que le nécessaire. = Saint Pierre nous avertit que la porte du paradis est étroite; mais que les portes de l'enfer sont terriblement larges.

Quand vous aurez reçu un service de quelqu'un, vous devez le remercier : mais il faut que les remerciements partent du cœur. = Bernard, votre cousin germain, est allé visiter le pauvre paralytique qui est perclus de tous ses membres : il lui a porté une couverture pour le réchauffer; en outre, pour son dîner, une perdrix, un cervelas, un merlan, des asperges, du cerfeuil et du persil.

Il verse, ils versent. = Il observe, ils observent.

Il ferme, ils ferment. = Il gouverne, ils gouvernent.

Il cherche, ils cherchent. = Il conserve, ils conservent.

Il berce, ils bercent. = Il renferme, ils renferment.

Il sert, ils servent. = Il consterne, ils consternent.

Il serre, ils serrent. = Il aperçoit, ils aperçoivent.

Tu verses, tu cherches, tu observes, tu renfermes.

Tu berces, tu conserves, tu serres, tu gouvernes.

Le char se renverse. = Les voitures se renversent.

L'empereur gouverne. = Les monarques gouvernent.

La nourrice berce. = Les mères bercent leurs enfants.

On cherche la fortune. = Les sages recherchent la vertu.

Que cherches-tu dans ce tas de foin?

Je vois un char qui verse, et des bœufs qui traversent; une porte qui se ferme et des gens qui se renferment; une hache qui sert, et deux haches qui ne servent pas; un homme qui cherche, et des oiseaux qui se perchent; un pilote qui gouverne, et des marins qui observent; une manche qui se resserre, et des fruits qui gercent; une vergue qui traverse la barque de babord à tribord; des merles et des pies qui traversent notre chemin; et des tables couvertes de serges vertes.

Je voudrais parler au fermier qui afferme cette terre.

Je connais les fermiers qui afferment ces vastes terrains.

Les clous traversent mes souliers et me percent les chairs. = On parle d'un matelot qui déserte le navire, et de trois conscrits qui désertent le régiment. = Voilà des enfants qui dispersent les perles du beau collier qui vient d'être acheté chez le joaillier. = C'est un maréchal de France qui gouverne ce corps d'armée : ce sont des maréchaux-ferrants qui ferrent les chevaux. = Des affaires diverses qui me concernent me déterminent à rentrer chez moi. = Les troupeaux se divertissent sur la verdure, en attendant qu'ils rentrent au bercail.

Une graine germe, lorsqu'elle a été mise dans la terre.

Le pot de terre se brise contre le pot de fer : c'est un proverbe. = Le serpent est un animal perfide et pervers : sa perfidie et sa perversité sont devenues des proverbes ; elles sont proverbiales. = Il faut user de chaque chose sans tomber dans la licence. = Une grenouille traverse un ruisseau en nageant. Les bateliers traversent les rivières dans des bateaux, qu'ils dirigent au moyen de leurs longues perches : mais, pour traverser les fleuves et les bras de mer, ils se servent d'une voile attachée à une vergue, dans une barque qui a un gouvernail.

Un homme orgueilleux veut que chacun se prosterne devant lui, comme les idolâtres se prosternent devant les idoles. = On cherche ce qu'on a perdu, et à force de chercher on finit par trouver ; mais il vaut mieux éviter de perdre. = Les gens vraiment vertueux aiment la vertu en elle-même, et ils la pratiquent sans en rechercher une récompense. = Les feuilles vertes du printemps jaunissent en automne, et puis elles tombent. Si on les entasse, elles pourrissent, elles fermentent et forment du fumier. = L'Auvergne est une province montagneuse de la France : les auvergnats sont des hommes vertueux et industrieux.

On gouverne les écoliers par la douceur unie à la fermeté : c'est ainsi que les officiers gouvernent les soldats. = Il est permis de se divertir après le travail. J'aime que les enfans se divertissent en courant sur une pelouse verte, en sautant sur une terrasse, en roulant des cercles, en jouant au cerf-volant ou à collin-maillard : je ne connais pas de meilleurs divertissements. Quelquefois je me plais à contempler ces jeux innocents, pendant que je me repose sous un berceau de lierre ou de chèvre-feuille. = Le nombre six est le tiers de dix-huit ; et huit représente les deux tiers de vingt-quatre. = Trois tiers valent un entier,

Le jour de la fête de la Vierge, on allume tous les cierges des églises. = Quand on a commis une erreur, il vaut beaucoup mieux l'avouer avec franchise, que de chercher à la nier : aussi je ne crains jamais d'avouer les erreurs que j'ai commises. = Les voyageurs qui voyagent à travers les déserts ont besoin de tout leur courage : car ils doivent se résigner à endurer la soif et la faim, le chaud et le froid ; ils couchent sur la terre nue, sur le sable, sur des pierres, quelquefois dans des marais. Dans certains pays ils rencontrent des serpents qui ne craignent pas de leur déclarer la guerre. Il y a des serpents monstrueux qui s'avancent avec leur gueule ouverte et leurs yeux enflammés : ils saisissent un homme et l'avalent tout entier.

Si vous observez la couverture de ma maison, vous y apercevrez une longue barre de fer terminée en pointe : c'est un paratonnerre, c'est-à-dire un appareil qui préserve du tonnerre. Il serait à désirer que beaucoup d'autres maisons eussent aussi des paratonnerres, car ceux qui craignent le tonnerre n'auraient plus à le craindre. Vous savez de quelles terreurs certaines personnes sont saisies, quand les éclats de la foudre font tinter les vitres, et que les éclairs brûlent les yeux. Le tonnerre passe à travers les murailles, et il cause de terribles accidents.

Vos cousins Robert et Bernardin font des merveilles dans leurs études. Ils montrent de la persévérance au travail, et de la persistance dans leurs résolutions. Pour les récompenser, leur cher papa les conduira à Clermont en Auvergne, pendant les vacances prochaines. = La bonne Gertrude n'a pas oublié ses chers enfants : je l'aperçois qui vient de la foire : les poches de son tablier sont pleines de joujoux ; en outre, elle tient d'une main un pannier de fraises, et de l'autre un cercle doré dont elle fait sonner les grelots.

Votre vieille gouvernante, la bonne Françoise, vous avertit que vos souliers vernis sont déjà bien usés, et que vous devriez les ménager pour le dimanche; certainement elle a raison. D'ailleurs, les enfants peuvent très-bien se passer de souliers : les petits villageois n'ont pas de chaussures; et cependant, avec leurs jambes nues, ils courent sur les cailloux, sur les pierres pointues, comme s'ils couraient sur le gazon. Ils portent simplement quelques vêtements grossiers, et ils en sont plus alertes dans leurs mouvements, plus robustes et plus vigoureux.

Pierre-Marie, le fils aîné de votre fermier, est un modèle de toutes les vertus. En toute saison, il est debout avant le lever du soleil. Après avoir offert sa prière au bon Dieu, il va travailler aux champs de la ferme, car il est déjà capable d'aider à son père. Il passe quelques heures du jour à étudier, parce qu'il est persuadé de l'utilité de l'étude. Pour son dîner, il ne veut qu'un morceau de pain de seigle et un peu de verdure, comme de l'oseille ou du persil : si on lui donne davantage, il va le porter à une pauvre femme qui est toute perclue, par suite d'une maladie de nerfs. Un jour, il se distingua par un trait de courage que vous admirerez certainement. Un enfant traversait une prairie, lorsqu'un serpent s'élança sur lui et s'enroula autour d'une de ses jambes. Saisi de terreur, il poussa des cris perçants : Pierre-Marie les entendit, et il se hâta d'accourir. Il vit le serpent qui tenait sa gueule ouverte et brandissait la tête d'un air menaçant : néanmoins, il ne craignit pas de jeter sa main droite sur le cou de ce hideux animal, qu'il serra de toute sa force; et, en tirant à lui, il arracha le corps tout entier. Alors, le saisissant par la queue avec la main gauche, il put le porter à la ferme. Là, on reconnut que c'était une vipère très-venimeuse et des plus dangereuses; et, comme vous le pensez bien, on lui écrasa la tête.

§ XV.

Les syllabes finales ec, ef, eph, eir, el, ep, se prononcent :
éc, éf, éph, éir, él, ép.

le bec.	eh !	il est réel.
le grec.	eh bien.	il est cruel.
un échec.		il est manuel.
il est sec.	le sel.	il est annuel.
Québec.	le ciel.	il est mensuel.
Caudebec.	le fiel.	il est sensuel.
les becs.	le miel.	il est continuel.
les grecs.	un tel.	il est perpétuel.
ils sont secs.	un autel.	il est éventuel.
	le pastel.	il est spirituel.
un chef.	le rappel.	il est universel.
une nef.	le colonel.	il est matériel.
un fief.	le caramel.	il est immatériel.
un grief.	Abel.	les rappels.
un relief.	Michel.	les colonels.
il est bref.	Gabriel.	ils sont réels.
Joseph.	il est formel.	ils sont cruels.
les chefs.	il est criminel.	ils sont mortels.
les griefs.	il est mortel.	
les reliefs	il est immortel.	le julep.
ils sont brefs.	il est éternel.	Alep.

Le bec de l'oiseau. = La nef d'une église. = Du poivre et du sel. = Un morceau de pain sec. = Les cierges de l'autel. = Un ciel sans nuages. = Des tableaux peints au pastel = Un tribut annuel. = Un remède aussi amer que du fiel. = Un breuvage aussi doux que du miel. = Les fruits secs. — Les grecs et les turcs. = Les soucis continuels. = Les enfants spirituels. = Les hommes perfides, cruels et criminels.

Dieu seul est éternel : il n'a pas eu de commencement ; il n'aura pas de fin. = Un colonel est le chef d'un régiment. = Ce qui n'est qu'apparent n'est pas réel. = Ce qui est éventuel n'arrive que par hasard. Ce qui est annuel revient tous les ans, et ce qui est mensuel se reproduit chaque mois. = Ce qui est bref n'est pas long. Les orateurs sont brefs, lorsqu'ils évitent les paroles inutiles. = Un bel homme est un homme de grande taille, et un nouvel appartement est un appartement nouveau. = Les travaux manuels sont ceux qui se font avec les mains : ils sont matériels, mais quelquefois ils supposent de grands talents industriels.

Le miel est une substance très-douce, que les abeilles préparent pour nourrir leur couvain, c'est-à-dire les petites abeilles naissantes. = Le fiel est un liquide jaune ou verdâtre, qui se trouve dans le foie des animaux. Vous savez, sans doute, qu'il est très-amer. l'amertume du fiel a passé en proverbe, aussi bien que la douceur du miel : Ainsi, l'on dit proverbialement : *doux comme le miel, et amer comme le fiel.*

Tout ce qui fait saillie se nomme un relief : ce qui est en relief est donc le contraire de ce qui est creux. = Les biens spirituels sont préférables aux biens temporels : les premiers seront éternels, tandis que les autres sont passagers et périssables. = Les hommes sont mortels : cela veut dire qu'ils doivent mourir, après avoir vécu un certain temps. S'ils ne devaient jamais mourir, ils seraient immortels = On dit aussi qu'un événement ou un coup est mortel, lorsqu'il cause la mort : ainsi, quand Abel fut tué par son méchant frère, qui l'assommait avec une massue, il recevait des coups mortels. On dit de la même manière que les plaisirs des sens, ou les plaisirs sensuels, sont mortels, parce que très-souvent ils causent la mort.

§ XVI.

La syllabe finale et se prononce é.

un barbet.	le bracelet.	le tourniquet.
un alphabet.	le cabriolet.	le perroquet.
un cadet.	le serpolet.	le furet.
un godet.	le martelet.	le jarret.
un bidet.	il est violet.	le guéret.
un baudet.	le plumet.	le minaret.
un préfet.	le fumet.	le lazaret.
un buffet.	le bonnet.	le tabouret.
un auget.	le cornet.	le chardonneret.
un jet.	le carnet.	un lacet.
un projet.	le chenet.	un basset.
un sujet.	le cabinet.	un corset.
un objet.	le robinet.	un navet.
un trajet.	le martinet.	un civet.
un gilet.	le moulinet.	un bluet.
un filet.	le parapet.	il est fluet
un volet.	le muguet.	il est muet.
un valet.	le paquet.	un fouet.
un châlet.	le piquet.	un jouet.
un mollet.	le caquet.	un rouet.
un collet.	le baquet.	les filets.
un poulet.	le bouquet.	les volets.
un boulet.	le parquet.	les projets.
un goblet.	le bosquet.	les poulets.
un batelet.	le roquet.	les bonnets
un chapelet.	le briquet	les cabinets.
un chevalet.	le banquet.	les navets.
un mantelet.	le quinquet.	les bluets.
un pistolet.	le freluquet.	les fouets.
un bourrelet.	le bilboquet.	ils sont violets.

Un cadet de famille. = Le parapet d'un pont.

Un cornet de dragées. = Le caquet de la commère.

Un boulet de canon. = Les grains de votre chapelet.

Un jet d'eau. = Un bonnet vert et un gilet violet.

Le rouet de la fileuse. = Le robinet de la fontaine.

Le sujet de vos soucis. = L'objet que je me propose.

Un chien barbet, un basset, un épagneul et un roquet.

Un baudet qu'on ne fait marcher qu'à coups de fouet.

Un bidet qui ne manque pas de jarret. = Un bouquet de muguet et de serpolet. = Un roitelet, un moineau et un chardonneret, qui chantent dans un bosquet. = Un perroquet qui se perche sur le bord de son auget. = Le préfet du département de la Seine. = Les poulets rôtis et les canards aux navets. = Les sourds-muets. = Une paire de pistolets. = Les maîtres et les valets. = Les beaux minarets de Constantinople.

Pour faire un civet on commence par prendre un lièvre.

On renferme dans un buffet les bouteilles, les verres et les gobelets. = On se sert des lacets pour serrer les corsets. = Les filets servent à prendre les petits poissons. = On suspend les quinquets aux plafonds, pour éclairer les chambres ou les cabinets. = Un jardinier emploie des piquets pour marquer les alignements. = Les valets de chambres emploient de la cire pour cirer les parquets des appartements. = On dépose les paquets de linge sale dans des baquets pleins d'eau, afin de les laver.

Un muet ne peut parler ; mais il y a des muets qui savent écrire. = Les bluets sont des fleurs bleues qui croissent dans les champs de blé = Il y a des gens qui font des banquets dans les cabarets, pour se régaler. = On aime les plumets sur les shakos des grenadiers. = Aimez-vous les rubans violets sur un bonnet blanc ? = Les cheveux forment un couvre-chef naturel. Les chapeaux et les bonnets sont des couvre-chefs artificiels.

le cachet.	un poignet.	un entremets.
le crochet.	un beignet.	je mets.
le brochet.	un maillet.	je promets.
le hochet.	un œillet.	je transmets.
un archet.	il est douillet.	tu admets.
un secret.	il met.	tu commets.
un regret.	il promet.	
un coffret.	il permet.	un pied.
un cotret.	il remet.	un trépied.
un sifflet.	il commet.	un marchepied.
un soufflet.	il admet.	il s'assied.
il est discret.	les brochets.	je m'assieds.
il est indiscret.	les couplets.	un nez.
il est replet.	les beignets.	un rez-de-chaussée
il est complet.	ils sont discrets.	une clef.
il est incomplet.	un mets.	un chef-d'œuvre.

La clef de mon cabinet. = L'archet de votre violon. Une serrure à secret. = Le soufflet du forgeron. Un coffret plein d'or. = Le maillet du menuisier.

Un homme réservé et discret. = Le regret d'avoir été indiscret. = Un mantelet accroché à un crochet. = Un brochet qu'on met dans la poêle. = Le joli bilboquet que l'on me promet. = Un avis qu'on me transmet par un coup de sifflet. = Une chanson en trois couplets. = Un soulier qui me serre le pied. = La tête couverte, et les pieds nus. = Une marmite sur un trépied. = Les yeux, la bouche, le nez et les oreilles. = Le premier étage et le rez-de-chaussée. = Un mets délicieux, et un entremets sucré.

Les rets sont des filets qui attrapent les oiseaux. = Il faut des clefs avec les serrures. = Un tourniquet ne permet pas à plusieurs personnes de passer ensemble. = Je permets de s'asseoir, quand je m'assieds.

Le collet brodé du préfet. Les collets brodés des préfets.
Un coup cruel et mortel. Des coups cruels et mortels.

Le chef-d'œuvre d'un auteur grec. Les chefs-d'œuvre des auteurs grecs. = Un jeu d'échecs complet. Des jeux d'échecs incomplets. = Le bec en relief du perroquet. Les becs en crochets des perroquets = Le sujet perpétuel de mes alarmes. Les sujets perpétuels de vos inquiétudes. = Le regret d'avoir offensé son chef. Les regrets d'avoir insulté des chefs.

L'objet particulier que j'ai en vue. Les objets particuliers que nous nous proposons. = Le rappel continuel de la garde nationale. Les rappels continuels des sapeurs pompiers. = Un gros paquet de linge sec. Les gros paquets de chemises et de draps secs. = Le projet criminel de tuer un baudet. Les projets criminels de tromper les meuniers, de les battre et de voler les baudets. = Les hommes douillets, sensuels et cruels. = Les objets apparents qui ne sont pas réels. = Les bas-reliefs qui sont peints au pastel. = Les poignets liés et les pieds enchaînés.

Tel père, tel fils. Tels maîtres, tels valets. = Les perroquets répètent les paroles sans les comprendre, et leur babil est ennuyeux; mais les pies sont encore bien plus ennuyeuses par leur caquet perpétuel. = Tous les tableaux du célèbre peintre Michel-Ange sont des chefs-d'œuvre; ils ont rendu son nom immortel. = Les gourmands aiment les beignets; ils se régalent des entremets au sucre et au caramel. Mais les gourmets préfèrent le fumet du gibier. = Les navets, ou les pommes de terre au gros sel, forment un mets économique, mais qui est peu nutritif. Cependant, combien de braves gens n'ont pas d'autres mets sur leurs tables ou dans leurs buffets! Ils se passent volontiers de poulets rôtis, mais ils seraient bien aises de se rassasier de pain sec, et la cherté des vivres ne le leur permet pas : cela est cruel à penser.

Quiconque commet un crime est un criminel. On met les criminels en prison; on leur fait passer plusieurs années dans ces affreuses maisons dont les fenêtres n'ont pas de volets, mais sont garnies de barreaux de fer. Le geôlier, ou l'homme qui tient les clefs de la porte, permet d'entrer, mais il ne permet pas de sortir. Il y a des criminels qui sont condamnés à un châtiment perpétuel. Quelques-uns traînent des boulets attachés à leurs pieds, et portent des bonnets verts. Les meurtriers, les assassins, les coupe-jarrets subissent la peine de mort : ils sont conduits à l'échafaud avec les poings liés derrière le dos, et ils ont la tête tranchée. Tel est le sort des hommes pervers et cruels. Quand on ne se soumet pas aux lois de la société, combien on en a de regrets plus tard !

Le furet est un animal carnassier, mince, long et fluet. Il aime les lapins comme les lapins aiment le serpolet : aussi les cherche-t-il dans leurs terriers pour les dévorer. Voici, en conséquence, le singulier moyen que les chasseurs emploient pour prendre des lapins vivants : ils placent, à la sortie du terrier un sac en filet, et par l'autre ouverture ils font entrer un furet. Aussitôt que les lapins aperçoivent l'animal carnassier, ils s'enfuient vers le côté opposé, et ils tombent dans le filet, où les chasseurs les attendaient.

Es-tu dans la cave ou dans le grenier, dans la chambre ou dans le cabinet? As-tu le julep et le caramel? Si tu ne trouves pas les haricots verts et les pois secs, cherche-les derrière le cuvier, c'est toujours là qu'on les met : enfin, je vois que tu les as. A présent, pends ton chapeau au crochet; si tu n'es pas assez haut, sers-toi du marchepied; ensuite, assieds-toi sur le tabouret auprès du foyer; écarte les chenets; mets quelques cotrets dans le feu; place le chaudron sur le trépied et mets-y les navets; range le soufflet et mouche ton nez.

C'est aujourd'hui une fête religieuse, un des jours les plus solennels de l'année dans notre pays catholique. Entendez-vous de divers côtés le son continuel des cloches? Dès le lever du soleil, les tambours ont battu le rappel, et déjà toute la garnison est sous les armes. Voici le chef des sapeurs-pompiers, qui arrive fièrement avec un superbe plumet sur son casque ; ensuite des officiers de l'état-major, des capitaines et des colonels, accompagnés de quelques sergents et autres sous-officiers. De toutes parts on aperçoit des piquets d'infanterie et de cavalerie. Voyez ces grenadiers en bonnets à poil, ces lanciers et ces hussards dans leur nouvel uniforme, dont les couleurs sont éblouissantes. Les cuirassiers et les carabiniers s'avancent pesamment, comme le bataillon des immortels. De cet autre côté remarquez-vous le préfet, si reconnaissable à la dignité de sa démarche et à son collet brodé ? Voilà l'évêque qui est encore dans son costume violet ; puis une longue file de jeunes filles en voiles blancs, qui se dirigent vers la cathédrale. Maintenant, ce sont les élèves des écoles et les lycéens : combien on admire la parfaite tenue de ces jeunes gens, avec leurs jolis uniformes parsemés de filets rouges ou de galons dorés ! Un arc-en-ciel nous promet une journée magnifique : le ciel se montre donc favorable à nos vœux, et tous les cœurs sont remplis d'enthousiasme.

La ville de Québec, capitale du Canada, était autrefois française : elle avait été fondée par des aventuriers français. Il y a un siècle, elle fut assiégée par une armée anglaise très-nombreuse et très-brave, que le gouvernement anglais avait envoyée pour la prendre. Les français, ou canadiens, abandonnés à leurs propres ressources, ne se rendirent néanmoins qu'après une glorieuse défense, dont le souvenir sera perpétuel. Moncalm, leur illustre chef, y perdit la vie.

Eh bien, comment va mon fils Gabriel ? Met-il à profit vos bons avertissements et mes encouragements continuels? Fait-il des progrès réels ? — Eh eh! il y a du pour et du contre : c'est un garçon spirituel, qui pourrait devenir un des premiers sujets de mon pensionnat, s'il marchait sur les traces de ses cousins Michel et Joseph. Mais donnez-vous la peine de passer dans mon cabinet, veuillez bien vous asseoir, et je vais vous donner des renseignements plus précis et plus nets. Voici, dans un carnet, le rapport mensuel que me transmet le censeur du lycée dont il suit les cours. Je lis : *Notes passables sur le thème grec et la version latine, satisfaisantes sur les vers latins, mais déplorables sur les mathématiques.* Au sujet de la conduite, il y a bien aussi quelques légers griefs : il répond trop haut à l'appel de son nom ; quelquefois il a l'air de se moquer des rappels au règlement : c'est même à tel point, que j'ai dû répondre par un refus formel à sa demande de sortie pour la fête de la Vierge. Enfin, j'espère que le rapport annuel sera plus favorable. Je ferai du moins pour Gabriel ce qui sera possible : ses progrès seront l'objet de mes soins personnels et vraiment paternels, je vous le promets.

Mercredi matin, nous entendîmes crier dans les rues de notre ville qu'un prisonnier redoutable s'était échappé en brisant ses fers, et samedi nous lûmes dans le journal du département qu'il vous est arrivé, à cette occasion, un événement singulier. Faites-nous, je vous prie, le plaisir de nous le raconter. — Il est certain que l'événement est des plus singuliers ; je vous le raconterai volontiers dans tous ses détails J'avais formé le projet d'aller voir sans cérémonie un de mes amis, ancien sous-préfet dans le département du Loiret, et aujourd'hui simple campagnard: Dans ce but, je me mis en route vendredi matin. Le ciel était couvert, le temps incertain, les chemins ne ne paraissaient pas secs, j'avais à faire deux lieues dans la campagne; et, ma foi, pour ces diverses raisons, j'avais pris mes vêtements les moins sujets aux accidents : des souliers assez grossiers, un chapeau qui semblait revenir de la guerre, un gilet qui était vert autrefois, mais dont la couleur est devenue incertaine et qui n'a plus ses boutons au complet. A quelque distance de la ville, je m'engageai dans un chemin de traverse : j'en avais déjà parcouru les deux tiers, je traversais un bosquet sur le sommet d'une colline, lorsque j'aperçus deux gendarmes qui se dirigeaient vers moi. A mesure qu'ils approchaient, ils accéléraient le pas, et ils fixaient sur toute ma personne des regards perçants. Quand ils furent assez près, tout d'un coup, sans m'avertir, ils se jetèrent sur moi, ils me prirent par le collet, ils me serrèrent les bras, ils me saisirent à la gorge, peu s'en fallut qu'ils ne m'étranglassent : sans doute, j'en devins pourpre et violet. Alors, l'un d'eux, qui paraissait être le chef, me dit d'une voix ferme : *Vous êtes le prisonnier que nous cherchons depuis deux jours, dans tout le pays : ne cherchez pas à le nier, car vous avez les mêmes yeux, le même nez, la même taille, vous êtes le même individu des pieds à la tête, et vous portez le même gilet.* Ils se disposaient donc à me conduire à la conciergerie de la prison : mais enfin, ils me permirent de parler, j'eus même la liberté de faire quelques mouvements, et j'en profitai pour me justifier; je parvins à les convaincre de leur erreur en leur montrant mes papiers, et ils me relâchèrent. Comme ils me témoignaient leurs regrets de s'être trompés, j'élevai la voix à mon tour : je leur reprochai avec fermeté, et dans des termes amers, les torts qu'ils avaient eus envers moi. Cependant, les gendarmes sont de si braves gens, que je me déterminai généreusement à pardonner.

§ XVII.

La lettre C, suivie de deux consonnes ou d'un X, se prononce É, sauf les exceptions comprises dans ce qui précède et celles qui terminent la catégorie.

une pelle.	une dette.	la messe.
une selle.	elle est nette.	la presse.
elle est belle.	la vedette.	la tresse.
elle est telle.	la galette.	la sagesse.
la chandelle.	la boulette.	une largesse.
la citadelle.	la violette.	une caresse.
la gamelle.	la toilette.	la paresse.
la femelle.	une omelette.	la forteresse.
la jumelle.	une côtelette.	la politesse.
la tonnelle.	une épaulette.	la tristesse.
la prunelle.	une sonnette.	la faiblesse.
la canelle.	une serinette.	la noblesse.
la sentinelle.	une clarinette.	la tendresse.
la chapelle.	une trompette.	une adresse.
la querelle.	une serpette.	une maîtresse.
la tourterelle	une baguette.	une ivresse.
la ficelle.	une banquette.	la richesse.
la nacelle.	une charrette.	la hardiesse.
une étincelle.	une lancette.	la jeunesse.
une aisselle.	une recette.	la vieillesse.
une demoiselle.	une cassette.	une déesse.
la dentelle.	une rosette.	une prouesse.
la bretelle.	une noisette.	une princesse.
la bagatelle.	une gazette.	une comtesse.
les pelles.	les dettes.	une duchesse.
les chandelles.	les épaulettes.	les messes.
les ficelles.	les trompettes.	les richesses.
mesdemoiselles.	les pincettes.	les princesses.

Une bride et une selle. = Une chandelle de résine.
Une belle dentelle. = Une noisette et une grosse noix.
La clef de ma cassette. = Les baguettes du tambour.
Les prunelles de vos yeux. = La pelle du jardinier.
Une tresse de cheveux. = Les épaulettes de l'officier.
Une sentinelle postée sur le mur de la citadelle.

Un soldat placé en védette sur le rempart d'une
forteresse. = Les caresses perfides de votre chatte. =
La chapelle où l'on dit la messe. = La sonnette qui
appelle pour dîner. = Un bout de ficelle pour ficeler un
paquet. = Un charretier conduisant sa charrette. = Une
place propre et nette sur cette banquette. = Un concert
formé par une clarinette, deux flûtes, trois cornets à
pistons et quatre trompettes. = La politesse de vos
manières ; la noblesse et la délicatesse de vos sentiments.

La serpette est le couteau du jardinier. = Une cadette
est la plus jeune demoiselle d'une famille. = On met son
adresse sur les cartes de visite. = Il faut de l'adresse
pour bien manier une lancette. = Une querelle est assez
souvent le résultat de l'ivresse. = Les bretelles d'un sac
de soldat passent sous les aisselles. = On aime les jeunes
demoiselles qui se distinguent par leur sagesse : quand elles
sont simples dans leur toilette, elles en paraissent beaucoup
plus belles.

La noisette est le fruit de l'arbrisseau qui se nomme un
coudrier. Dans les campagnes bretonnes, la cueillette des
noisettes est un des grands plaisirs de la jeunesse : on y va
aussi à la recherche des violettes et des pâquerettes. = Si
vous êtes rassasié, on aura beau vous servir des mets
délicieux, tels que des côtelettes de mouton, des omelettes
sucrées ou des galettes de sarrasin, vous les trouverez
insipides, et vous les renverrez à la cuisine : mais sur le
chantier, on trouve la gamelle délicieuse.

une nouvelle.
une voyelle.
une gazelle.
une échelle.
La Rochelle.
Bruxelles.
une vielle.
une ruelle.
une écuelle.
une truelle.
les écrouelles.
elle est formelle,
　mortelle,
　immortelle,
　naturelle,
　maternelle,
　universelle,
　réelle,
　cruelle,
　continuelle,
　perpétuelle,
　spirituelle.
formellement.
mortellement.
réellement.
cruellement.
continuellement.
spirituellement.
matériellement.
paternellement.
il appelle.
tu appelles.
ils appellent.
ils renouvellent.

une cuvette.
une fauvette.
une tablette.
une chevrette.
une lorgnette.
une manchette.
une hachette.
une fourchette.
les mouchettes.
une miette.
une assiette.
une serviette.
une bluette.
elle est muette.
une chouette.
une girouette.
une brouette.
il fouette.
les tablettes.
les fourchettes.
une betterave.
nettement.
Annette.
Jeannette.
Henriette.
il jette.
ils jettent.
ils fouettent.
qu'il mette.
ils mettent.
ils promettent.
ils permettent.
ils commettent.
ils admettent.

la mienne.
la tienne.
la sienne.
les miennes.
les siennes.
la chienne.
les chiennes.
la gardienne.
Rennes.
Varennes.
Lucienne.
Julienne.
Adrienne.
elle est moyenne,
　mitoyenne,
　citoyenne,
　chrétienne,
　ancienne,
　parisienne,
　italienne,
　autrichienne.
qu'il prenne.
ils prennent.
qu'il apprenne.
ils apprennent.
ils comprennent.
qu'il vienne.
ils viennent.
ils tiennent.
ils soutiennent.
ils appartiennent.
ils reviennent.
ils conviennent.
ils se souviennent.

La tendresse maternelle. = Des papiers sur les tablettes.
Une douleur cruelle. = Les tourterelles et les fauvettes.
La ruelle du lit. = La truelle et le mortier du maçon.
Une salade de betteraves, un homard et des chevrettes.
Une cuvette, une serviette, un verre et une tablette de
savon pour votre toilette. = Les verres de ma lorgnette
jumelle. = Deux sœurs jumelles. = Une girouette sur la
pointe d'un clocher. = Les chandeliers, les chandelles et
les mouchettes. = Une pelle à feu et des pincettes. =
Une vieille femme qui joue de la vielle. = Une petite
écuelle, et une autre d'une grandeur moyenne. = Une
juive, une mahométane et une chrétienne. = Une
citoyenne de l'ancienne république romaine. = Les
anciennes citoyennes de la république athénienne.

Une brouette est une petite charrette à une roue. = Une
rue étroite se nomme une ruelle ou une venelle. = La
ville de La Rochelle a une ancienne citadelle. = Une
bluette de feu est une grande étincelle. = Les écuelles
sont des vases en bois ou en terre cuite. = C'est au
moyen des échelles que les couvreurs montent sur les
toits. = On fouette les mulets avec des fouets ou des
baguettes. = Une mère est cruellement affligée, quand sa
fille unique est sourde et muette.

Il faut d'abord que je comprenne ma leçon, et ensuite
il faudra que je l'apprenne. Les écoliers apprennent une
leçon en la relisant continuellement : mais il ne la savent
pas réellement, s'ils ne la comprennent pas. = Votre
sœur Henriette jette des os à sa petite chienne. Vos
cousines Lisette et Jeannette jettent des miettes de pain
à leur tourterelle. = Vos voisines Lucienne et Adrienne
promettent souvent de venir nous voir, mais elles ne
viennent pas. — Sans doute, si elles ne tiennent pas
parole, c'est qu'elles ne s'en souviennent pas.

le sexe.
un annexe.
il vexe.
il est convexe.
il est complexe.
la complexion.
la réflexion.
la convexité.
Alexis.
Alexandre.
une pellicule.
une intelligence.
il est intelligent
il est belliqueux.
il est cellulaire.
un exemple.
un exilé.
une exigence.
une existence.
une expérience.
une excuse.
une extrémité.
un exercice.
une expression.
il exige.
il existe.
il exerce.
il expire.
il explique.
il expose.
il examine.
ils exigent.
ils existent.
ils examinent.

une lettre.
mettre.
promettre.
permettre.
commettre.
soumettre.
le respect.
un aspect.
une secte.
un insecte.
il infecte.
il affecte.
il respecte.
tu respectes.
ils respectent.
ils infectent.
il est direct.
elle est directe.
il est correct.
elle est correcte.
il admettait.
il commettait.
il affectait.
la lecture.
un électeur.
un directeur.
un protecteur.
un inspecteur.
un spectacle.
un spectateur.
un prospectus.
une perspective.
il est électrique,
l'électricité.

je cesse.
je blesse.
je dresse.
je m'adresse.
je presse.
je m'empresse.
je confesse.
j'intéresse.
ils cessent.
ils blessent.
ils pressent.
ils caressent.
ils intéressent.
tu blesses.
tu adresses.
il confessait.
ils redressèrent.
une blessure.
une confession.
une profession.
un professeur.
une oppression.
une succession.
un dessin.
un dessein.
du cresson.
la nécessité.
il est nécessaire.
il est intéressé.
il est désintéressé.
il dessèche.
il descend.
ils descendent.
ils dessèchent.

Une blessure mortelle. = Un télégraphe électrique.

Une odeur qui infecte. = Une prison cellulaire.

Une lecture intéressante. = Un caractère désintéressé.

Une phrase correcte. = Une expression exagérée.

Des phrases incorrectes. = Une complexion délicate.

Un inspecteur de police. = Un professeur de dessin.

Le dessein que j'ai formé d'aller à La Rochelle.

Le directeur d'une salle de spectacle. = L'expérience de la vieillesse, et l'inexpérience de la jeunesse. La perspective d'un meilleur avenir. = Des objets vus en perspective = L'intelligence merveilleuse des chiens barbets. = Les mœurs belliqueuses de la nation lacédémonienne. = Une conduite exemplaire.

Le cresson s'appelle quelquefois la santé du corps. = Il est nécessaire de se soumettre à la loi. = Une pellicule est une peau très-mince. = Il semble plus facile de descendre que de monter. = Quand on est au haut d'une échelle, on en descend quelquefois plus vite qu'on ne veut. = On doit respecter les professeurs. = Les mauvais sujets ne respectent rien. = Les enfants d'un bon naturel sont respectueux envers leurs parents; ils se soumettent respectueusement aux ordres de leurs maîtres; ils s'empressent d'exécuter ce qui leur est commandé.

Une lecture nous intéresse plus ou moins vivement; mais un spectacle nous impressionne davantage. — Les exploits d'Alexandre-le-Grand furent glorieux ; mais il ternit sa gloire par ses extravagances. = On doit mettre une lettre à la poste. Ne décachetez jamais les lettres qui ne sont pas à votre adresse, car c'est une chose expressément et formellement défendue. = Vous devez bien examiner ce que vous avez à faire, et n'agir qu'après réflexion : mais ensuite marchez directement vers votre but, et persuadez-vous bien que les moyens directs sont toujours les meilleurs.

il est exact.

il est exaspéré.

il est exigeant.

il est exorbitant.

il est extrême.

il est expéditif.

il est excédé.

il est excepté.

il est excellent.

il excelle.

ils excellent.

ils exceptent.

ils acceptent.

un excès.

une excellence.

une exactitude.

extrêmement.

excessivement.

un escadron.

un escabeau.

un escarbot.

un escalier.

une escalade.

un escamoteur.

un escroc.

un esclave.

un escarpin.

une escarpolette.

il est escarpé.

une espèce.

un esprit.

une estafette.

il estime.

ils estiment.

un ennemi.

des étrennes.

une greffe.

un effort.

un effet.

un effroi.

il effraie.

il s'efforce.

il effleure.

il effectue.

ils effraient.

ils s'efforcent.

ils effectuent.

effectivement.

un essai.

il essaie

ils essaient.

il essuie.

ils essuient

un geste.

la peste.

il est leste.

il est céleste.

il est funeste.

il reste.

ils restent.

il restitue.

un précepte.

il est svelte.

il est burlesque.

il est pittoresque.

le messager.

la majesté.

il est majestueux.

la destinée.

un testament.

des bestiaux.

un restaurant.

une question.

une digestion.

un domestique.

les intestins.

une correspondance.

presque.

Brest

l'est.

l'ouest.

Ernest.

---

un examen.

il est exempt.

il est exempté.

Duguesclin.

---

le dessus.

le dessous.

un ressort.

un ressentiment.

il ressent.

ils ressentent.

il retrace.

il replace.

il replie.

il ressemble.

il ressaisit.

il ressasse.

etc.

Les rochers escarpés. = Un spectacle extraordinaire.
Une oppression extrême. = Les escadrons de cavalerie.
Une fatigue excessive. = L'objet de tous mes efforts.
Un calcul exact. = La triste destinée d'un esclave.

Les élèves exacts à faire leurs devoirs. = Les servantes
exactes à servir le dîner au coup de la clochette. = Un
orateur qui gesticule sans cesse. = Les gestes animés du
prédicateur. = Un exercice de lecture. = Les exercices
des soldats. = Un estropié exempt du service militaire. =
La correspondance du négociant. = L'effet d'une médecine
sur les intestins. = Les domestiques qui portent mes
effets à la messagerie. = L'exactitude d'une montre marine.
= L'espagnolette de la fenêtre.

Il n'est pas d'effet sans cause. = On distingue deux
espèces de cresson : mais le cresson d'eau est le plus
estimé = On estime les personnes qui sont exactes à
restituer ce qu'elles ont emprunté. = Si vous commettez
une impolitesse, vous devez vous en excuser. = Chacun
n'est responsable que de ses fautes personnelles. = Si
vous êtes gourmand, vous vous exposez aux indigestions.
= Ne descendez pas les escaliers quatre à quatre ; car
vous vous exposeriez à vous blesser les jambes. = Efforcez-
vous de bien répondre aux questions de vos maîtres,
quand il vous examinent.

On essuie un escabeau avant de s'y asseoir, la propreté
l'exige : mais vous devez l'essuyer avec une serviette, et
non avec vos manchettes. = L'impression des livres se
fait avec les presses des imprimeurs. = Une femme
impressionnable s'effraie sans aucun sujet réel. = Pratiquez
les vertus chrétiennes, observez les préceptes de Jésus,
et vous envisagerez la mort sans effroi. = Le port de
Brest est situé à l'ouest de la France ; Valencienne est au
nord-est, et Strasbourg est à l'est.

14

Un escarpin qui blesse le pied. Des escarpins qui blessent les pieds. = Une repasseuse qui dresse une chemisette. Des soldats qui dressent une échelle contre le mur d'une citadelle. = La comtesse qui respecte la duchesse. Les comtesses et les duchesses qui respectent la princesse. = Un lycéen qui excelle sur le thème grec. Les lycéens qui excellent sur la version grecque. = Le repas excellent qui excite mon appetit. Les fruits et les gâteaux excellents qui excitent votre convoitise. Les pêches excellentes de mes pêchers en espalier. = Un escadron de hussards qui s'efforce de prendre une tourelle. Des escadrons de lanciers qui s'efforcent d'escalader les murailles d'une forteresse. = Un blessé qui reste en arrière. Des blessés et des estropiés qui restent exposés aux coups de l'ennemi. = Une sourde-muette qui s'exprime par un geste. Des sourds-muets et des sourdes-muettes qui expriment leurs pensées par des gestes.

L'exemple vaut mieux que le précepte. Les apôtres nous ont laissé tout à la fois des exemples et des préceptes excellents. = Le peuple estime le désintéressement. Tous les peuples, sans en excepter un seul, estiment les âmes désintéressées. = On s'intéresse à la lecture de l'Ancien Testament. Beaucoup de gens s'intéressent aux lectures des testaments. = Une prouesse d'un sauteur de corde excite la surprise. Les prouesses des anciens chevaliers de Malte excitent notre étonnement et nos sympathies.

Une estafette essaie follement de surpasser en vitesse le télégraphe électrique. Les estafettes et les messagers essaient vainement de rivaliser avec les télégraphes électriques. = Les chefs d'armées se mettent en garde contre les espions des ennemis. = Les éclipses de lune attestent la sphéricité du globe terrestre. = Le bonheur céleste est préférable aux biens terrestres. = J'aime le chant des fauvettes dans ma tonnelle, quand j'y fais ma sieste.

Une veste à la mode grecque est d'un effet gracieux et pittoresque : elle convient particulièrement à une taille élégante et svelte. = Une phrase est correcte, quand elle est exempte de toute espèce de fautes. = Dans la religion des grecs, Minerve était la déesse de la sagesse. = Toutes les nations grecques adoraient également des dieux et des déesses. La peste est souvent une maladie mortelle : elle est citée presque chaque jour comme une chose funeste. = Duguesclin vécut dans une époque chevaleresque; il réunit toute les vertus chevaleresques, et sa gloire sera immortelle. = Mettez à profit le temps de la jeunesse : quand il sera passé, ne croyez pas qu'il revienne.

Mes neveux Albert et Prosper sont des écoliers paresseux : ils n'exécutent pas la tâche qui leur est prescrite : aussi ils restent en pénitence. = On nous annonce l'arrivée de plusieurs demoiselles parisiennes : mais je doute qu'elles viennent, car elles promettent plus qu'elles ne tiennent. = Henriette est la gardienne de la maison, pendant l'absence de la maîtresse : je veux bien que Lucienne et Juliette lui tiennent compagnie, pourvu qu'elles reviennent de bonne heure et qu'elles se souviennent de mes avis.

Les modes françaises ont une renommée européenne, et pour ainsi dire universelle. Les nouveautés parisiennes, en soieries ou en indiennes, sont exportées sur presque tous les points du globe terrestre. Les dames prussiennes ou autrichiennes, et nos voisines de Belgique, en font la règle de leur toilette, aussi bien que les dames péruviennes, boliviennes ou louisianaises. Mais les jeunes villageoises européennes ou américaines, contentes de leurs grâces naturelles, n'en cherchent pas d'artificielles.

Courtois, fameux chimiste, fit la découverte de l'iode : il a droit à notre estime, à notre reconnaissance éternelle. Il est mort à la Rochelle, dans un grenier où l'on arrivait par une échelle : sa couchette était une botte de paille.

Quelle personne vertueuse, aimable et spirituelle que mademoiselle Adrienne, votre maîtresse de musique, mesdemoiselles ! Combien elle est estimée pour la noblesse de ses sentiments, la délicatesse de son esprit et la politesse de ses manières ! Son extrême modestie rehausse encore l'éclat de ses talents. Ses réflexions sont toujours pleines de justesse, et la sagesse de ses conseils excite souvent l'étonnement. Mais, ce qui est au-dessus de tout éloge et de toute expression, ce sont ses vertus modestes, la grâce et l'empressement qu'elle met à obliger, et les largesses qu'elle distribue dans les familles malheureuses. Vous savez avec quel succès elle exerce sa profession, et comme elle se met à la portée de vos intelligences : vous comprenez, presque sans effort, tout ce qu'elle vous explique et bientôt elle aura fait de vous d'excellentes musiciennes. Elle est recherchée tous les jours par des duchesses et des comtesses, mais elle refuse avec respect, ou elle accepte dans de rares occasions, lorsque son refus pourrait être blessant : elle ne refuse pas de jouer avec ses petites élèves sur l'escarpolette.

Une lettre, qui m'est adressée de l'île d'Ouessant, m'apporte une nouvelle qui m'affecte et m'impressionne profondément : elle m'apprend la mort de mon excellent cousin Ernest Kercaragonec. C'était un homme, sous certains rapports, d'un caractère excentrique ; mais son existence néanmoins a été bien remplie. Doué d'un esprit actif et intelligent, il était plein d'une ardeur qui l'entraînait continuellement vers des entreprises nouvelles : aussi, quels métiers n'a-t-il pas faits, quelle profession n'a-t-il pas exercée chez les diverses nations du globe terrestre ? Il était réellement universel. Ses travaux étaient, tantôt de nature matérielle ou industrielle, tantôt de l'ordre purement intellectuel : et cependant, s'il cherchait la fortune au prix de tant d'efforts et de fatigues incessantes,

ce n'était pas pour son bien-être personnel. Oh! non,
son âme fut toujours désintéressée : il méprisait les
richesses, mais il s'estimait heureux de consacrer à des
actes de bienfaisance le produit de ses entreprises
industrielles ou commerciales. On l'a vu successivement
dans les possessions anglaises ou françaises des deux
mondes, dans les échelles du Levant, dans la Perse, dans
le Thibet, dans la Tartarie chinoise, dans la Cochinchine,
et partout son départ excitait des regrets. Il faut excepter
une seule circonstance où son désintéressement fut mal
apprécié : il faisait un essai d'établissement dans la
Nouvelle-Zélande, pour civiliser les naturels du pays;
mais ces sauvages se montrèrent rebelles à ses conseils, et
un jour, ils le maltraitèrent cruellement, ils le laissèrent
même presque mort. Il a visité aussi les montagnes
californiennes, il y a travaillé avec la pelle et la pioche.
Enfin, depuis trois ans, je n'avais plus de ses nouvelles,
et j'ignore par quel hasard cet homme extraordinaire est
venu mourir dans l'île d'Ouessant. La loi m'investit
de sa succession, qui paraît être des plus modestes, et sa
pauvreté met le comble à sa gloire. J'ai reçu l'inventaire
du mobilier; on y remarque : une couchette, un escabeau,
deux tablettes, des pincettes, un soufflet, une hachette,
un vieux pistolet, trois cahiers de papier blanc, un
chandelier et quatre chandelles, une paire de mouchettes,
plusieurs paquets d'allumettes, quelques accessoires qui
restent indéterminés, et en outre tout le vestiaire. Mais
ce n'est pas la valeur matérielle de ces objets que je
considère : j'en ferai même une largesse à quelqu'une
des pauvres et intéressantes familles du pays, et je
conserverai seulement quelques reliques de ce brave
Ernest : mon cœur les estimera plus que tous les
royaumes qui formaient la succession d'Alexandre-le-
Grand.

Nous traversâmes un torrent d'une rapidité effrayante, en nous faisant un pont avec un arbre renversé, et nous continuâmes notre route parmi des joncs, des roseaux ou des roches qui nous blessaient les pieds. Nous étions au fond d'une de ces sombres vallées qui ressemblent à des gouffres, et dont l'aspect saisit l'âme d'un effroi ou d'une tristesse inexprimable. Les montagnes qui les enserrent s'élèvent presque verticalement; elles sont si hautes, que leurs sommets se perdent dans les nuages, du moins lorsqu'il y a des nuages; leur surface rocheuse ne se couvre jamais d'une autre verdure que celle de la yèdre, plante vénéneuse dont se servent les indiens californiens pour empoisonner leurs flèches, et tellement venimeuse, qu'il suffit de la toucher pour en ressentir longtemps les effets. Nous dûmes cependant entreprendre d'escalader une de ces murailles gigantesques. Nous n'étions pas très-lestes d'équipages : nos épaules portaient des havresacs, des couvertures de nuit, des fusils, un matériel de travail qui n'était pas des plus légers, et finalement les indispensables provisions de bouche : mais nous fîmes de nécessité vertu, et nous nous élançâmes. Le commencement n'était pas le plus difficile; mais bientôt il nous fallut presque continuellement faire usage des pieds et des mains, et grimper au lieu de marcher. Au bout de huit heures de ce singulier exercice, parvenus au tiers de la hauteur, nous rencontrâmes un creux de rocher qui se trouvait là tout exprès pour nous recevoir, et nous y posâmes notre camp. Les provisions furent étalées, la table fut dressée, le couvert bientôt mis, notre modeste repas promptement expédié, et nous nous couchâmes. Vers minuit, nous fûmes réveillés par un cri de terreur : un camarade, encore novice dans le métier, avait senti quelque chose s'agiter sous le paquet qui lui servait d'oreiller, et il y avait découvert une nichée de

serpents à sonnettes : nous fîmes nos efforts pour le
rassurer, et nous nous rendormîmes. Nous eûmes une
seconde alerte, causée par la visite que nous faisait un
ours, de fort belle taille et d'un caractère pacifique.
Touchés de la preuve d'amitié qu'il semblait nous donner,
nous n'eûmes pas l'ingratitude de lui déclarer la guerre :
malheureusement, sa visite n'était pas aussi désintéressée
que nous le pensions. Au premiers rayons de l'aurore nous
nous levâmes : nous eussions volontiers prolongé la
sieste, mais le devoir s'y opposait. Notre ami le novice
s'offrit à nos yeux avec des joues enflammées et
terriblement volumineuses : le malheureux, dans son
effroi des serpents à sonnettes, s'était couché sur de la
yèdre ! Mais nous eûmes à constater un bien autre malheur,
une perte irréparable qui nous plongeait dans la détresse :
il fut attesté que l'ours, avant de nous informer de sa
présence, avait dévoré deux sacs de biscuits, la presque
totalité de nos provisions ! Combien nous regrettâmes alors
le sentiment d'estime que nous avions accordé préma-
turément à ce visiteur nocturne ! Nous reprimes notre
course ascensionnelle, et nous allions en voir le terme,
lorsque le plus robuste compagnon de la troupe ressentit
les atteintes d'une fièvre intermittente. Cette nouvelle
calamité nous détermina à chercher un refuge dans la
hutte agreste de quelques sauvages que nous aperçûmes
sur le versant d'une crique. Il faut le dire, nous n'eûmes
qu'à nous louer de l'accueil que nous firent ces pauvres
gens, dans leur simplicité naturelle, de la franche et
incontestable amitié qu'ils nous témoignèrent pendant le
peu de jours que nous passâmes sous leur toit protecteur,
pour y attendre la convalescence du malade. Nous en
conservons une impression qui ne s'effacera jamais.

§ XVIII.

Mots usuels où la lettre h est aspirée.

la hache.
le hachis.
nous hachons.
il se hâte.
il est hâtif.
la halle.
il est hâlé.
le hallage.
la hallebarde.
la harpe.
le harpiste.
le harpon.
le hâvre.
le havresac.
les hardes.
il est hardi.
la hardiesse.
hardiment.
le hâbleur.
le hameau.
la hart.
le hasard.
il hasarde.
il est hagard.
le haricot.
le hareng.
la harangue.
la haridelle.
il est harrassé.
il est harcelé.

le harnais.
il est harnaché.
le hanneton.
le haquet.
le hoquet.
la hampe.
la hanche.
il hante.
la haie.
il hait.
la haine.
il est haineux.
le haillon.
la hauteur.
il est haut.
il hausse.
les haubans.
le hautbois.
le héron.
le hérisson.
il est hérissé.
le héros.
le héraut.
il hennit.
le hennissement.
le hêtre.
la herse.
il heurte.
il hisse.
il est hideux.

le homard.
la horde.
il hoche.
il est honni.
la honte.
il est honteux.
la houle.
il est houleux.
la houlette.
la housse.
la houppe.
le houblon.
la houille.
il hurle.
le hurlement.
la hure.
la huppe.
la hutte.
le huron.
le hussard.
le huguenot.
hors.
dehors.
hé !
holà !
hue !
hein ?
houra !
la Hollande.
la Hongrie.

Les paquets de hardes. = Les hurlements des chiennes.
Les jeux de hasard. = Un clocher d'une belle hauteur.
Une hure de sanglier. = Le hennissement des chevaux.
Des barils de harengs. = La houlette d'une bergerette.

L'aspect hideux d'un hérisson. = Les haillons, les
panniers et les crochets des chiffonniers. = Le harnais des
mauvaises haridelles qui traînent ma charrette. = Des
enfants mal harnachés. = L'uniforme éblouissant et
resplendissant des hussards. = Un escadron de spahis
harrassé par des escarmouches continuelles. = Des
aventuriers de la Californie poursuivis et harcelés par
des hordes de sauvages. = Les yeux hagards d'un homme
effrayé et qui a perdu l'esprit.

Les haubans sont les échelles de cordes des navires. =
Le hautbois est une espèce de clarinette, qui rend des
sons un peu aigres. = Avec les restes des gigots rôtis,
les cuisiniers font des hachis. = On hait une personne ou
une chose, quand on la déteste. = Un harpiste fait de la
musique avec une harpe. = Les harponneurs prennent
les baleines avec des harpons. = Les harpies, ainsi que
les furies, étaient les hideuses déesses des enfers. = Les
hâbleurs sont les gens qui mentent hardiment, et qui se
vantent sans cesse de leurs hauts faits : leurs hâbleries
sont excessivement insipides et ennuyeuses.

On adresse une harangue à des soldats, pour les
exciter à se conduire comme des héros. = Les haches et
les hachettes sont les instruments qui servent à hacher. =
C'est dans les halles qu'on vend des haricots, des harengs,
des homards, etc. = On hale un navire, en le tirant
avec une corde; et on le hèle, en criant : *hé! holà!* =
Le hâle est un vent sec qui sèche promptement les hardes
mouillées. = Prenez un verre d'eau fraîche, quand vous
avez le hoquet. = Évitez de hanter les mauvais sujets, car :

Dis-moi qui tu hantes, je te dirai qui tu es.

— 218 —

Mots usuels où la lettre h est muette.

l'habit.
l'habitant.
il habite.
il est habile.
l'habileté.
habilement.
l'habitude.
il est habitué.
habituellement.
l'baleine.
l'hameçon.
l'harmonie.
il est harmonieux.
l'hébreu.
l'hélice.
l'herbe.
l'héritier.
l'héritage.
il hérite.
l'hermite.
l'hermitage.
l'hectare.
l'hectogramme.
l'hectolitre.
l'hémorragie.
l'heure.
l'hirondelle.
l'histoire.
l'historiette.
l'hiver.
l'hommage.

l'horloge.
l'horloger.
l'hôte.
l'hôtesse.
l'hôtel.
l'hôtelier.
l'hôtellerie.
l'hôpital.
l'hospice.
l'hospitalité.
il est hospitalier.
l'horreur.
il est horrible.
l'hostilité.
il est hostile.
l'hostie.
l'horizon.
il est horizontal.
il honore.
il est honorable.
il est honnête.
l'honnêteté.
l'homicide.
il est homogène.
il est hétérogène.
l'humeur.
l'humidité.
il est humide.
l'humilité.
il est humble.
l'humanité.

il est humain.
il s'humanise.
il est humecté.
l'huile.
l'huilier.
il est huileux.
l'huître.
huit.
la huitaine.
l'huissier.
l'hypothèque.
l'hygiène.
l'hyène.
l'hydropisie.
il est hydropique.
l'hydrophobie.
l'hydrographie.
l'hypocrisie.
il est hypocrite.
hormis
Homère
Hélène.
Hyppolite.
il souhaite.
un souhait.
il abhorre.
il adhère.
il est inhumain.
il est malhonnête.
il est déshonnête.
le déshonneur.

Un concert harmonieux. = Le collet de mon habit.
Une douzaine d'huîtres. = L'herbe verte des prairies.
Des ouvriers habiles. = L'hospice des enfants trouvés.
Une cave humide. = L'hameçon d'une ligne à pêcher.
L'hôpital de l'Hôtel-Dieu. = Une huitaine de jours.
L'Hôtel-de-Ville. — Les habitants de nos campagnes.
Le genre humain. = Un pauvre malade d'hydropisie.
Une conduite honnête. = Les mœurs hospitalières des
anciens hébreux. = Des gens grossiers et malhonnêtes.
= Des discours déshonnêtes. = Des horloges dans le
magasin de l'horloger. = Des héritiers qui se partagent
un héritage. = La magnificence de l'horizon sous la zône
torride après le coucher du soleil.

Cent litres font un hectolitre ; cent ares font un hectare ;
cent mètres composent un hectomètre. = Un hémisphère
est la moitié d'une sphère. = L'hydrophobie est l'horreur
de l'eau : elle est un signe manifeste de cette horrible
et cruelle maladie qui se nomme la rage. = L'hypocondrie
est la maladie qui porte à la tristesse. = Les hirondelles
bâtissent leurs nids avec habileté ; elles les font dans les
cheminées des maisons habitées, aux coins des fenêtres des
maisons inhabitées, sous les parapets des ponts ou dans les
vieilles tourelles.
Homère nous a légué l'histoire de la guerre de Troie :
c'est le plus bel héritage des siècles, s'il faut en croire un
de mes amis, qui est professeur de grec. = Il faut prendre
dans la jeunesse les bonnes habitudes. = Ne prenez pas la
honteuse habitude de l'hypocrisie : habituez-vous à vous
conduire honorablement. = Rendez hommage à la vertu ;
honorez le mérite et non le succès. = Si vous avez
la poitrine oppressée, ce qu'on appelle la courte haleine,
évitez l'humidité, prenez des bouillons d'herbes, et
grimpez sur les hautes montagnes.

Quiconque tue un homme est homicide : on l'appelle aussi meurtrier, s'il l'a fait par méchanceté : = Ce qui est fait par un ennemi est hostile : ainsi une hostilité est un acte d'inimitié. Quand on dit que deux armées ennemies en viennent aux hostilités, on veut dire qu'elles se font l'une à l'autre le plus de mal qu'elles peuvent. = L'humilité est le contraire de l'orgueil et de la vanité : elle nous est recommandée comme une vertu chrétienne. Il faut donc être humble : nous devons surtout être humiliés de nos fautes. = Un honnête homme est celui qui a de l'honnêteté, c'est-à-dire de la probité, une exactitude scrupuleuse à remplir ses engagements. Mais un homme honnête est simplement un homme qui observe les règles de la politesse. Nous devons rechercher la société des honnêtes gens et fuir les malhonnêtes, ainsi que ceux qui tiennent des discours déshonnêtes.

On hésite, quand on n'ose pas se déterminer à faire une chose et qu'on reste indécis. Par exemple, si l'on vous adresse une question qui vous embarrasse, vous craignez de répondre, vous retenez votre langue, vous restez muet quelque temps, en un mot vous hésitez à parler. = Vous ignorez peut-être qu'on distingue plusieurs espèces d'huile, par exemple : l'huile d'olive, l'huile de colza, l'huile de graine de lin, et celle qu'on extrait de la graisse de certains poissons, tels que la baleine : mais vous savez qu'on mange la salade à l'huile et au vinaigre.

Savez-vous quelle différence existe entre un conte et une histoire? Un conte n'est qu'une historiette inventée par fantaisie ; une histoire est le récit d'un événement véritable. Dans les soirées d'hiver votre gouvernante vous a raconté les contes de *Barbe-Bleue*, de *Peau-d'âne*, de *la Belle-au-bois-dormant*, ou de *Riquet-à-la-houppe*. Ils sont bien intéressants ; mais, par la suite, vous lirez des histoires encore plus intéressantes que tous ces contes.

Vous connaissez les hannetons, ces insectes bourdonnants qui viennent étourdiment se casser le nez contre les murailles : vous savez qu'on dit quelquefois pour cette raison : *étourdi comme un hanneton*. Du reste, ils ne font aucun mal ; mais il n'en est pas ainsi d'une autre espèce d'insectes, particuliers aux pays chauds, et qu'on nomme des moustiques. Ce sont des moucherons extrêmement légers, qui font entendre un bruissement ou bourdonnement continuel. Ils sont altérés de sang humain, comme les hyènes sont affamées de chair humaine. A la brune de nuit, ils s'introduisent dans les chambres habitées, et ils cherchent à pomper avec leurs dards le sang des personnes qui les habitent ; ils les tourmentent cruellement. Mais si, pour avoir plus frais, vous couchez à la belle étoile, par exemple, au pied d'un arbre, dans un bosquet, c'est bien pis : alors, ils vous piquent aux pieds, aux mollets, aux jarrets, aux poignets, sous les aisselles, à travers votre veste et votre gilet. Ils vous harcèlent sans pitié ; c'est réellement un supplice horrible.

Un hermite est un homme qui s'est isolé du monde, dans une retraite champêtre. Les moines du Mont Saint-Bernard sont des espèces d'hermites très-utiles à l'humanité car ils sont très-hospitaliers. Ils ont des chiens habitués à découvrir les voyageurs perdus dans les neiges des hautes montagnes qu'ils habitent ; quand ces animaux intelligents ont découvert un malheureux engourdi par le froid, ils le réchauffent avec leur haleine, ils le mettent sur leur dos, et ils le transportent à l'hermitage, où il reçoit une généreuse hospitalité. Il faut que ces chiens aient une grande habitude de ce genre de travail pour qu'ils s'en acquittent aussi bien ; mais ils y sont bien exercés. Les chiens sont des animaux très-intéressants : il y a de l'inhumanité à les maltraiter.

Déjà, mes chers enfants, vous savez presque lire, grâce aux soins et à l'habileté de votre excellent maître; mais peut-être ne savez-vous pas encore répondre, sans hésiter, aux questions qui vous sont faites sur la lettre *h*, qui est tantôt muette, tantôt aspirée. Lorsque cette lettre capricieuse doit être aspirée, vous devez retenir un instant votre haleine et faire sortir la syllabe du fond de votre gosier. C'est ainsi, par exemple, que vous prononcerez : *les haricots, le hérisson.* Mais si la lettre *h* doit être muette, vous êtes dispensés d'en tenir compte, et vous devez lire exactement comme s'il n'y avait pas d'*h*. Par exemple, vous lirez *l'histoire*, comme s'il y avait *l'istoire*.

Dans les mots qui commencent par une *h* muette, il est bon de vous habituer à observer les liaisons, ainsi que votre maître vous l'enseigne, cela rend le langage plus harmonieux. Supposons, par exemple, que vous ayez à lire : *les histoires.* Lisez d'abord sans liaison, et ensuite avec la liaison vous trouverez que la seconde manière de lire est plus harmonieuse, c'est-à-dire qu'elle plaît mieux à l'oreille; elle est plus correcte, et vous devez chercher à lire correctement. Il est donc à souhaiter que vous preniez l'habitude d'observer les liaisons, ce qui ne vous coûtera pas de grands efforts : les enfants prennent une bonne habitude aussi facilement qu'une mauvaise ; ils prennent également et indifféremment toutes les habitudes.

Voici une historiette qui n'est pas un conte; c'est une vérité historique, et je souhaite qu'elle vous intéresse : Il y avait autrefois, en Hollande, une auberge sur le bord d'une grande route ; elle avait pour enseigne : *l'Hôtel du Houblon fleuri.* Un soir, au milieu de l'hiver, elle était pleine de voyageurs ; aussi l'hôtelier était-il de bonne humeur, aussi bien que sa femme l'hôtelière et tous les valets. Il faisait un temps à ne pas mettre le nez dehors; de la pluie, de la grêle, de la neige, du tonnerre, des coups de vent effrayants, en un mot un temps horrible. Les voyageurs étaient assis devant un bon feu de houille, car c'est avec la houille que les Hollandais se chauffent habituellement, et ils formaient le cercle autour du foyer. Quelques-uns séchaient leurs vêtements humides, d'autres fumaient des cigares de la Havane, des farceurs contaient des historiettes plaisantes, et des hâbleurs se vantaient de leurs prouesses. Tous se félicitaient de leurs bonnes places, qu'ils espéraient bien garder jusqu'à l'heure du souper à la table d'hôte. L'horloge venait de sonner six heures, lorsqu'ils virent entrer un nouveau voyageur, trempé jusqu'aux os : l'eau ruisselait sur tout son corps, et son habit était collé sur son dos. C'était un gascon qui voyageait à cheval, et il venait de faire conduire à l'écurie sa pauvre haridelle. Il vit que toutes les places étaient prises autour du feu, sans que personne eût l'honnêteté de lui offrir la sienne, et pourtant il avait grand besoin d'en avoir une. Mais les gascons sont des gens spirituels, qui savent trouver des expédients, *Holà! hé!* cria-t-il, *qu'on porte à mon cheval une cloyère d'huîtres, car il a l'estomac vide. — Hein? Que dites-vous? une cloyère d'huîtres pour votre cheval! Depuis quand les chevaux mangent-ils des huîtres? — Ah! cadédis! on verra si le mien les avale. Il n'est pas nécessaire qu'elles soient à l'huile et au vinaigre, au poivre et au sel.* A ces mots, tous les assistants, sans excepter l'hôtelière, coururent à l'écurie pour voir ce cheval extraordinaire, ce devait être un spectacle curieux ; et le gascon en profita pour prendre auprès du feu la place qu'il souhaitait. Bientôt la compagnie revint dire que son cheval refusait les huîtres : *Hé bien*, répondit-il tranquillement, *c'est donc moi qui les mangerai.*

§ XIX.

Mots usuels où la syllabe ill n'est pas mouillée.

la ville.	il est tranquille.	le distillateur.
la pupille.	tranquillement.	le chinchilla.
la camomille.	la tranquillité.	la capillarité.
Lille.	mille.	il est capilaire.
Granville.	un millier.	il est illustre.
Abbeville.	un million.	il est illuminé.
Gilles.	un billion.	il est illimité.
une idylle.	un trillion.	il est illicite.
une sibylle.	un milliard.	il est illégal.
il oscille.	un millième.	il est illétré.
il vacille.	un millionnième.	il est illisible.
il distille.	un millionnaire.	il est illégitime.
ils vacillent.	un millimètre.	une illusion.
ils distillent.	un village.	il est illusoire.
ils oscillent.	un villageois.	il est désillusionné

Mots usuels où la syllabe ill est mouillée.

une fille.	une cédille.	il pille.
une bille.	une torpille.	il brille.
une grille.	une charmille.	il grille.
une vrille.	une lentille.	il étrille.
une cheville.	une quille.	il babille.
une chenille.	une coquille.	il pétille.
une faucille.	une jonquille.	il nasille.
une guenille.	une béquille.	il sautille.
une pastille.	une anguille.	il gaspille.
la vanille.		il éparpille.
la cochenille.	une aiguille.	il entortille.

La grille d'un fourneau. = La flamme qui pétille.

Un plat de lentilles. = Des pastilles à la vanille.

Un jeu de quilles, = La vie tranquille du villageois.

Une espérance illusoire. = Les illusions de la jeunesse.

Une coquille d'huître, = Une aiguille à coudre.

Les vieux habits en guenilles. = Une anguille qui s'entortille autour de mon bras. = Une petite fille qui babille. = Une troupe de brigands qui pille les voyageois. = Un chapelet dont on éparpille les grains. = Les roses, les hyacinthes et les jonquilles. = La cheville du pied. = Les chevilles qu'on enfonce à coups de maillets. = Les vrilles qui servent à percer les planches.

Mille fois mille font un million ; mille fois un million font un billion, ou un milliard ; et mille milliards font un trillion. = On est millionnaire, quand on possède un million de francs. = Il y a bien des millions de coquilles sur les rivages de la mer. = Un pont n'est pas solide quand il vacille = La pupille d'un œil se nomme aussi la prunelle. = Le balancier d'une pendule oscille continuellement. = Tout ce qui n'est pas permis par la loi est illégal. = L'expérience de la vie dissipe les illusions : elle nous désillusionne.

On distille le vin pour faire de l'eau-de-vie. = Les distillateurs distillent le suc des fleurs pour en extraire les parfums et les essences. = Avec les faucilles on coupe les gerbes de blé, = Les chenilles sont des animaux qui rampent comme des vers de terre. On les trouve sur les branches d'arbres, où elles dévorent les feuilles et les fruits. = La sauterelle est un insecte qui sautille quand le soleil brille. = On nasille quand on parle comme polichinelle, en se bouchant le nez. = Un millimètre est le millième d'un mètre, et un milligramme est pareillement le millième d'un gramme.

il pointille.	un oisillon.	la cuiller.
il apostille.	un croisillon.	la cuillerée.
il fourmille.	un bouvillon.	un aiguillon.
il babille.	un goupillon.	un artilleur.
il déshabille.	un écouvillon.	une artillerie.
Camille.	Cendrillon.	un carillonneur.
la Castille.	le billet.	il est brillant.
les Antilles.	le billot.	il est sémillant.
elle est gentille.	le millet.	il est croustillant.
le sillon.	le filleul.	il est périlleux
le grillon.	la filleule.	il est pointilleux.
le papillon.	le billard.	il tourbillonne.
le pavillon.	le pillard.	il papillonne.
le cotillon.	le pillage.	ils brillent.
le postillon.	le babillard.	ils pétillent.
le vermillon.	le babillage.	ils sautillent.
le carillon.	le grillage.	ils s'habillent.
le tourillon.	la grillade.	ils brillèrent.
le taurillon.	le coquillage.	ils gaspillèrent.
le tourbillon.	la papillote	ils babillaient.
le corbillon.	le barillet.	ils nasillaient.

Un billet de banque. = Une fourchette et une cuiller.
Un tourbillon de poussière. = Des enfants babillards.
Un parrain et son filleul. = Un carillon étourdissant.
Un régiment d'artillerie. = Une ville livrée au pillage.
= Les écouvillons des artilleurs. = Les billes d'un jeu
de billard. = Des côtelettes en papillotes. = Un passage
périlleux sur un pont qui vacille. = Les belles couleurs
qui brillent sur les ailes des papillons. = Les tourbillons
qui tourbillonnent. = Les demoiselles babillardes qui
babillent. = Les orateurs qui nasillaient et nous
ennuyaient. = Les imbéciles qui se ruinaient en gaspillant
leur fortune.

Un taurillon est un petit taureau. = Un bouvillon est le gardien d'un troupeau de bœufs. = Un oisillon est un oiseau très-jeune et qui sort à peine de son nid. = Le millet est une graine dont les oiseaux se régalent et qu'ils portent à leurs oisillons. = Un barillet est un petit baril. = Un écouvillon est un instrument à l'usage des artilleurs. = Un billet est une petite lettre. Les billets de banques représentent de l'argent : ils remplacent l'argent monnayé, et ils constituent du papier monnaie. = On appelle tourillons les deux extrémités de l'axe d'un treuil ou d'un cabestan.

Les billards sont des tapis verts, sur lesquels on fait rouler des billes d'ivoire. = Les pillards sont les gens qui pillent, comme les brigands qui arrêtent et qui détroussent les voyageurs. = On dit qu'une entreprise est périlleuse, lorsqu'elle expose à de grands dangers. = La croûte d'un gâteau est croustillante, si elle est dure et cassante. = Pour faire une cuiller économique, on creuse l'extrémité d'un morceau de bois. = Les pailles sèches pétillent dans le feu, c'est-à-dire, qu'en brûlant elles font entendre un pétillement.

Les fourmis fourmillent dans une fourmillière. = Les sonneurs de cloches carillonnent les jours de fêtes. = Votre filleul est l'enfant dont vous êtes le parrain. = Les bœufs sont attelés à des charrues ; ils creusent les sillons des champs, et le bouvillon les conduit. = Un protecteur apostille les placets qu'on adresse aux princes et aux ministres. = Quand deux navires se rencontrent en mer, ils se saluent en hissant leurs pavillons. = Une maisonnette, au coin d'un jardin, se nomme aussi un pavillon. = Un petit-maître s'habille élégamment : si en outre il babille agréablement, dans une petite société, on dit qu'il est spirituel et sémillant. = Les Antilles sont des îles de l'Océan Atlantique.

Je n'ai pas besoin de vous dire ce que c'est que des béquilles : vous savez que les vieillards infirmes, les personnes estropiées, les malades convalescents et les braves militaires qui ont été blessés aux jambes marchent quelquefois avec des béquilles. Les jambes de bois et les béquilles sont réellement des jambes artificielles, qui remplacent les jambes naturelles. On ne fait pas aussi facilement des bras artificiels, et l'on n'a jamais fait une tête artificielle.

Vous ignorez encore, je le suppose, ce que c'est qu'une trombe, et je vais essayer de vous en donner une idée. Pendant les sécheresses de l'été, vous avez remarqué des tourbillons de poussière sur les grands chemins, ou dans les plaines poudreuses exposées au vent. Eh bien, les trombes sont des tourbillons immenses, formés de plusieurs sortes de matières. Quelquefois, on y voit briller des jets de lumière électrique. Elles marchent avec le vent : sur leur passage elles emportent tout, les arbres et les maisons, aussi bien que les hommes et les troupeaux ; et tous les objets qu'elles entraînent se mettent aussitôt à tourbillonner. N'est-ce pas quelque chose d'effrayant ? Certainement c'est un spectacle qui doit remplir l'âme d'horreur et d'effroi.

Si par hasard vous étiez destinés à devenir chefs de cuisines, vous devriez savoir que c'est sur un gril que les cuisiniers font griller les boudins, les saucisses, les andouilles, les biftecks et les côtelettes ; quelquefois ils les mettent en papillotes. Peut-être ne devrais-pas ajouter qu'il y a des peuples inhumains qui traitent leurs ennemis de la même manière : quand ils ont fait des prisonniers, ils les tuent pour les cuire et les manger ; mais ils ne les cuisent pas tout habillés : ils les déshabillent, ils les étendent sur des charbons ardents, et ils les grillent. On ne conçoit rien de plus horrible.

Les jours de congé et pendant vos vacances, mes petits amis, vous jouez aux billes et aux quilles, ou à d'autres jeux qui exercent votre adresse ; vous allez sur le rivage de la mer, à la recherche de ces jolis coquillages dont vous aimez les couleurs brillantes ; vous courez après les papillons dans les bosquets et les charmilles ; peut-être allez-vous aussi pêcher des truites dans les rivières avec des filets ; ou des anguilles dans les fonds vaseux des étangs, en les piquant avec des fourchettes, car vous ne le pourriez pas avec des cuillers. Tous ces exercices sont excellents : ils sont préférables aux jeux de l'oie et du corbillon, qui ont cependant leur mérite. Dans le cours de votre existence, vous vous en souviendrez avec délices, et je souhaite que vous les fassiez durer longtemps.

Dois-je vous parler de vos cousines Estelle et Camille, qui habitent actuellement la Nouvelle-Castille, en Espagne ? Comme il faut éviter le babillage, je ne vous dirai que deux mots à leur sujet. Je vous conseille donc, mesdemoiselles, de ne pas les prendre pour modèles, car elles sont très-orgueilleuses, extrêmement malhonnêtes, excessivement paresseuses. Vous savez le bel emploi qu'elles font de leurs journées : le matin elles s'habillent, tout le long du jour elles babillent, et le soir elles se déshabillent. Aussi resteront-elles toujours ignorantes.

Il n'est pas une vertu plus noble et plus sainte que l'hospitalité. C'est une des vertus par lesquelles brillèrent les peuples de l'antiquité, particulièrement les hébreux. Comme vous avez le cœur noble et généreux, vous serez hospitaliers. Vous n'aurez pas l'inhumanité de laisser un étranger exposé aux tourbillons des ouragans et couché sur la neige, quand vous pourrez lui offrir une place à votre foyer, et un lit pour reposer ses membres fatigués. Vous recevrez même votre ennemi, s'il vous demande un asile, et en cela vous ferez briller votre grandeur d'âme.

Votre grand'maman vous aura sans doute raconté la charmante histoire de la petite Cendrillon : vous vous rappelez que c'était une jeune demoiselle bien gentille, humble et modeste, pieuse et respectueuse, obéissante et obligeante envers tout le monde. Elle se chargeait humblement de tous les soins du ménage ; elle se contentait, pour son habillement, des mauvais cotillons et des chiffons que ses sœurs lui abandonnaient, lorsqu'elles-mêmes s'habillaient et se paraient comme des duchesses. En toute occasion, la pauvre Cendrillon se voyait méprisée, humiliée, maltraitée, et pourtant elle n'avait jamais un moment de mauvaise humeur. Enfin, le bon Dieu récompensa ses vertus d'une manière brillante : elle épousa un prince, tandis que ses sœurs n'épousèrent que de simples particuliers. Beaucoup de petites demoiselles rêvent quelquefois qu'elles ont le sort de Cendrillon, qu'elles épousent des princes, qu'elles deviennent princesses : mais les personnes vertueuses ne peuvent être toutes récompensées dans ce monde. Chacun de nous, pour être vraiment vertueux, doit savoir se résigner même à la plus humble destinée.

Je suis parrain de deux enfants, j'ai un filleul et une filleule. Mon filleul se nomme Achille : je ne sais s'il sera aussi brave que le héros grec dont il porte le nom, mais il est bien gentil. Ma filleule, qui a été baptisée sous le nom de Camille, n'est pas moins gentille : ses joues potelées brillent comme du vermillon. Je les vois une fois l'an, lorsqu'ils viennent, en sautillant comme des papillons, m'adresser leurs souhaits de bonne année. Je n'ai pas l'habitude de me ruiner en étrennes ; mais en faveur de mes filleuls je me départs de mes habitudes d'économie : je leur donne à chacun une boîte de pastilles à la vanille, en leur recommandant, il est vrai, de ne pas les gaspiller. Il faudrait voir comme alors ils pétillent de joie et comme ils babillent.

Autour de mon hermitage, on ne voit pas briller les grilles aux flèches dorées, ni les portiques de marbre et de porphyre inventés par les architectes. Les habitants de la ville qui daignent honorer d'une visite ma modeste retraite y entrent en toute liberté. Ils n'y trouvent rien de majestueux, mais seulement les simples ornements de la nature. D'abord, c'est une charmille où les fleurs vermillonnées de la capucine pendent en festons : le lierre, le laurier-rose et le chèvre-feuille s'y entrelacent, s'y entortillent pour former des berceaux d'un effet pittoresque. Dans mon jardinet, les œillets, les violettes, les bluets, les pâquerettes et les coquelicots sont éparpillés un peu partout; on y vient faire des bouquets de jonquilles, de serpolet et de thym fleuri, ou des guirlandes qui valent des colliers de perles, de rubis, de saphirs et de diamants. Les papillons, aux mille reflets dorés, argentés, vermillonnés, viennent aussi embellir ce séjour enchanté. Dans les frais bosquets du voisinage, on voit fourmiller des milliers d'insectes, tels que des abeilles, des grillons, des hannetons. des sauterelles, dont le bourdonnement continuel m'endort sur une couche d'herbes sèches, à la fin de ma journée de travail. L'ombre d'un peuplier me sert d'horloge pendant le jour; le chant matinal de l'alouette est mon réveille - matin. Mes chevreaux bondissent, mes agneaux sautillent sur le coteau, tandis que leurs mères me fournissent le plus sain des aliments. Souvent, je vois arriver quelques pauvres étrangers qui voyagent à la grâce de Dieu : ils sont reçus sans billets de logement, et ils me content leurs historiettes. Enfin, chaque jour je bénis la Providence pour tant de bienfaits, et je la remercie de ce qu'elle m'apprend combien les vrais besoins du cœur humain sont faciles à satisfaire. Ne faut-il pas plaindre les pauvres millionnaires qui ne connaissent pas le bonheur d'un hermite?

§ XX.

Usage du tréma.

ai =	au =	oi =	ou =	ain =	oin =	gue
aï =	aü =	oï =	oü =	aïn =	oïu =	güe

le maïs.	Saül.	Raphaël.
le caïman.	Esaü.	le poëme.
haïr.	Emmaüs.	le poëte.
ils haïssent.	Antinoüs.	Caïn.
il est naïf.	Ennoüs.	il coïncide.
la naïveté.	Moïse.	la coïncidence.
naïvement.	Héloïse.	la ciguë.
il est laïque.	il est héroïque.	elle est aiguë.
il est judaïque.	une héroïne.	elle est contiguë.
la Jamaïque.	l'héroïsme.	elle est ambiguë.
Anaïs.	il est stoïque.	un aïeul.
Athénaïs.	un stoïcien.	les aïeux.
Zénaïde.	Lodoïska.	le païen.
Adélaïde.	Noël.	le gaïac.
Aïe !	Israël.	la baïonnette.

Quelques mots non classés.

Un écho.	un anachorète.	le géranium.
le choléra.	un archange.	l'opium.
le chœur.	Bacchus.	le rhum.
le choriste.	les bacchantes.	le pensum.
le chaos.	les bacchanales.	un album.
un orchestre.	Zacharie.	le calcium.
Jéricho.	Nabuchodonosor.	le silicium.

Du pain de maïs = Une épidémie de choléra.

La fête de Noël. = Les jolis dessins de cet album.

Un courage héroïque. = L'héroïsme des martyrs.

Les poëmes héroïques. = Deux maisons contiguës.

Une héroïne comme Jeanne-d'Arc. = Un verre de rhum de la Jamaïque. = Une musique à grand orchestre. = La sacristie, la nef et le chœur d'une église. = Les petits choristes qui chantent dans le chœur et qui ressemblent à des archanges. = Les chœurs de l'Opéra. = Les enfants crédules et naïfs. = La naïveté des bons villageois. = La baïonnette au bout du fusil. = La dureté du bois de gaïac. = La vie patriarcale de nos aïeux. = Les dégoûtantes bacchanales de carnaval. = Des échos qui répètent quatre fois les paroles.

La pointe d'une aiguille est aiguë. — Le père de ton père est ton aïeul. = L'opium est une drogue qui fait dormir. = Les caïmans sont des espèces de crocodiles. = Les murailles de la ville de Jéricho s'écroulèrent au son des trompettes. = Esaü, le frère aîné de Jacob, vendit son droit d'aînesse pour un plat de lentilles. = Caïn haïssait son frère Abel : Un jour, emporté par sa haine, il le tua. = Nous devons haïr le vice et fuir les hommes vicieux. = Un poëme est un ouvrage en vers et non en prose : les poëmes sont faits par des poëtes.

Le Créateur tira le monde du chaos. = Moïse fut le législateur du peuple hébraïque. = Dieu donna à Jacob le surnom d'Israël, et aux Hébreux celui d'Israélites. = Saül fut proclamé roi mille quatre-vingts ans avant la venue du Messie, ou la première fête de Noël. = Les stoïciens sont des philosophes qui ont le courage héroïque de souffrir tout sans se plaindre, même les plus grandes douleurs.

La ciguë est une plante vénéneuse ; elle est un poison, ainsi que l'opium, quand on en prend une certaine quantité, une dose un peu forte. Vous pourriez peut-être, sans danger, goûter le jus de cette plante, et en avaler une goutte sur la pointe d'une aiguille ; mais je ne vous le conseille pas, car il n'est pas nécessaire qu'on en prenne beaucoup pour en ressentir les effets. Les feuilles de la ciguë ressemblent à celles de la carotte ou du persil : prenez donc garde de les confondre avec celles-ci, puisque l'erreur pourrait vous être funeste.

Quand vous lirez l'histoire ancienne, particulièrement l'histoire grecque, vous y verrez que Socrate était le plus illustre des philosophes grecs. Il est tellement renommé pour sa sagesse, qu'on dit souvent : *sage comme Socrate ;* on en a fait un proverbe. Cependant des hommes qui le haïssaient l'accusèrent d'avoir mal parlé des Dieux ; vous savez que les peuples païens adoraient plusieurs Dieux. En conséquence, il fut condamné à mourir par la ciguë. Socrate était incapable de haïr, même ses ennemis ; aussi ne fit-il entendre aucune plainte contre eux ; il se résigna donc à son sort, et il prit la coupe de poison en causant tranquillement avec ses disciples. Bientôt il dût ressentir des douleurs aiguës, mais rien ne les trahissait sur son visage, toujours calme et serein. Il mourut ainsi en montrant une force d'âme vraiment héroïque et digne d'un stoïcien.

Les gens naïfs prennent au sérieux toutes les plaisanteries qu'on leur débite ; au contraire, les incrédules ne croient à rien du tout. Ne soyez ni tout-à-fait naïfs, ni entièrement incrédules. Il faut que les enfants aient confiance dans les personnes raisonnables, afin qu'ils apprennent ce qu'ils ne savent pas encore ; mais ils doivent se défier de beaucoup de gens qui pourraient abuser de leur naïveté.

Que vois-je? Qu'entends-je? Bon Dieu! Quelle est la
cause des cris et des contorsions de ce pauvre petit
Hippolyte? Il est dans un état effrayant, le sang ruisselle
jusqu'à la cheville de ses pieds! Dites-moi, je vous prie,
mesdemoiselles Athénaïs et Adélaïde, ce que cela signifie.
Ah! je comprends maintenant : je vois un siége ensanglanté
qui m'explique tout. La petite Zénaïde, qui est étourdie
comme un hanneton, a sans doute renversé mon étui,
elle a laissé toutes mes aiguilles éparpillées sur sa chaise,
et Hippolyte sera venu s'y asseoir : en effet, sur son
pantalon j'en aperçois deux ou trois dont les pointes
aiguës sont peut-être encore dans les chairs. Ne crie
plus, mon cher enfant; montre-toi courageux comme ce
stoïcien dont tu lisais l'histoire ce matin dans ton livre
d'historiettes, et reste immobile pendant que j'arrache
les aiguilles qui causent tes douleurs. Allons, tu fais voir
que tu es un brave garçon, tu promets d'être désormais
aussi impassible que Socrate, aussi ferme qu'un chevalier
de Malte, et je compte sur ta promesse. Embrasse ta
sœur Zénaïde, qui vient te demander pardon, et qui
pleure à son tour. Pour cette fois, mes enfants, l'accident
n'aura pas de suites funestes; mais vous voyez quels
malheurs on peut occasionner en éparpillant des aiguilles
sur une chaise. Il y en a de nombreux et terribles
exemples.

Savez-vous pourquoi la petite Anaïs a l'habitude de
crier de toutes ses forces, chaque fois qu'elle passe devant
la montagne où il y a un écho? Quelqu'un lui a dit
que l'intérieur de la montagne était habité, depuis deux
mille ans, par une vieille femme que le bon Dieu a
condamnée à répéter toutes les paroles qu'elle entendrait,
pour la punir d'avoir été trop babillarde pendant sa vie; et
Anaïs croit cela naïvement. Certainement, il faut qu'elle
soit bien crédule et bien naïve, pour prendre au sérieux
une pareille plaisanterie, pour croire à un pareil conte.

§ XXI.

Dans les syllabes **tion, tial, tiel,** la lettre **t** équivaut à un **c,** sauf les exceptions qui terminent la catégorie.

la potion.	une constitution.	une éducation.
la dévotion.	une institution.	une application.
une émotion.	une destitution.	une indication.
la commotion.	une restitution.	la supplication.
la portion.	une exécution.	la fabrication.
la proportion.	une discrétion.	la complication.
la condition.	une indiscrétion.	la dislocation.
la punition.	la ration.	la communication
une addition.	la décoration.	la fortification.
une partition.	la coloration.	la mortification.
une abolition.	la séparation.	la multiplication.
une ébullition.	la réparation.	la signification.
une apparition.	la modération.	la simplification.
une disparition.	la procuration.	la rectification.
une ambition.	la déclaration.	la négation.
une position.	la génération.	une obligation.
une proposition.	la libération.	une agrégation.
une disposition.	la délibération.	une congrégation
une supposition.	la corporation.	une interrogation.
une imposition.	la restauration.	les rogations.
une transposition.	la respiration.	une inondation.
une diminution.	la rémunération.	une approbation.
une révolution.	une adoration.	la désapprobation.
une absolution.	une opération.	la relation.
une résolution.	une inspiration.	la correlation.
une irrésolution.	une expiration.	la consolation.
une dissolution.	une altération.	la désolation.
une distribution.	une admiration.	la congélation.
une contribution.	une évaporation.	la translation.

Une ration de pain de munition. = La décoration de la Légion d'honneur. = La séparation du bon et du mauvais grain. = La fabrication des allumettes. = Les fortifications d'une ville de guerre. = Deux villes en communication par un télégraphe électrique. = La révolution française de mil sept cent quatre-vingt-neuf. = Les évolutions des régiments de cavalerie. = Mes relations avec votre honorable famille. = Les inspirations de vos bons cœurs. = La restitution de ce qu'on a emprunté. = La distribution des prix. = Les processions des Rogations.

La réparation des vieux habits. = L'abolition de l'esclavage. = L'ébullition de l'eau sur le feu. = La diminution de l'eau par son évaporation en plein air. = La disparition du soleil derrière un nuage. = La réapparition de la lune après une éclipse. = La juste rémunération de notre travail. = Les avantages d'une bonne éducation. = La complication de ce qui est simple, et la simplification de ce qui est compliqué. = La translation d'une obligation. = L'ambition de se distinguer. = Votre ferme résolution de vous bien conduire. = L'adoration de Jésus par les bergers et les mages, le jour de Noël.

Notre admiration pour les héros et les héroïnes de l'histoire. = Les congrégations religieuses. = Les anciennes corporations des marchands et des artisans. = L'exécution d'un condamné à la peine capitale. = Des projets qui sont mis à exécution. = Les punitions et les récompenses. = Une punition de votre indiscrétion. = Une place assiégée qui se rend à discrétion. = Les dispositions d'un général pour attaquer les positions de l'ennemi. = Les diverses partitions de ce compositeur de musique. = Les respirations qui sont très-gênées par des cordes aux cous.

la tentation.
la plantation.
la végétation.
la méditation.
une agitation.
une habitation.
une augmentation.
une fermentation.
une contestation.
une protestation.
une élévation.
une conservation.
une affirmation.
une déclamation.
une exclamation.
une inclination.
une imagination.
la destination.
la détermination.
la dissipation.
la constellation.
une flagellation.
une interpellation.
la civilisation.
la colonisation.
une accusation.
une organisation.
la cristallisation.
la résignation.
une assignation.
une exécration.
la pénétration.
une illustration.
une situation.

la création.
la prononciation.
une humiliation.
une action.
une réaction.
une contraction.
une distraction.
une effraction.
la satisfaction.
la conviction.
la contradiction.
la bénédiction.
une interdiction.
une affliction.
la description
la prescription.
la proscription.
la conscription.
la direction.
la correction.
la collection.
la protection.
une affection.
une élection.
une section.
une dissection.
une infection.
une inspection.
une insurrection.
la désinfection.
la réception.
la conception.
une exception.
la corruption.

la destruction.
la construction.
une instruction.
une option.
une invention.
une intention.
la convention.
la prétention.
une exemption.
la sanction.
la jonction.
la disjonction.
la présomption.
l'Assomption.
la distinction.
une extinction.
une assertion.
la faction.
le factionnaire.
la fonction.
le fonctionnaire.
il fonctionne.
la fraction.
il fractionne.
ils fractionnent.
la diction.
le dictionnaire.
la mention.
il est mentionné.
la pétition.
le pétitionnaire.
la station.
le stationnaire.
le stationnement.

L'affirmation de la vérité. = La création du monde.

La récréation après le travail. = La prononciation de la langue anglaise. = La déclamation d'une tragédienne. = La civilisation des nations européennes. = Les points d'exclamation et ceux d'interrogation. = La réception d'une lettre d'invitation. = La célébration de la fête de l'Assomption. = Les *Méditations poétiques* et autres chefs-d'œuvre de Lamartine. = La bénédiction des enfants de Joseph par leur aïeul Jacob. = La situation de votre habitation parmi des plantations de cannes à sucre. = L'extraction d'une dent. = Une maison de détention et de correction. = Les actes de scélératesse qui excitent notre exécration.

La brillante constellation d'Orion. = La sincérité de mes intentions. = Une exemption de la conscription. = Une inscription d'hypothèque. = Une assignation pour une comparution en justice. = Les progrès de votre instruction dans la lecture. = La distinction de vos manières et l'élévation de vos sentiments. = Une extinction de voix causée par une maladie de consomption. = Les prescriptions formelles de la loi. = L'obligation du travail imposée à tous les hommes, sans aucune exception. = Les inventions qui ont été récompensées par des mentions honorables dans l'exposition universelle des produits de l'industrie.

Les élections par le suffrage universel. = Une action glorieuse mentionnée par les journaux. = Une collection de manuscrits. = La flagellation de Jésus-Christ avant son crucifiement. = La consigne du factionnaire. = Les actionnaires d'une compagnie pour l'exploitation d'une mine. = Une soustraction frauduleuse. = L'habileté des élèves mathématiciens à faire des additions, des soustractions, des multiplications et des divisions sur les fractions et les nombres fractionnaires.

la munition.
le munitionnaire.
une expédition.
un expéditionnaire.
la perfection.
il a perfectionné.
la précaution.
il se précautionne.
la tradition.
il est traditionnel.
une attention.
il est attentionné.
il est proportionné.
il est rationnel.
il est irrationnel,
   conventionnel,
   correctionnel,
   constitutionnel,
   insurrectionnel,
   révolutionnaire
il est martial.
elle est martiale.
il est partial.
elle est partiale.
il est impartial.
elle est impartiale.
la partialité.
l'impartialité.
il est partiel.
elle est partielle.
il est essentiel.
elle est essentielle.
il est substantiel.
elle est substantielle.

impartialement.
rationnellement.
essentiellement.
substantiellement.
il est séditieux.
elle est séditieuse.
il est factieux.
elle est factieuse.
il est ambitieux.
elle est ambitieuse.
il est prétentieux.
elle est prétentieuse.
il est minutieux.
elle est minutieuse
ambitieusement.
minutieusement.
prétentieusement.
le pénitentiaire.
il est tertiaire.
il est patient.
elle est patiente.
il est impatient.
elle est impatiente.
la patience.
l'impatience.
patiemment.
impatiemment.
la minutie.
la péripétie.
une ineptie.
une impéritie.
l'Helvétie.
il balbutie.
ils balbutient.

il a balbutié.
il balbutiait.
nous balbutions.
vous balbutiez.
vous balbutierez.
le balbutiement.
un égyptien.
une égyptienne.
un spartiate.
Miltiade.

---

la gestion.
la digestion.
la question.
la mixtion.
une immixtion.
nous jetions.
vous jetiez.
nous partions.
nous sentions.
nous mentions.
nous restions.
nous attestions.
nous plantions.
vous chantiez,
etc.
une ortie.
une hostie.
elle est sentie.
elle est partie.
elle est sortie.
elle est engloutie.
elle s'est repentie.
etc.

Les usages traditionnels. = Une condamnation en police correctionnelle pour cris séditieux. = Les dépenses proportionnées aux fortunes. = Les intérêts proportionnels aux capitaux. = La répartition d'un bénéfice ou d'une perte proportionnellement aux mises des associés. = Une expédition aventureuse dans les déserts de l'Afrique. = Un emploi d'expéditionnaire. = Un parure prétentieuse. = Des proclamations séditieuses. = Une jeune demoiselle attentionnée et aux petits soins pour sa mère malade. = La conception d'un livre d'après un plan rationnel. = La perfection de cet ouvrage d'horlogerie. = Le développement et le perfectionnement des arts industriels.

Un jugement impartial. = Une victoire partielle et bientôt totale. = Une monarchie constitutionnelle. = Les conditions essentiellement exigées. = Les choses essentielles et les accessoires. = La destitution méritée d'un fonctionnaire pour des actes de partialité dans l'exercice de ses fonctions. = Les nouveaux systèmes pénitentiaires. = Les gens stationnaires qui n'avancent ni reculent. = Une pétition des cochers de fiacres de Paris, relativement au stationnement et à la circulation de leurs voitures.

Un enfant qui balbutie. = Des enfants qui balbutient. = Les marmots qui commencent à balbutier. = Ceux qui balbutiaient et vous ennuyaient. = Ceux qui m'amusent par leur balbutiement = La victoire de Miltiade, général athénien, à la bataille de Marathon. = Les mœurs austères et martiales des Spartiates. = Un homme qui néglige ses affaires pour s'occuper de minuties. = Une momie égyptienne. = L'armée des Égyptiens engloutie dans les flots de la mer Rouge, au commandement de Moïse. = La destruction d'une flotte par suite de l'ineptie et de l'impéritie de son commandant.

16

Un dictionnaire est un gros livre qui contient tous les mots employés dans le langage, et qui en fait connaître la signification. Les mots y sont classés par ordre alphabétique, et au moyen de cette classification on trouve aisément ceux qu'on a besoin d'y trouver. Il y a des dictionnaires très-volumineux, qui donnent sur chaque mot des explications détaillées et minutieuses. Il a fallu beaucoup de temps, de peine et de patience pour composer de pareils ouvrages : mais le temps, la peine et la patience sont nécessaires pour l'exécution de beaucoup de choses, surtout si l'on aspire à la perfection. Les gens impatients, qui font tout avec précipitation, qui ne peuvent jamais attendre patiemment, font rarement quelque chose de bon.

Vous avez entendu parler de la flagellation de Notre-Seigneur Jésus-Christ. Vous savez qu'avant d'être cloué sur la croix, il fut flagellé par des hommes qui, en outre, l'insultaient et lui crachaient au visage. Il endurait patiemment ces humiliations et ces cruelles tortures ; il souffrait tout avec une sublime résignation ; jamais il ne laissa voir un signe d'impatience. Il recommandait la modération à ses apôtres ; et, sur la croix, il adressait à son père, dans le ciel, une invocation en faveur de ses ennemis, qu'il n'a pas voués à l'exécration du genre humain. En même temps il donnait sa bénédiction au bon larron. Jésus nous enseignait ainsi comment nous devons supporter les afflictions, les humiliations et les souffrances. Son exemple est la condamnation de toutes les ambitions et de toutes les vanités humaines.

La pluie est nécessaire à la végétation. Les eaux pluviales qui tombent sur les montagnes, sur les terrains en pente, coulent vers les plaines et le fond des vallées : elles servent à l'irrigation des prairies, à l'arrosement et à la fécondation du sol qu'elles parcourent. Bientôt elles donnent naissance à des ruisseaux et à de petites rivières : ces rivières, en se réunissant, forment des fleuves, qui servent eux-mêmes à la navigation. Mais parfois les pluies sont trop abondantes, elles se continuent sans interruption pendant plusieurs jours, ou même plusieurs semaines : alors elles produisent une grande élévation dans le niveau des fleuves, et il en résulte des débordements, des inondations, du moins si l'on n'a pris aucune mesure ni aucunes précautions pour tenir ces cours d'eau renfermés dans leurs limites naturelles. Une inondation est quelquefois un fléau terrible, qui répand sur son passage la désolation et la consternation . car les fleuves débordés peuvent couvrir des espaces considérables sur lesquels ils renversent et emportent les habitations et les habitants, les plantations et les récoltes, enveloppant tout dans une destruction générale. L'année dernière, on a vu dans certaines contrées de la France une de ces effrayantes calamités, surpassant ce que votre imagination peut concevoir : c'étaient des drames dont les péripéties remplissaient l'âme des plus vives et des plus profondes émotions. Mais cette calamité eut une sorte de compensation : les actes de dévouement, les traits d'héroïsme dont elle fut l'occasion ajoutèrent à l'illustration du pays et témoignèrent de la civilisation de notre siècle. Combien d'hommes de toutes les conditions, de tous les rangs sociaux, depuis le monarque qui gouverne si glorieusement la nation jusqu'au plus humble nautonnier, acquirent alors des droits à notre reconnaissance et à notre admiration ! Dans les pays étrangers on subit l'influence de ces nobles exemples, et des souscriptions furent ouvertes avec empressement pour contribuer à la réparation de cet immense désastre. En de pareilles circonstances, les souscriptions sont à la fois des témoignages de sympathie et des secours matériels : elles ont ainsi une double destination, et elles contribuent doublement à la consolation des infortunés.

Vos parents sont enchantés ; ils ne savent comment exprimer leur satisfaction à votre sujet. Votre instruction dans la lecture excite leur admiration, elle dépasse toutes les espérances qu'ils avaient conçues. *Eh quoi! disent-ils, il y a cinq ans, notre enfant pouvait à peine articuler quelques mots, il ne faisait encore que balbutier. Il y a un an, il ne connaissait pas une syllabe ; il y a huit ou neuf mois qu'il commençait la lecture de la langue irrégulière : et maintenant il parcourt une de ses grandes pages d'exercices comme s'il s'en faisait une récréation!* Vous méritez certainement leurs éloges et leurs félicitations. Mais comment vos progrès ont-ils été si merveilleux? C'est que vous avez toujours fait attention aux observations et aux explications de votre maître, et que vous avez fait vos efforts pour en profiter. Ce n'est en effet que par l'attention et une application soutenue qu'on devient de jour en jour plus habile. Si les soldats ne faisaient pas attention aux commandements de leurs chefs, ils feraient fort mal l'exercice.

Etienne et Raphaël, deux enfants dont l'un est âgé de huit ans et l'autre de dix, se trouvent aujourd'hui dans une position bien douloureuse, qui a droit d'exciter notre intérêt et notre commisération. Ils pleurent, ils crient, ils se lamentent à fendre le cœur. Hélas! leur affliction et leurs lamentations ne sont que trop naturelles : ils viennent de perdre leur excellente mère, qui est morte du choléra-morbus! Cette femme d'ailleurs mérite bien d'être regrettée de toutes les personnes qui l'ont connue, et l'on peut dire que dans le cours de sa vie elle a montré des vertus héroïques. Son mari, qui était expéditionnaire aux écritures dans une grande administration publique, est mort, il y a dix-huit mois, en laissant des obligations à remplir, et elle les a remplies avec une scrupuleuse exactitude; mais, au au prix de quelles peines et de quelles privations! L'hiver comme l'été elle était à l'ouvrage dès quatre heures du matin, et le soir ses veilles patientes se prolongeaient jusqu'à l'épuisement de ses forces. Elle ne faisait pas une fois dans la semaine un dîner un peu substantiel, et, dans la distribution de son pain de seigle et de ses lentilles, les meilleures portions n'étaient pas pour elle. Sur sa table, les écuelles de terre, les cuillers de bois et les fourchettes de fer faisaient la fonction de l'argenterie; mais, à la vérité, elle avait assez de grandeur dans l'esprit pour ne pas en sentir d'humiliation. Aucune mère n'eut jamais pour ses enfants une plus tendre affection, leur éducation surtout était l'objet essentiel de ses pensées et de ses soins. Dans sa dernière maladie, elle souffrait patiemment quand il ne s'agissait que d'elle-même, elle n'avait de préoccupation que pour eux; et sans doute elle est morte victime de sa tendresse maternelle, car les privations et le travail excessif avaient affaibli sa constitution. Enfin, son dernier soupir a été une invocation au ciel pour ses chers enfants. Qui donc prendra soin d'eux maintenant? me direz-vous. La sœur de saint Vincent-de-Paul qui soignait leur mère les a pris sous sa protection : sur sa recommandation, ils seront reçus dans une maison de fondation; ils y recevront une bonne nourriture, de bons vêtements, l'instruction qui leur manque encore, et une profession qui leur permette de gagner honorablement leur vie. Dans la suite, ils se souviendront de la bonne sœur de charité, et pour acquitter leur dette ils voudront aussi eux se charger de l'éducation de quelques orphelins. On doit une grande vénération aux religieuses qui donnent l'exemple de si bonnes actions.

Un jour, il y a de cela deux mille trois cent trente-sept ans, Xerxès, roi des Perses, voulant étendre sa domination, prit la résolution d'envahir la Grèce et de la conquérir. Il débarqua sur une côte montagneuse, auprès d'un passage étroit, nommé *le défilé des Thermopyles*, où les divers corps de son armée firent leur jonction. Ils formaient ensemble un million de soldats : c'est une bien grande agrégation d'hommes. Léonidas, roi de Sparte, s'avança intrépidement contre eux, dès qu'il fut informé de cette irruption. Arrivé aux Thermopyles, il renvoya son armée, qui était peu nombreuse, et ne garda avec lui que trois cents hommes. Alors, il fit à ces trois cents Spartiates la proposition de périr en combattant, et cette proposition fut acceptée avec enthousiasme. Ces vaillants guerriers, avec Léonidas en tête, firent irruption dans le camp des Perses, au milieu de la nuit ; et après en avoir tué vingt mille, ils périrent glorieusement sans exception d'un seul. Ils firent voir à Xerxès si les Spartiates étaient des hommes de résolution : n'étaient-ce pas de véritables héros !

Le vingt-trois juin de l'année mil cinq cent soixante-cinq, trois cents chevaliers de Malte, assiégés par trente mille Turcs dans le fort Saint-Elme, imitèrent l'héroïsme des trois cents Spartiates de Léonidas. La destruction de leurs murailles étant déjà presque complète, et toute résistance à peu près impossible, on les somma de se rendre à discrétion ; mais la sommation n'obtint que leur mépris. Alors on voulut entrer en négociation avec eux, en leur offrant une capitulation honorable, et ils la refusèrent également : ils préférèrent combattre jusqu'à la dernière extrémité et s'ensevelir sous les ruines de leurs bastions, où ils périrent tous jusqu'au dernier homme.

Vous me demandez ce qu'il y a de nouveau dans les journaux ? Je le dirai en peu de mots, car il sera bientôt temps de finir la conversation. J'ai fait une inspection de quelques feuilles, et voici ce que j'y ai vu de plus essentiel : *La Presse* et *la Gazette de France* se félicitent de la diminution des contributions ; il paraît qu'elles ne feront plus d'opposition. *Le Constitutionnel* a déjà fait mention d'un moyen d'attraper le serpent de mer, et j'en ai vu la description dans *l'Illustration*. Je dois vous dire que le serpent de mer est un animal monstrueux, capable d'avaler l'équipage tout entier d'un vaisseau, sans en avoir une indigestion ; il ne craint même pas les détonnations de l'artillerie. J'ai lu dans le journal de *l'Instruction publique* une dissertation très-savante sur les moyens de donner de l'éducation aux baleines et à d'autres grands poissons, afin de les dresser à traîner des navires, c'est un perfectionnement de la navigation. Dans le journal des *Travaux publics*, il est question de la construction d'une échelle qui doit aller jusqu'à la lune. Enfin on parle d'une réconciliation entre *le Siècle* et *l'Univers*, mais la nouvelle a besoin de confirmation.

Maintenant, mes bons amis, je ne vous appelle plus des enfants ; vous êtes presque des hommes, des grandes personnes, car vous savez lire. Il ne vous reste du moins qu'à vous perfectionner par une continuation d'exercices dans de nouveaux livres, sous la direction de vos savants professeurs, ou de vos habiles institutrices. On ne peut atteindre tout d'un coup à la perfection, mais on y arrive avec le temps et la patience. D'ailleurs, votre travail, loin d'être pénible, sera désormais plein de charmes. Dans vos moments de loisir, pourvu que les livres ne vous manquent pas, vous lirez à votre aise et à votre choix des contes amusants, des historiettes touchantes ou des livres instructifs ; vous apprendrez une foule de choses dont la connaissance est importante, et tout un monde nouveau se dévoilera à vos naïves et candides intelligences Vous aurez aussi la satisfaction de faire des lectures aux personnes privées du bienfait de l'instruction. Mes vœux pour vos succès vous suivront dans le cours de votre adolescence. Puissent mes espérances ne pas être une illusion !

LETTRE

D'UN HERMITE A DES ADOLESCENTS

SUR LA NÉCESSITÉ DU TRAVAIL.

Je n'ai pas la prétention, mes jeunes amis, de vous enseigner tous les devoirs que vous aurez à remplir dans la vie sociale à laquelle vous êtes destinés. Je vous envoie simplement, du fond de ma retraite, quelques réflexions sur la nécessité du travail; je vous offre des conseils qui seront d'accord, sans doute, avec ceux que vos parents et vos maîtres ne manquent pas de vous donner sur le même sujet, lorsque l'occasion s'en présente. J'ai l'espoir que ma vieille expérience ne s'adressera pas vainement à votre bon sens naturel, à l'ingénuité de votre âge, à tout ce qu'il y a de noble et de généreux dans vos sentiments.

Le travail semble avoir été imposé à tous les êtres doués de la vie, comme une condition de leur existence. Remarquez, en effet, que les animaux, dans l'état de liberté, ont à se procurer leur nourriture par un travail journalier, en harmonie avec leurs facultés et leurs instincts spéciaux. L'araignée, par exemple, tend la toile qu'elle a patiemment construite, la fourmi traîne un fétu, l'aigle fend les airs à la poursuite de sa proie, le lion guette et terrasse la sienne. L'homme ne fait pas exception, il n'est pas soustrait à l'obligation du travail : la terre ne le nourrit qu'après avoir été fécondée par la sueur de son front; mais quel travail ne faut-il pas pour satisfaire à tous ses besoins dans la vie civilisée! Combien de choses, qui n'étaient d'abord que des objets de luxe, sont devenues pour lui presque aussi nécessaires que le pain !

L'homme est d'ailleurs circonvenu par une foule d'ennemis qui provoquent incessamment son activité et font de sa vie un combat. Mille sortes d'insectes envahissent son habitation, si elle n'est tenue journellement en bon état de propreté: d'autres ennemis s'attaquent à ses provisions, d'autres à ses vêtements, ou à ses moissons, ou aux fruits de son jardin. Les éléments de la nature eux-mêmes conspirent contre son repos : les pluies, les ouragans, les inondations lui font expier cruellement un défaut de prévoyance et d'activité. Ajoutons que tout ce qui est à son usage n'a qu'une durée limitée, car tout se détériore, tout dépérit et doit être réparé ou renouvelé; et nous arriverons à cette conclusion, que l'homme n'a pas été créé pour le repos, mais au contraire pour un travail actif et en quelque sorte incessant.

Ainsi, nous devons le reconnaître, le travail est notre destination sur la terre; pour l'humanité, dans son ensemble, il est une *loi de la nature*, c'est-à-dire une conséquence nécessaire et manifeste de l'ordre de choses que Dieu institua en créant le monde. Quelques individus, il est vrai, peuvent se juger à cet égard dans une position privilégiée, ils ont le pouvoir de vivre sans travailler. Mais, d'une manière ou d'une autre, nous nous trouvons toujours mal d'avoir manqué à l'accomplissement du vœu de la nature : quelles que soient nos fortunes et les circonstances où nous sommes placés, le travail est essentiel à notre bonheur, et l'oisiveté porte avec elle sa punition. C'est là un fait facile à observer, dont les exemples abondent sous vos yeux.

Un homme qui ne s'astreint à aucun travail, qui traîne ses journées entières dans l'oisiveté, ne goûte pas un instant de vrai plaisir : au-delà des sensations et des appétits matériels, son existence léthargique et flétrie est presque l'image de la mort. On le voit chercher sans cesse quelques émotions, dont son

âme inerte n'est plus susceptible ; sans cesse il s'efforce de secouer
l'ennui qui l'accable, et qui retombe sur ses épaules comme
un manteau de plomb ; ou, ce qui arrive quelquefois, s'il donne
encore à son être moral une sorte de vie factice, ce n'est que
par l'action surexcitante des mauvaises passions. Mais remarquez,
dans une fête de village, les ouvriers qui se distinguent habituellement par leur assiduité au travail : voyez quelle franche gaieté
éclate sur leurs visages épanouis, et quel entrain anime leurs
plaisirs innocents ! Il semble que tout en eux rayonne la vie et le
bonheur. Combien est différente l'attitude de ceux de leurs camarades
qui ont fait leur semaine au cabaret !

Il n'y a de vrai plaisir que celui qui est racheté par la
peine et le travail ; aucune jouissance n'est réelle, si elle n'est
précédée par la privation ; à peu près de même que dans un
tableau il n'y a pas de lumières sans ombres. On dirait ainsi
que nos impressions ne sont généralement que des effets d'oppositions et de contrastes, comme l'ont prétendu quelques philosophes.
Toute existence désœuvrée est donc réellement une existence
insipide et fort triste, beaucoup moins digne d'exciter l'envie
que la compassion. Bien qu'on doive en toutes choses éviter
les extrêmes, mieux vaut encore pâtir un peu d'un travail trop
pénible que de rester entièrement oisif.

L'oisiveté, quand elle dégénère en habitude, finit par devenir
une sorte d'infirmité incurable, et fait qu'un homme n'est plus
bon à rien ; mais elle peut avoir des suites beaucoup plus funestes,
en faisant naître et développant ces passions pernicieuses dont
je parlais tout-à-l'heure. On dit communément qu'elle est la
mère de tous les vices : s'il est juste de reconnaître que l'aphorisme
est trop absolu, voici du moins ce qu'on a malheureusement
lieu d'observer. La plupart des gens désœuvrés, parmi ceux dont

l'éducation a été totalement abandonnée, n'imaginent pour tromper leur ennui, que le jeu et les autres passe-temps en usage dans les mauvais lieux. Beaucoup d'entre eux tombent dans l'ivrognerie, qui ajoute ses effets abrutissants à ceux de la paresse. Tôt ou tard, ils se trouvent avoir dissipé leurs moyens d'existence, et, pour y suppléer, ils cèdent trop souvent à des suggestions criminelles, à des conseils qui ne leur manquent pas dans ces antres de corruptions; ils s'engagent dans une voie au bout de laquelle est un abime de misère, d'opprobre et d'infamie. Ce qui est plus déplorable encore, c'est qu'ils entraînent quelquefois dans leur ruine et leur déshonneur d'innocentes et d'honnêtes familles.

Pour vous, mes jeunes amis, le travail a une importance toute spéciale, en ce que, sous plusieurs rapports, il décide de votre avenir. Les habitudes, bonnes ou mauvaises, qui sont prises à votre âge, exercent leur influence sur toute la durée de la vie. On vous l'aura peut-être déjà dit, l'adolescent est comparable à un arbuste qui peut encore fléchir et se redresser sans se rompre, prendre indifféremment toutes les directions : mais quand l'arbuste s'est fait arbre, sa tige, autrefois si tendre et si maniable, est devenue un tronc inflexible. Profitez donc de cette heureuse flexibilité qui est un des attributs de de votre âge pour imprimer à vos habitudes la plus convenable direction : une bonne habitude entre toutes, est celle de la persévérance et de l'activité au travail.

Si toutefois vous aviez pris malheureusement l'habitude de l'oisiveté, n'espérez pas vous corriger du jour au lendemain, et passer immédiatement d'un extrême à l'extrême opposé : l'effort du moins serait bien pénible; une fatigue excessive, le découragement et le dégoût en pourraient être la suite. Commencez donc plus modérément votre nouveau genre de vie, et chaque jour augmentez un peu la dose de travail : par ce moyen graduel vous vous réformerez assez promptement, et presque sans vous en apercevoir. Songez d'ailleurs qu'un peu plus tard, les degrés intermédiaires devraient être plus [rapprochés, que la réforme serait plus lente et plus difficile : à mesure que l'arbuste grossit, sa tige résiste davantage à tout effort pour la rectifier.

C'est dans l'adolescence et dans la jeunesse que se forment, par le travail, l'artiste et l'ouvrier, que s'acquièrent les talents, de quelque ordre que ce soit. Au-delà de ces époques de la vie, bien qu'il soit possible encore de se perfectionner dans un art, on ne fait plus un apprentissage. Vous n'êtes pas tous doués des mêmes aptitudes, et vous n'avez pas tous une intelligence égale : mais sachez bien qu'un travail opiniâtre dompte les natures les plus rebelles, et rend supérieur, jusqu'à un certain degré, l'homme né avec les aptitudes les plus médiocres. A force de bons soins, on obtient de l'arbre sauvage des fruits savoureux ; à force de culture, on féconde un champ stérile, et sans culture, la meilleure terre ne se couvre pas d'une riche moisson. Lafontaine, dans une de ses charmantes fables, nous donne le même précepte : *Travaillez, prenez de la peine, c'est le fonds qui manque le moins.*

Le travail développe les aptitudes naturelles ; il fortifie, et l'oisiveté énerve. C'est là une vérité importante, sur laquelle je dois d'autant plus insister, qu'elle peut se trouver en opposition avec des idées préconçues dans vos esprits sur les effets du travail. Il est certain qu'après avoir travaillé quelque temps, vous vous sentez fatigués ; vous pouvez même l'être à tel point qu'une prolongation de travail vous soit devenue impossible. Mais cet affaiblissement n'est que momentané ; la perte est bientôt réparée avec usure, si bien que vous acquérez en définitive un surcroît de force, qui augmente chaque jour, si chaque jour vous reprenez le travail après le repos nécessaire. Par un exercice soutenu de nos forces physiques ou intellectuelles, loin de les diminuer, nous les augmentons graduellement. Voilà comment le forgeron, par exemple, acquiert une si grande puissance dans les bras, ou le danseur dans les jambes, ou le calculateur dans la faculté de calculer. Au contraire, celles de nos facultés naturelles qui sont laissées constamment à l'état de repos s'amoindrissent et tendent à disparaître. Nous devons admirer la sagesse de cette loi providentielle qui veut que tout homme puisse être rendu propre aux fonctions infiniment variables auxquelles les circonstances peuvent le destiner, lors même qu'elles sont loin d'être les plus conformes à ses aptitudes primitives.

Il y a une loi plus générale encore, un grand principe qui peut-être n'est pas assez communément apprécié. Notre être, au physique et au moral, est tellement constitué, que dans l'exercice de nos sens ou de nos facultés, l'effet immédiat en fait toujours naître un autre directement contraire : *après l'action vient la réaction.* Mais le second effet est plus durable que le premier, en en même temps qu'il le surpasse par sa grandeur et ramène, pour ainsi dire, en deçà du point de départ. Voulez-vous, en conséquence, avoir chaud pendant une journée d'hiver? commencez, le matin, par avoir froid, ne craignez pas de faire la toilette de vos mains dans la neige : après l'action passagère du froid viendra la réaction durable et bienfaisante de la chaleur. De même, si vous désirez fortifier vos bras, fatiguez-les par le travail, et répétez souvent cet espèce d'affaiblissement passager. La nature vient au secours de la partie qui a souffert, exactement comme le gouverneur d'une place assiégée dirige des renforts vers le point qui a supporté le choc de l'ennemi, afin d'augmenter la résistance en cas d'une nouvelle attaque.

Ce principe est vrai surtout pour les premières périodes de la
vie, et dans une certaine mesure il s'applique à tous les âges. Si
vous savez le consulter, il vous fournira spécialement des
indications excellentes pour le développement de vos forces vitales
et la conservation de votre santé ; à cet égard particulier, on
pourrait presque dire qu'il vaut un livre sur l'hygiène. Il est aussi
la véritable base de cette nouvelle doctrine médicale qu'on nomme
l'homœopathie.

Entre beaucoup d'exemples que je pourrais citer sur ce sujet
important, en voici un qui mérite votre attention, quoique peut-être
vous le connaissiez déjà. L'histoire nous apprend que Démosthène
était né bègue, défaut bien grave assurément pour quiconque a
l'ambition de briller par le talent de la parole. Aurait-on jugé
possible qu'un jeune homme affecté de cette infirmité dût jamais
devenir un orateur seulement supportable ? Cependant, Démosthène
eut le courage d'engager une lutte avec la nature, ou du moins avec
ce défaut de sa constitution naturelle, et il triompha. Mais ce qui
est à remarquer ici, c'est le moyen dont il s'avisa pour délier sa
langue, car nous pouvons en trouver maintenant une explication
rationnelle. Il s'exerçait à déclamer, au bruit des flots de la mer,
avec des cailloux dans la bouche, c'est-à-dire qu'il augmentait la
difficulté même qu'il était à vaincre ; il s'imposait, en conséquence,
la nécessité de faire des efforts plus considérables ; et, plus grande
est l'action, plus grande est la réaction. L'accroissement des
difficultés doit avoir ainsi pour résultat un accroissement
correspondant des forces qui s'appliquent à les surmonter. L'histoire
ajoute que, pour se livrer entièrement et sans distractions aux
études de l'art oratoire, Démosthène travailla plusieurs années, à
la lueur d'une lampe, dans une retraite souterraine ; ce qui fit dire
plaisamment, et du reste à sa louange, que ses discours *sentaient*

la lampe. Il devint ainsi le plus grand orateur de son époque, et il est resté le plus célèbre des temps anciens et modernes : l'éloquence de Démosthène a passé en proverbe.

Mais le travail n'est pas seulement un élément indispensable du bonheur individuel ; il est en outre, pour chaque individu, l'acquittement d'une dette envers la société, et nous avons à l'envisager sous ce nouveau point de vue.

Les nations, ou les sociétés humaines, sont de grandes communautés où chacun doit apporter le tribut de son travail, en retour du travail d'autrui dont il profite. La communauté ne peut exister que par cet échange entre les produits des efforts et des industries respectives de ses membres : celui qui n'y fait aucun travail utile vit en parasite ; c'est un frélon au milieu des abeilles ouvrières.

D'ailleurs, la nature du travail social étant très-variée, chacun s'adonne à une spécialité dans laquelle il devient plus ou moins habile. Ainsi, parmi les travailleurs, les uns, doués d'une force athlétique, qui s'accroît encore par l'exercice, emploient leurs bras comme manœuvriers ; d'autres sont artisans et fabriquent des étoffes, façonnent les métaux, manœuvrent le bois, etc. ; d'autres encore ont la mission de défendre, au besoin, la communauté par la force des armes. Mais tous contribuent de quelque manière au bien-être général, et à ce titre ils se doivent une estime réciproque.

Parfois, peut-être, vous entendrez dire que l'homme riche paie suffisamment sa dette envers la société, s'il dépense beaucoup, ne fût-ce que pour ses convenances personnelles, parce qu'il occupe des bras inactifs et met de l'argent en circulation dans le commerce. Cette raison est cependant plus spécieuse que réelle. Il est malheureusement vrai que beaucoup d'hommes laborieux ne trouvent pas toujours à utiliser leur activité, et que le gain de leur subsistance

journalière est sujet à de cruelles intermittences. — En leur donnant
de l'emploi, on leur rend donc service, c'est incontestable. Mais
vivre exclusivement aux dépens du travail d'autrui, est un privilège
qui blesse toujours la justice. Il est juste que celui qui travaille
produise à son tour; il n'est pas juste qu'une part soit prélevée, sans
aucune compensation réelle, sur le fonds commun de la richesse
sociale, qui consiste aussi bien dans le travail industriel que dans les
productions du sol. Au reste, cette observation est beaucoup moins
applicable à l'époque où nous vivons qu'elle ne l'a été à d'autres
époques.

Il fut des temps, en effet, où les hommes nés dans l'opulence
jugeaient qu'il était du bon ton de mener une vie fainéante, et ils
se livraient sans honte à ces vices plus ou moins dégradants qui
sont trop souvent la suite de l'oisiveté : mais les mœurs, dans
notre pays, se sont profondément modifiées sur ce point. Aujourd'hui,
la plupart des hommes riches donnent eux-mêmes l'exemple du
travail, et la fortune semble n'être plus qu'un moyen très-puissant
de féconder l'activité de celui qui la possède. Les ouvriers, de leur
côté, se vouent avec plus de zèle à leur noble tâche : une conduite
et des sentiments qui ne sont pas sans grandeur prouvent
généralement qu'ils comprennent la dignité de leur profession. Des
classes sociales les plus éloignées on voit s'élever des hommes
également éminents par les vertus, les talents ou les services rendus
à la communauté; et de là naissent entre elles des liens d'une plus
étroite sympathie.

Cette illustration qui environne quelques hommes d'élite n'est pas
cependant le but que je veuille assigner à vos efforts : les conditions
obscures sont le lot du commun des mortels, et la sagesse,
qui met des bornes à nos désirs, nous fait trouver le bonheur
dans les plus humbles positions. Il y a sans doute une gloire

d'autant plus légitime, qu'elle se reflète sur le pays et, en quelque sorte, sur l'humanité entière. Mais cette gloire elle-même, objet de tant d'ambitions, ne remplit qu'imparfaitement les vides du cœur humain; et, si nous admirons ce qu'on appelle les grands hommes, ne sommes-nous pas plus émus au souvenir de quelque modeste bienfaiteur de ses semblables qui passa sans bruit sur la terre? Quand vous aurez fait une bonne œuvre, soyez sûrs que c'est en vous-mêmes que vous en trouverez la première et la plus douce récompense. Après tout, ceux de vous auxquels il pourrait être permis de concevoir, à quelques égards, une plus haute ambition, ne doivent pas se dissimuler qu'ils auraient à surpasser de nombreux et puissants rivaux : le travail leur serait aujourd'hui plus nécessaire que jamais.

Ai-je besoin d'ajouter que le travail n'est pas toujours attrayant, et que chacun de vous ne sera pas libre de prendre l'état le plus conforme à sa vocation. Votre tâche ne sera pas sans épines, elle pourra même avoir ses dangers. Il faut que le sentiment du devoir vous soutienne dans les épreuves difficiles, et il vous soutiendra, si déjà il s'est implanté et développé dans vos cœurs. *Fais ce que dois, advienne que pourra,* est un adage des anciens bretons : ne cherchez pas ailleurs votre drapeau, votre guide invariable envers et contre tout. Cet étendart peut-être conduit rarement aux honneurs mondains et à la fortune : qu'importe, s'il donne la paix de la conscience, le contentement de soi-même, en un mot cette joie indéfinissable qu'on éprouve par cela seul que le devoir a été accompli? N'est-ce donc rien aussi que de marcher dans sa route d'un pas ferme et d'éviter ces indécisions, ces fluctuations perpétuelles où vivent les gens asservis aux intérêts ou aux passions égoïstes?

Le sentiment du devoir! Heureux ceux de vous qui pourront

se flatter d'avoir toujours écouté ses inspirations! Heureux les peuples chez lesquels il est en honneur! La religion nous l'inculque dès l'enfance, et dans sa source il est essentiellement religieux : aussi le trouve-t-on chez tous les hommes qui ont une morale. il est de tous les lieux et de tous les temps. C'est le sentiment du devoir qui porte le soldat à se sacrifier pour la défense du poste confié à sa garde, et la religieuse à braver les épidémies pour offrir aux malades ses soins désintéressés; qui inspire les actions héroïques, ou des vertus d'autant plus sublimes et agréables à Dieu, qu'elles sont obscures et ignorées des hommes. Le sentiment du devoir fit la grandeur de Rome, de Sparte et des autres nations célèbres de l'antiquité : elles tombèrent, lorsqu'il disparut des cœurs. Dans toutes les positions de la vie, qu'il soit pour vous le feu sacré qui épure et sanctifie le travail.

En résumé, le travail, indispensable à l'existence physique et au vrai bonheur de l'homme, devient une obligation morale, un devoir religieux, dans l'état de société. Il est le principe vivifiant de la création, sans lequel la terre que nous habitons ne serait bientôt qu'un vaste désert, où régneraient seuls les éléments aveugles de la nature. Voyez d'ailleurs ce qu'il accomplit, de nos jours. Par le travail, on obtient ces machines ingénieuses qui font admirer la puissance de la mécanique, et tous les merveilleux produits de l'industrie; les cités splendides et les monuments dont la magnificence nous étonne; les vaisseaux à voiles ou à vapeur, ces coursiers maritimes qui portent des armées dans leurs flancs : on coupe des montagnes, on creuse des ports, on jette des digues dans l'Océan, ou déplace le lit des fleuves, on fait jaillir l'eau souterraine d'une profondeur de huit cents mètres; on transmet les dépêches au-delà des mers et des continents avec la rapidité de l'éclair, ou plutôt c'est un éclair qui est le messager; on mesure et

— 266 —

on pèse le globe terrestre, et l'on assigne pour un jour donné les positions des astres dans les profondeurs illimitées de l'espace ! Ce sont là des résultats que leur nature matérielle permet à tout le monde d'apprécier, et l'énumération pourrait être prolongée presque à l'infini. Mais en outre, que de belles découvertes dans les sciences purement spéculatives, quelle multitude de chefs-d'œuvre dans les arts du goût et de l'imagination, ou d'ouvrages sublimes qui s'adressent plus spécialement aux facultés morales de l'homme et ont pour effet d'ennoblir son intelligence !

Voilà, mes jeunes amis, les considérations que j'avais à vous présenter. Elles seraient susceptibles de plus de développements, sans doute; elles ne sont que la substance des idées qui naissent d'un pareil sujet : puissent-elles néanmoins vous être utiles !

Vous entendrez avec plaisir quelques dignes paroles d'un magistrat contemporain dont la voix est plus éloquente et a plus d'autorité que la mienne; je termine donc par cette citation : (*) « Quel
» que soit notre but, à quelque hauteur que nous placions notre
» ambition, *Travaillons !* Dieu bénit les sueurs de l'artisan, et
» l'effort du laboureur courbé sur la terre, les veilles patientes
» du magistrat, et les glorieuses fatigues du soldat qui donne
» ses forces, son sang et sa vie pour l'accomplissement modeste
» et ignoré du devoir. Le travail est la loi de Dieu et le maître
» du monde : il élève, il ennoblit, il fortifie tout ce qu'il touche.
» Succès trop faciles, fortunes trop rapides, tout est fragile et
» éphémère : il n'y a de grand, de solide et de durable que ce
» que le temps et la peine ont consacré. »

(*) Ext. d'un discours de M. de Cordoën devant la Cour impériale d'Orléans.

Paris. — Typographie A. LEBON, rue des Noyers, 8.

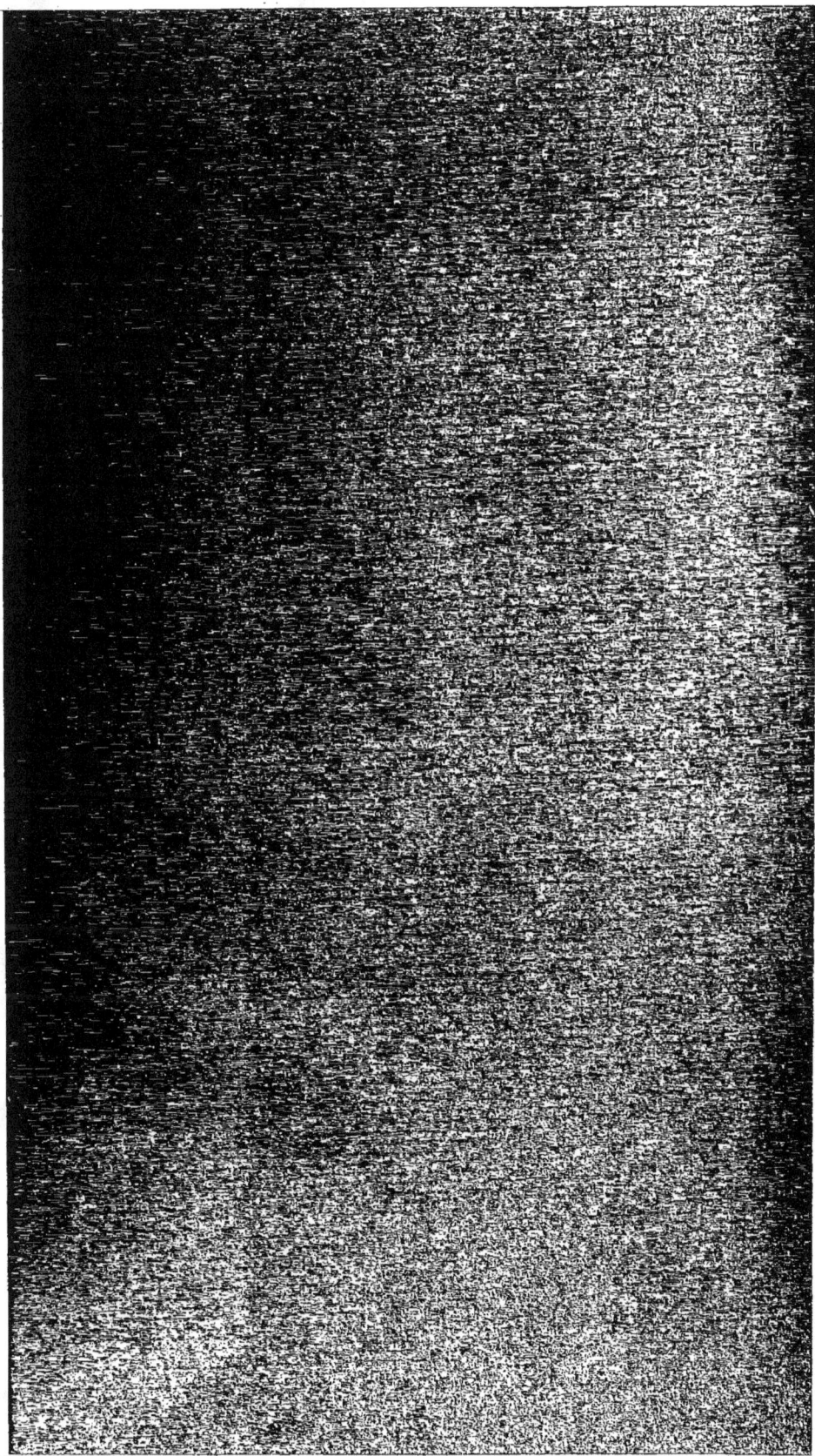

Paris. Typ. A. LEBON, rue des Noyers, 8.

www.ingramcontent.com/pod-product-compliance
Lightning Source LLC
Chambersburg PA
CBHW070752270326
41927CB00010B/2116